# 高校科目「情報Ⅰ」プラスα 問題集

## 小山 透

山川出版社

# 序 文

いまや，幼児がタブレットを使いこなして遊び，小学生がスマートフォンを利用している時代となりました。小学校ではプログラミング教育が，すでに2020年度から必修となっています。さらに中学生・高校生となると，パーソナルコンピュータやタブレット端末，スマートフォンなどの情報機器には，ほとんどが慣れ親しんでいるものと思われます。それに，マスコミに人工知能(AI)に関する話題が載るのは日常茶飯事となっていることは，ご承知のとおりです。

　しかし，意外に思われるかもしれませんが，このような状況にありながら，じつは我が国は世界の先進国の中で見ると情報化が著しく遅れてしまっています。いくつかの原因が浮かびますが，根源的な主因としてはやはり，教育を中心とした "人の問題" ということになると思います。また「デジタル庁」ができたのは2021年のことでした。これも，その危機感の現れと見ることができます。情報化とグローバル化がますます進展・浸透する中での社会的要請に応えるべく，否応なく設立されたもの，と言えるでしょう。いうまでもなく，「情報」関連の諸技術はいまやインフラストラクチャー（社会基盤）であり，その知識・技能に精通することが全国民に求められています。

　教育面では，2022年4月から高等学校の新科目として「情報Ⅰ」がスタートしました。これは共通必履修科目であり，また2025年1月に実施される大学入試共通テストでは，プログラミングを含む「情報Ⅰ」の内容が出題されることになっています。

　このたびの「情報Ⅰ」の設定趣旨は
　　・情報機器の実践的な活用力の向上
　　・利用上のモラル（倫理）の定着
　　・安全・安心に配慮した利用法の徹底
　　・活用上の高付加価値を創造できる人材育成
とされているようです。いずれも，必要不可欠な視点だと思います。

　「情報Ⅰ」の文部科学省検定済教科書はいくつかの教科書出版社から発行されていて，全国の高校教育現場で使用されています。いずれも精選された内容にさまざまな工夫が凝らされており，中身が濃い印象です。これを機に，情報に関する知識・技能が広い層に浸透してゆき，我が国が名実共に情報（化）社会となることを願うばかりです。

　さて，本書は「情報Ⅰ」の教科書の内容に沿って，"問題集" として編纂したものです。そして，各問題の内容は，文部科学省の指針である4テーマ：
　　1．情報社会の問題解決
　　2．コミュニケーションと情報デザイン
　　3．コンピュータとプログラミング
　　4．情報ネットワークとデータの活用
に準じることとして，同名の四つの章に分けました。そして，以下に示す趣旨での構成としています：
　　・各問題構成は，問題（problem）- 注釈（comment）- メモ（memorandum）- 答（answer）を
　　　原則とする。

- 各問題のセットを見開き2ページに収める。
- 各章での始めの数題は，それぞれの内容に関連する用語を確認して慣れていただくものとする。
- 各章26題，全体で104題とする。
- 重要なキーワードには適宜に英語を入れる。
- 奇をてらったものは避け，基礎的な問題によるしっかりとした学力向上，知識獲得の実現を主眼とする。
- 実社会での生きた知識となる実践的な内容につながることに配慮する。
- 選択式・記入式・混合式・オープン式をバランス良く配置する。
- 各章末に，補助教材としても利用していただけるように，コラム（column）として「コンピュータ 小史」「人工知能 小史」「インターネット 小史」「情報の関連分野」を設ける。
- 索引は，"和英字引" としても活用できるように，日本語（英語）・ページ数のセットとする。

本書の読者対象は，主には高校生と情報科教師を想定していますが，一般社会人の方々も "現代の頭の体操" として楽しんでいただけるものと思います。いずれにしても，何事にも基礎的な知識が最も大事であることは論を待たないことですので，「情報Ⅰ」とプラスαの内容理解のために本書がそのお手伝いの一端を担うことができれば，まことに嬉しく存じます。

本書の内容を纏めるにあたっては，各社から発行されている文部科学省検定済教科書と共に，多くの参考文献を参照しました。それらのほとんどは，じつは私が50年にわたる編集者生活の中で直接編集にかかわった書籍・辞典・雑誌などです。それらを参照するたびに，それぞれの著者・訳者・監修者・執筆者の皆様方のお顔が浮かび，その折々での数々のエピソードなども懐かしく思い出されました。ここに改めて，それらの皆様方に謝意を表したいと思います。

　本書の出版の動機は，長年の盟友であり，さまざまな社会的な課題に対しての同志でもある，山川出版社の会長，野澤伸平氏のお誘いでした。お蔭様で，私のキャリアをこのような形でまとめ上げることができたことは，まさに望外の喜びです。また，本書の編集にあたっては，同社の皆様にたいへんお世話になりました。ここに，深甚なる感謝の意を表します。

　　2024年2月

　　　　　　　　　　　　　　　　　　　　　　　　　　　　　　小山　　透

# 目 次

## 第3章　コンピュータとプログラミング

## 第4章　情報通信ネットワークとデータの活用

# 第1章
## 情報社会の問題解決

世の中には"困った問題"や"難しい問題"がたくさんあります。しかしそれらは，"解くべき問題"でもあります。

私たちは今，「情報（化）社会」という大変恵まれた環境の中で生活しています。ですので，現代と未来をより良く生きていくためには，それらの問題に挑戦して，解決していかなければなりません。そのためには，「情報」に関する多様な知識とスキル，そして設備が不可欠です。

さあ，始めましょう!!

# 1 情報に関連する主なキーワード

**問題**
problem

以下に示す各用語に対応する英語を書きなさい。略語のものはフルスペルを書きなさい。なお，答となる英語で略語も流通しているものについては，フルスペルの英語のところに略語を形成しているアルファベットの部分を大文字にして，その略語とともに記しなさい。

（A）　1　情報　　　　　　　　　　　[　　　　　　　　　　　　　　　]
　　　　2　情報科学　　　　　　　　[　　　　　　　　　　　　　　　]
　　　　3　情報学　　　　　　　　　[　　　　　　　　　　　　　　　]
　　　　4　情報技術　　　　　　　　[　　　　　　　　　　　　　　　]
　　　　5　情報通信技術　　　　　　[　　　　　　　　　　　　　　　]
　　　　6　情報（化）社会　　　　　[　　　　　　　　　　　　　　　]
　　　　7　情報インフラ　　　　　　[　　　　　　　　　　　　　　　]
　　　　8　インターネット　　　　　[　　　　　　　　　　　　　　　]
　　　　9　モノのインターネット　　[　　　　　　　　　　　　　　　]
　　　10　ウェブサイト　　　　　　[　　　　　　　　　　　　　　　]

（B）　1　情報モラル　　　　　　　[　　　　　　　　　　　　　　　]
　　　　2　情報倫理　　　　　　　　[　　　　　　　　　　　　　　　]
　　　　3　情報セキュリティ　　　　[　　　　　　　　　　　　　　　]
　　　　4　コンピュータウイルス　　[　　　　　　　　　　　　　　　]
　　　　5　マルウェア　　　　　　　[　　　　　　　　　　　　　　　]
　　　　6　サイバー攻撃　　　　　　[　　　　　　　　　　　　　　　]
　　　　7　ユーザID　　　　　　　　[　　　　　　　　　　　　　　　]
　　　　8　パスワード　　　　　　　[　　　　　　　　　　　　　　　]
　　　　9　暗証番号／個人識別番号　[　　　　　　　　　　　　　　　]
　　　10　フェイクニュース　　　　[　　　　　　　　　　　　　　　]

（C）　1　人工知能　　　　　　　　[　　　　　　　　　　　　　　　]
　　　　2　機械学習　　　　　　　　[　　　　　　　　　　　　　　　]
　　　　3　深層学習　　　　　　　　[　　　　　　　　　　　　　　　]
　　　　4　データサイエンス　　　　[　　　　　　　　　　　　　　　]
　　　　5　電子メール　　　　　　　[　　　　　　　　　　　　　　　]
　　　　6　検索エンジン　　　　　　[　　　　　　　　　　　　　　　]
　　　　7　ユビキタスコンピューティング　[　　　　　　　　　　　　　　　]
　　　　8　クラウドコンピューティング　[　　　　　　　　　　　　　　　]
　　　　9　スマートシティ　　　　　[　　　　　　　　　　　　　　　]
　　　10　QRコード　　　　　　　　[　　　　　　　　　　　　　　　]

第1章

どのような分野の学習でも，まずは "言葉の壁" を乗り越えるために，それぞれの分野で使われている**キーワード**（key word）と**専門用語**（technical term）になじむことが大切です。

　そこで，本書では，各章の始めの数題で，それぞれの章の内容に頻出する，いろいろな形での用語を取り上げることにします。「習うより慣れろ！(Get used to it rather than learn it!)」というわけです。

　ですので，初めのうちは，それらを完璧に覚えなくても結構です。同一の内容を示す用語で，日本語としての漢字表現，カタカナ表現，略語，簡略語などの関係に徐々に慣れていき，着実に身に着けていっていただきたいと思います。

　また，現代の**グローバル社会**（global society）において，世界の共通言語は，言うまでもなく**英語**（English）です。とくに**情報**（information）の分野には英語の用語や，英語に由来する用語がたくさん流入して使われています。そのために，英語の用語がそのままカタカナ書きにされたものが使用されて定着している例が少なくありません。みなさんがこれから学習することになる**コンピュータプログラム**（computer program）も，単純なものではありますが，英語で書きます。そのために，ぜひ日本語と英語を**ペア**（pair，対）にして，しっかり覚えるようにしましょう。また，英語のフルスペルから取った略語が用いられることも多いので，それらも併せて覚えましょう。

　科目「情報I」の学習において，情報のさまざまな性質の理解のために，関連するいろいろな言葉・用語を知っておく必要があります。本問題では「情報」に関する，日常的にテレビやラジオ，新聞，雑誌などで頻繁に見聞きする主要な用語を取り上げました。

　なお，**(A) - 8**の【答】でthe Internetと，定冠詞theが付いて頭文字アイが**大文字**（capital letter）になっていますが，これはインターネットそのものを表記するときに，一般名詞のinternetと区別して，固有名詞であることを明確にするための正式な表記です。**インターネット**（the Internet）とは，世界規模でコンピュータをつなげた情報通信網のことで，そこには国境などの境・壁がありません。それは，情報（化）社会の中核を担う世界中の**社会基盤**（**インフラストラクチャー**（infrastructure））となっています。

　また，**(A) -10**のWebで，頭文字のダブリューがやはり大文字になっていますが，この元の用語がWorld Wide Web（WWW（"だぶりゅーだぶりゅーだぶりゅー" と読む）と簡略表記するときもある）であり，その省略語であることからきています。ここで，（**Web**（**ウェブ**）とは，元は「クモの巣」とか「編物」を指す言葉ですが，インターネットで提供されている**ハイパーテキストシステム**（hypertext system）のことです：情報提供者がWeb**サーバ**（server：利用者の要求に応じてサービスを提供するソフトウェアあるいはコンピュータ（これを**クライアント**（client）と言うこともある））に情報を公開し，情報利用者がWeb**ブラウザ**（browser：Webページの表示やハイパーリンクをたどる機能を持つソフトウェア）を介して目的の情報を閲覧する，という仕組みです。

................................................................................................

................................................................................................

**(A)**　1　information　　2　information science / computer science / computer and information science
　　　3　informatics　　4　Information Technology: IT
　　　5　Information and Communication Technology: ICT　　6　information society
　　　7　information infrastructure　　8　the Internet　　9　Internet of Things: IoT　　10　Web site

**(B)**　1　information morals　　2　information ethics　　3　information security　　4　computer virus
　　　5　malware　　6　cyber attack　　7　user IDentification / user ID　　8　password
　　　9　Personal Identification Number: PIN　　10　fake news

**(C)**　1　Artificial Intelligence: AI　　2　machine learning　　3　deep learning　　4　data science
　　　5　Electronic mail / E-mail　　6　search engine　　7　ubiquitous computing
　　　8　cloud computing　　9　smart city　　10　Quick Response code / QR code

# 2 情報に関連する主な略語

以下に示す略語，簡略語について，それぞれの読み方を平仮名で書き，続けて英語でのフルスペルを書きなさい。

1　IT　　　　[　　　　　　　　　　　　　　　　　　　　　　　]

2　ICT　　　[　　　　　　　　　　　　　　　　　　　　　　　]

3　IoT　　　[　　　　　　　　　　　　　　　　　　　　　　　]

4　OS　　　 [　　　　　　　　　　　　　　　　　　　　　　　]

5　IC　　　　[　　　　　　　　　　　　　　　　　　　　　　　]

6　LSI　　　 [　　　　　　　　　　　　　　　　　　　　　　　]

7　CPU　　　L　　　　　　　　　　　　　　　　　　　　　　　]

8　USB　　　[　　　　　　　　　　　　　　　　　　　　　　　]

9　bit　　　 [　　　　　　　　　　　　　　　　　　　　　　　]

10　dpi　　　[　　　　　　　　　　　　　　　　　　　　　　　]

11　LAN　　 [　　　　　　　　　　　　　　　　　　　　　　　]

12　WAN　　[　　　　　　　　　　　　　　　　　　　　　　　]

13　ASCII　 [　　　　　　　　　　　　　　　　　　　　　　　]

14　MIDI　　[　　　　　　　　　　　　　　　　　　　　　　　]

15　PIN　　 [　　　　　　　　　　　　　　　　　　　　　　　]

16　SNS　　 [　　　　　　　　　　　　　　　　　　　　　　　]

17　blog　　[　　　　　　　　　　　　　　　　　　　　　　　]

18　BBS　　 [　　　　　　　　　　　　　　　　　　　　　　　]

19　POS　　 [　　　　　　　　　　　　　　　　　　　　　　　]

20　MECE　 [　　　　　　　　　　　　　　　　　　　　　　　]

21　GPS　　 [　　　　　　　　　　　　　　　　　　　　　　　]

22　ETC　　 [　　　　　　　　　　　　　　　　　　　　　　　]

23　SDGs　 [　　　　　　　　　　　　　　　　　　　　　　　]

24　ATM　　[　　　　　　　　　　　　　　　　　　　　　　　]

25　AI　　　 [　　　　　　　　　　　　　　　　　　　　　　　]

26　GAFA　 [　　　　　　　　　　　　　　　　　　　　　　　]

27　GUI　　 [　　　　　　　　　　　　　　　　　　　　　　　]

28　VR　　　[　　　　　　　　　　　　　　　　　　　　　　　]

29　AR　　　[　　　　　　　　　　　　　　　　　　　　　　　]

30　PDCA　 [　　　　　　　　　　　　　　　　　　　　　　　]

前問の注釈で述べたとおり，情報科学（information science）あるいは情報学（informatics）の分野では英語の用語が大量に流布していて，それらが短縮（clipping）された "簡略表現" での略語（abbreviation）の用語もよく使われています。

　それらの簡略表現にはいくつかのバリエーション（variation，変種）があります：頭字語（原語の各単語や複合語の頭文字（initial letter）を並べた用語）はその代表格で，アクロニム（acronym）とも呼びます。そのうち，アルファベットのまま順番に発音するものをイニシャリズム（initialism）と呼んでいます。一方，あたかも一つの単語のように発音されるものもあり，それらを狭義のアクロニム（acronym in the narrow sense）と言っています（例としては，日本産業企画JISを "じす" と読みますね）。ちなみに，SDGs（持続可能な開発目標，2015年9月に国連サミットで採択された国際目標）は "えすでぃーじーず" と読みますので，イニシャリズムとアクロニムの両方です。

　これらの分別は慣例によるものであって，特に決まった法則などはありません。ですので，個別に慣れることが肝要です。

　さらには，頭文字に限らずに，複数の語のうちの一部分を組み合わせて作られた用語もあります（例：bit，blog）。それらは混成語（blend word）（またはかばん語（portmanteau word））と呼ばれます。

　この問題であげた用語には，それらが混在していますので，再度注意して見てください。
なお，16のSNS（Social Networking Service）は会員登録制のインターネット交流Webサービスのことで，LINE（ライン）やYouTube（ユーチューブ），Facebook（フェイスブック），X（エックス，旧Twitter），Instagram（インスタグラム），Telegram（テレグラム），Slack（スラック）などがあります。また，それらに会員が交流情報を投稿することをポストする（post）と言います。

．．．．．．．．．．．．．．．．．．．．．．．．．．．．．．．．．．．．．．．．．．．．．．．．．．．．．．．．．．．．．．．．．．．．．．．．．．．．．．．．．．．．．．．．．．．．．．．．．．．．．．．
．．．．．．．．．．．．．．．．．．．．．．．．．．．．．．．．．．．．．．．．．．．．．．．．．．．．．．．．．．．．．．．．．．．．．．．．．．．．．．．．．．．．．．．．．．．．．．．．．．．．．．．
．．．．．．．．．．．．．．．．．．．．．．．．．．．．．．．．．．．．．．．．．．．．．．．．．．．．．．．．．．．．．．．．．．．．．．．．．．．．．．．．．．．．．．．．．．．．．．．．．．．．．．．
．．．．．．．．．．．．．．．．．．．．．．．．．．．．．．．．．．．．．．．．．．．．．．．．．．．．．．．．．．．．．．．．．．．．．．．．．．．．．．．．．．．．．．．．．．．．．．．．．．．．．．．
．．．．．．．．．．．．．．．．．．．．．．．．．．．．．．．．．．．．．．．．．．．．．．．．．．．．．．．．．．．．．．．．．．．．．．．．．．．．．．．．．．．．．．．．．．．．．．．．．．．．．．．

**1** あいてぃー Information Technology　　**2** あいしーてぃー Information and Communication Technology
**3** あいおーてぃー Internet of Things　　**4** おーえす Operating System　　**5** あいしー Integrated Circuit
**6** えるえすあい Large Scale Integration / Integrated Circuit　　**7** しーぴーゆー Central Processing Unit
**8** ゆーえすびー Universal Serial Bus　　**9** びっと binary digit　　**10** でぃーぴーあい dots per inch
**11** らん Local Area Network　　**12** わん Wide Area Network
**13** あすきー American Standard Code for Information Interchange
**14** みでぃー Musical Instrument Digital Interface　　**15** ぴん Personal Identification Number
**16** えすえぬえす Social Networking Service　　**17** ぶろぐ Web log
**18** びーびーえす Bulletin Board System　　**19** ぽす Point Of Sales
**20** みーしー Mutually Exclusive and Collectively Exhaustive　　**21** じーぴーえす Global Positioning System
**22** いーてぃーしー Electronic Toll Collection system
**23** えすでぃーじーず Sustainable Development Goals
**24** えいてぃーえむ Automated/Automatic Teller Machine　　**25** えいあい Artificial Intelligence
**26** がーふぁ Google-Apple-Facebook-Amazon　　**27** じーゆーあい Graphical User Interface
**28** ぶいあーる Virtual Reality　　**29** えいあーる Augmented Reality
**30** ぴーでぃーしーえい Plan-Do-Check-Act

**問題**
problem

以下に示す簡略語に対する正規の日本語の名称と，その英語を書きなさい。

1 パソコン 　　［日本語： 　　　　　　　　　　　　英語： 　　　　　　　　　　　　　　］

2 スマホ 　　［日本語： 　　　　　　　　　　　　英語： 　　　　　　　　　　　　　　］

3 ハード 　　［日本語： 　　　　　　　　　　　　英語： 　　　　　　　　　　　　　　］

4 ソフト 　　［日本語： 　　　　　　　　　　　　英語： 　　　　　　　　　　　　　　］

5 デジカメ 　　［日本語： 　　　　　　　　　　　　英語： 　　　　　　　　　　　　　　］

6 ワープロ 　　［日本語： 　　　　　　　　　　　　英語： 　　　　　　　　　　　　　　］

7 カーナビ 　　［日本語： 　　　　　　　　　　　　英語： 　　　　　　　　　　　　　　］

8 ネット 　　［日本語： 　　　　　　　　　　　　英語： 　　　　　　　　　　　　　　］

9 メール 　　［日本語： 　　　　　　　　　　　　英語： 　　　　　　　　　　　　　　］

10 アプリ 　　［日本語： 　　　　　　　　　　　　英語： 　　　　　　　　　　　　　　］

11 インスタ 　　［日本語： 　　　　　　　　　　　　英語： 　　　　　　　　　　　　　　］

12 ウェブ 　　［日本語： 　　　　　　　　　　　　英語： 　　　　　　　　　　　　　　］

13 リンク 　　［日本語： 　　　　　　　　　　　　英語： 　　　　　　　　　　　　　　］

14 コンパチ 　　［日本語： 　　　　　　　　　　　　英語： 　　　　　　　　　　　　　　］

15 ウィキ 　　［日本語： 　　　　　　　　　　　　英語： 　　　　　　　　　　　　　　］

16 コスパ 　　［日本語： 　　　　　　　　　　　　英語： 　　　　　　　　　　　　　　］

17 メカ 　　［日本語： 　　　　　　　　　　　　英語： 　　　　　　　　　　　　　　］

18 ゼミ 　　［日本語： 　　　　　　　　　　　　英語： 　　　　　　　　　　　　　　］

19 プレゼン 　　［日本語： 　　　　　　　　　　　　英語： 　　　　　　　　　　　　　　］

20 シンポ 　　［日本語： 　　　　　　　　　　　　英語： 　　　　　　　　　　　　　　］

第1章

学習上の文章や学術的な文章を書くときに（**テクニカルライティング**（technical writing）），また人と**コミュニケーション**（communication）をとるための会話，相談，議論などをするときに，それぞれの分野での，正式な用語に注意を払うことが大切です。

前問で取り上げた，英語による用語から派生した略語，簡略語とともに，英語の用語がカタカナ書きで日本語の用語となり，それらがさらに略されて（短縮されて）使用され，定着しているものがあります。これらについても，それぞれの正式な用語をきちんと知っておくことが大事です。

この問題は，日ごろ何気なく使ってしまっている簡略語をいくつか取り上げることで，正式な用語への注意を喚起しようとするものです。

正式な文書での文章の中でそれらの簡略表現を使用すると，文章全体の品格を損ねたり，真意が伝わらなかったりする恐れがあります。それぞれの状況に応じて，言葉や用語を慎重に選択することを心がけましょう。

なお，情報の分野はまだ歴史が浅く，外国で開発された技術が多いことから，海外の言葉をそのまま，かなり忠実な発音をカタカナに置き換えて，外来語の専門用語として用いているものがたくさんあります。そこで問題となっているのが，語尾に長音記号を付けるか否かの，いわゆる**音引有無問題**（例：コンピュータかコンピューターか？）です。また，そのほかにも**並字／小文字問題**（例：ソフトウェアかソフトウエアか？），**中黒（中ぽつ）有無問題**（例：アプリケーションソフトウェアかアプリケーション・ソフトウェアか？）などがあります。

言葉は言わば"生き物"で，時代の流れや志向，主義などによって変化しますから，それらの表記法は流動的です。肝心なことは，一つの文書の中では，それらの**表記を統一する**，ということです。

ちなみに，本書では，語尾の**音引**（おんびき，**長音記号**とも言います）は付けず，また合成語での中黒も付けないことを原則としています。

........................................................................................................
........................................................................................................
........................................................................................................
........................................................................................................
........................................................................................................
........................................................................................................
........................................................................................................

**1** パーソナルコンピュータ personal computer **2** スマートフォン smart phone
**3** ハードウェア hardware **4** ソフトウェア software **5** デジタルカメラ digital camera
**6** ワードプロセッサ word processor **7** カーナビゲーションシステム car navigation system
**8** インターネット the Internet **9** 電子メール Electronic mail / E-mail
**10** アプリケーションソフトウェア application software **11** インスタグラム Instagram
**12** ワールドワイドウェブ World Wide Web **13** ハイパーリンク hyper-link
**14** コンパチビリティ compatibility **15** ウィキペディア Wikipedia
**16** コストパフォーマンス cost(-benefit) performance **17** メカニズム mechanism
**18** ゼミナール seminar **19** プレゼンテーション presentation **20** シンポジウム symposium

**問題**
problem

以下に示す省略語の正式なフルスペルと，対応する日本語の名称を書きなさい。

1 Ann. ［フルスペル： 日本語： ］

2 *cf.* ［フルスペル： 日本語： ］

3 Co. ［フルスペル： 日本語： ］

4 Coll. ［フルスペル： 日本語： ］

5 Conf. ［フルスペル： 日本語： ］

6 Cong. ［フルスペル： 日本語： ］

7 Dep. ［フルスペル： 日本語： ］

8 Dr. ［フルスペル： 日本語： ］

9 ed. ［フルスペル： 日本語： ］

10 *e.g.* ［フルスペル： 日本語： ］

11 *et.al.* ［フルスペル： 日本語： ］

12 *etc.* ［フルスペル： 日本語： ］

13 *ibid.* ［フルスペル： 日本語： ］

14 *i.e.* ［フルスペル： 日本語： ］

15 Inc. ［フルスペル： 日本語： ］

16 Inst. ［フルスペル： 日本語： ］

17 J. ［フルスペル： 日本語： ］

18 Lab. ［フルスペル： 日本語： ］

19 No./no. ［フルスペル： 日本語： ］

20 p. ［フルスペル： 日本語： ］

21 pp. ［フルスペル： 日本語： ］

22 Proc. ［フルスペル： 日本語： ］

23 Prof. ［フルスペル： 日本語： ］

24 Sci. ［フルスペル： 日本語： ］

25 Soc. ［フルスペル： 日本語： ］

26 Tech. ［フルスペル： 日本語： ］

27 Trans. ［フルスペル： 日本語： ］

28 Univ. ［フルスペル： 日本語： ］

29 Vol./vol. ［フルスペル： 日本語： ］

30 vs. ［フルスペル： 日本語： ］

どの専門分野でも，正式な用語には冗長なものが少なくありません。そのため，正式な用語を基にして簡略表現や省略表現に代えた用語が数多く見られます。文献においても同様です。

　ここで，**文献**（literature）とは，以前の学術・文化を知るよりどころとなる，先人たちが成して残してくれた書籍や論文，雑誌・新聞記事などの記録文書のことです。そして，あらゆる研究活動において，参考資料にされるものを**参考文献**（bibliography / reference）と呼び，新たな書籍や論文を執筆する際に参考にされる，きわめて重要な役割を果たすものです。

　また，その中から**引用**（citation / quotation）を行った箇所を明示すること（**出所の明示**）を**出典**あるいは**典拠**（source / citation）と言います。著作者にとって，自分の著作物の内容が正しく引用されることは，比類のない喜びとなります。

　みなさんの中には，すでにスマートフォンやタブレット端末，パーソナルコンピュータなどでSNSやチャットを楽しんでいる方々がたくさんおられることと思います。それらではスピーディーな情報交換・意見交換をするために，いろいろな簡略語や省略語が使われています。

　なお，英語の**省略語**（abbreviation）では，頭文字を**大文字**（capital letter）にするのが原則（例外あり）です。そして，後ろには，省略語であることを示す記号の**ドット**（dot）“.” を（原則として）付けることを忘れないでください。また，**イタリック体**（italics，**斜字体／斜体**）になっているものは，英語でない外国語（ここではラテン語）に由来するものを表すときの慣習的な処置です。さらに，このイタリック体は，欧文のタイトル（書名，誌名，新聞紙名，楽曲名，映画・演劇などの題名）にも使われます。

**1** annual　年報／年会誌　　**2** *confer* ～　を参照せよ　　**3** company　会社
**4** college　単科大学　　**5** conference　会議　　**6** congress　会議／大会／学会
**7** department　部局／学科／科目　　**8** doctor　博士　　**9** edition　版／editor　編集者
**10** *exempli gratia*　たとえば　　**11** *et alii*　その他の者たち　　**12** *et cetera*　その他
**13** *ibidem*　同書　　**14** *id est*　言い換えれば／すなわち　　**15** incorporated　会社名
**16** institute　学会／協会／研究所／大学　　**17** journal　学会誌
**18** laboratory　研究室／研究所／実験室　　**19** *numero*　番／番号／号　　**20** page　ページ数
**21** pages ～ - …　～ページから…ページまで　　**22** proceeding　議事録／会報　　**23** professor　教授
**24** science　科学／～学　　**25** society　協会　　**26** technology　工学／工業技術／工科大学
**27** transaction　紀要／会報／議事録　　**28** university　大学　　**29** Volume / volume　巻
**30** ～ versus …　～対…

# 5 情報に関連する用語の日本語表記

**問題**
problem

以下に示す和語での情報関連用語に対するカタカナ表記もしくは略語表記と，それに対応する英語を書きなさい。

1　情報　　　　　　　　　[カタカナ／略語：　　　　　　　　　英語：　　　　　　　　　　　　]

2　情報科学　　　　　　　[カタカナ／略語：　　　　　　　　　英語：　　　　　　　　　　　　]

3　情報学　　　　　　　　[カタカナ／略語：　　　　　　　　　英語：　　　　　　　　　　　　]

4　情報技術　　　　　　　[カタカナ／略語：　　　　　　　　　英語：　　　　　　　　　　　　]

5　情報通信技術　　　　　[カタカナ／略語：　　　　　　　　　英語：　　　　　　　　　　　　]

6　媒体　　　　　　　　　[カタカナ／略語：　　　　　　　　　英語：　　　　　　　　　　　　]

7　計算機　　　　　　　　[カタカナ／略語：　　　　　　　　　英語：　　　　　　　　　　　　]

8　計算機科学　　　　　　[カタカナ／略語：　　　　　　　　　英語：　　　　　　　　　　　　]

9　基本ソフトウェア　　　[カタカナ／略語：　　　　　　　　　英語：　　　　　　　　　　　　]

10　記憶　　　　　　　　　[カタカナ／略語：　　　　　　　　　英語：　　　　　　　　　　　　]

11　算譜　　　　　　　　　[カタカナ／略語：　　　　　　　　　英語：　　　　　　　　　　　　]

12　作譜　　　　　　　　　[カタカナ／略語：　　　　　　　　　英語：　　　　　　　　　　　　]

13　算法　　　　　　　　　[カタカナ／略語：　　　　　　　　　英語：　　　　　　　　　　　　]

14　人工知能　　　　　　　[カタカナ／略語：　　　　　　　　　英語：　　　　　　　　　　　　]

15　専門家システム　　　　[カタカナ／略語：　　　　　　　　　英語：　　　　　　　　　　　　]

16　機構　　　　　　　　　[カタカナ／略語：　　　　　　　　　英語：　　　　　　　　　　　　]

17　系　　　　　　　　　　[カタカナ／略語：　　　　　　　　　英語：　　　　　　　　　　　　]

18　炎上　　　　　　　　　[カタカナ／略語：　　　　　　　　　英語：　　　　　　　　　　　　]

19　凍結　　　　　　　　　[カタカナ／略語：　　　　　　　　　英語：　　　　　　　　　　　　]

20　価格性能比／費用対効果　[カタカナ／略語：　　　　　　　　英語：　　　　　　　　　　　　]

ここまで繰り返し述べてきたとおり，情報に関する用語の多くは海外から，ほとんど英語で輸入されています。かつて，先人たちが懸命にそれらの意味を解釈して，適合する漢字を探して置き換える努力がなされてきました。

しかし，近年，英語文化の浸透に伴って，英語の発音をそのままできるだけ忠実に再現しようとする，カタカナ表記による用語が増えています。ですので，本書では，「読み方」の表記に対してはカタカナでなく，**平仮名**を使っていますので，この点に注意してください。

日本語の語彙には，情緒や感性に関するものは豊富ですが，論理性・ストーリー性に結びつくものは比較的少ないように思います。歴史の浅い情報という新しい**パラダイム**（paradigm）の下で作られ，また今も盛んに作られつつある情報の専門用語には，日本語化する上でうまく**マッチする**（match）和語が見つからないものも多いことでしょう。

ここでは，和語とカタカナ語の両方が使われているもののいくつかを取り上げました。みなさんが書くレポートや論文などでは，これら和語や略語とカタカナ語が**混在しない**ように注意してください。ちなみに，カタカナ（それと平仮名，アルファベット）は**表音文字**（phonogram）ですので，対応する英単語を知っていればスーッと出てくることでしょう。しかし和語，すなわち漢字は**表意文字**（ideogram）ですから，その意味するところを理解して覚えなければなりません。

これまでに見てきたとおり，同じ対象のものでも，それを表現する言葉にはいくつかのものが混在していて多様な場合があります。それらが錯綜してしまい，頭が混乱してしまうことが少なくないことでしょう。しかし，これは慣れるほかに手立てがありません。日本語には，それだけ豊かな表現力があるのだ——と考えることにして，頑張りましょう!!

..............................................................................
..............................................................................
..............................................................................
..............................................................................
..............................................................................
..............................................................................
..............................................................................
..............................................................................
..............................................................................

**1** インフォメーション　information
**2** インフォメーションサイエンス／コンピュータサイエンス　information science / computer science / computer and information science
**3** インフォーマティクス　informatics　　**4** IT（あいてぃー）　information technology
**5** ICT（あいしーてぃー）Information and Communication Technology　　**6** メディア　media
**7** コンピュータ　computer　　**8** コンピュータサイエンス　computer science
**9** OS／オペレーティングシステム　Operating System　　**10** メモリ　memory
**11** プログラム　program　　**12** プログラミング　programming　　**13** アルゴリズム　algorithm
**14** AI（えいあい）Artificial Intelligence　　**15** エキスパートシステム　expert system
**16** メカニズム／メカ　mechanism　　**17** システム　system　　**18** フレーム　flame
**19** フリーズ　freeze　　**20** コストパフォーマンス／コスパ　cost（-benefit）performance

あなたの身近にある情報機器の名称と，その英語を五つ以上書きなさい。

[
]

[
]

[
]

[
]

[
]

[
]

[
]

みなさんは，この問題に取り組まれて，いろいろな例（example）を探すことで，あらためて多くの電子化された情報機器（information equipment）が身の回りにあり，日常的に接していることに気づかれたことでしょう。それらの多くは，もはや私たちにとっての"生活必需品"となっている，と言っても過言ではありません。

現代の社会は高度に情報化（電子化＆ネット化）されていて，コンピュータやセンサーが組み込まれた（このような状況をユビキタスコンピューティング（ubiquitous computing）と言う）さまざまな情報機器が普及し，さらにそれらがインターネット（the Internet）に接続されて，私たちの生活を豊かで便利なものにしてくれています。このことをIoT（Internet of Things, モノのインターネット）と呼んでいます。

今後も新たな面白い情報機器がいろいろと開発されて提供され，私たちの生活の質をさらに高めてくれることでしょう。それらを上手に（well / be good），賢く（wisely / smart），また大切に（take care）使用していくことが不可欠となっています。

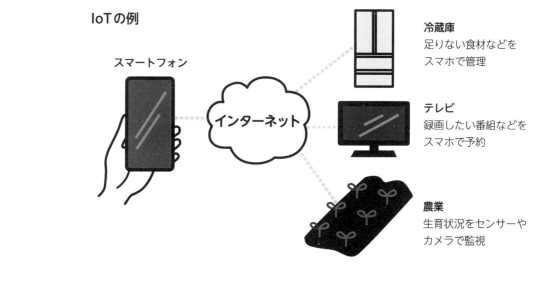

IoTの例

スマートフォン

インターネット

冷蔵庫
足りない食材などを
スマホで管理

テレビ
録画したい番組などを
スマホで予約

農業
生育状況をセンサーや
カメラで監視

....................................................................................................
....................................................................................................
....................................................................................................
....................................................................................................
....................................................................................................

パーソナルコンピュータ／パソコン／PC：Personal Computer，タブレット（端末）：tablet，
スマートフォン／スマホ：smart phone，スマートウォッチ：smart watch，
スマートスピーカー：smart speaker，デジタルカメラ：digital camera，
デジタル双眼鏡：digital binoculars，ワードプロセッサ／ワープロ：word processor，
3Dプリンタ：3-dimensional printer，ドローン：drone，お掃除ロボット／ロボット掃除機：robot cleaner，
電卓／電子式卓上計算機（器）：calculator，電子書籍：electronic book / E-book，
電子辞書：electronic dictionary，電子翻訳機：electronic translator，
カーナビゲーションシステム／カーナビ：car navigation system，ETC：Electronic Toll Collection system，
POS端末：Point Of Sales，ATM: Automated/Automatic Teller Machine，アレクサ：Alexa, *etc.*

**問題** problem

以下に示す（1）〜（7）の文章は，情報というものの特徴・特質について述べたものです。それぞれの内容に適合する特性を，下の（a）〜（g）から選びなさい。

（1）　情報は，何らかの行動や意思を決定するときの良い判断材料となる。

（2）　情報は，モノ（実体）ではなくコト（表現）であって，形がない。

（3）　情報は，デジタル化によって，容易に同じものを作ることができる。

（4）　情報は，いちど作成されると，紙やコンピュータに残って消えない。

（5）　情報は，さまざまなメディアやインターネットによって伝えられる。

（6）　情報は，いろいろなメディアに収納されて，保存される。

（7）　情報にはプラスの面とマイナスの面があり，その見極めに注意しなければならない。

（a）記録性・保存性　　（b）残存性　　（c）信頼性・信憑性

（d）伝達（播）性　　（e）複製性　　（f）無形性　　（g）有用性・高価値性

情報とは何か？　これは難問ですね。とても広くて深い概念だからです。ただ，ここで手をこまねいていても埒が明きません。思い切って，シンプルに考えることにしましょう。

　情報という言葉を分解してみると「情」と「報」となりますね。ここで，「情」を「事情」，「報」を「報告」と展開して解釈すると，何となくイメージが浮かんでくるのではないでしょうか？

　その昔，「のろし（狼煙）」という合図・警報が使われたことはご存じのことと思います。戦争では「スパイの報告」がまさに"情報"であって，それが「情報を制する者が勝利する」と言われる所以です。また，今も昔も変わらずに，「食事会」「お茶会」「飲み会」「井戸端会議」といったものも，大切な情報交換の場となっています。

　つまり，情報（information）とは，その発信者（sender）が相手の受信者（receiver）へ伝達する内容：特別なある出来事や知識，データ，信号，合図などのことです（この記号 " : " は，コロン（colon）と呼ばれる，"つまり"とか"たとえば"といった意味合いで，関連した詳しい説明の前に置く句読点の一種です）。またそれは，意味や価値を持ったものですので，それに基づいて行動や意思が決定されます。

　現代は情報（化）社会です。さまざまな情報が身の回りに存在し，それらを交換し合うことにより，いろいろな活動が新たに展開されていきます。私たちは，情報の特性（characteristics of information）をきちんと理解して，自身の生活向上に役立てるとともに，社会の発展に寄与しなければなりません。

　ちなみに，情報の特性を理解した上で，知識の獲得，問題の解決，意思の決定などに有効活用できる基礎的な能力のことを情報リテラシー（information literacy）と言います。それは，より具体的には
　① コンピュータの操作・活用能力,
　② データの作成・整理・分析能力,
　③ インターネットによる情報収集・情報検索能力
といったところでしょう。

　ここで確認した情報の有用性（usefulness / effectiveness）・無形性（intangibility）・複製性（reproducibility）・残存性（survivability）・伝達性（communicability / transferability）・記録性（recordability）・保存性（preservability）・信頼性（reliability）・信憑性（credibility）を，しっかりと心に刻んで，活用することにしましょう。

　なお，情報は大変便利で有用なものですが，ひとたびそれが悪用されてしまうと非常に危険なものとなります。情報（化）社会に生きている私たちは，この点も，いつも心に留めておかなければなりません。

．．．．．．．．．．．．．．．．．．．．．．．．．．．．．．．．．．．．．．．．．．．．．．．．．．．．．．．．．．．．．．．．．．．．．
．．．．．．．．．．．．．．．．．．．．．．．．．．．．．．．．．．．．．．．．．．．．．．．．．．．．．．．．．．．．．．．．．．．．．
．．．．．．．．．．．．．．．．．．．．．．．．．．．．．．．．．．．．．．．．．．．．．．．．．．．．．．．．．．．．．．．．．．．．．
．．．．．．．．．．．．．．．．．．．．．．．．．．．．．．．．．．．．．．．．．．．．．．．．．．．．．．．．．．．．．．．．．．．．．

**(1)**（g）有用性・高価値性　　**(2)**（f）無形性　　**(3)**（e）複製性　　**(4)**（b）残存性
**(5)**（d）伝達（播）性　　**(6)**（a）記録性・保存性　　**(7)**（c）信頼性・信憑性

**問題**
problem

以下に示す（1）～（5）の文章は，メディアというものの特徴・特質について述べたものです。それぞれの中にある角括弧の中に適合する言葉を，下の（a）～（e）から選びなさい。

（1）　メディアは，情報を伝達するために［　　　　］をするものである。

（2）　メディアという言葉は，新聞・雑誌・書籍やテレビ，ラジオなどを指す［　　　　］としても使われている。

（3）　メディアは，情報をさまざまに［　　　　］するための形式，手段あるいは道具として使われる。

（4）　メディアは，情報の残存性を利用して，それを［　　　　］し，保存し，蓄積するものである。

（5）　メディアは，情報を［　　　　］するための，手段や道具である。

---

（a）記録　　（b）仲介　　（c）伝達　　（d）表現　　（e）マスメディア

---

メディア（media，媒体あるいは媒介とも言う）には，いくつかの側面と種類があることが，本問題から分かることでしょう：文字（テキスト）・図表・写真・音声・画像などの情報を表現（expression / representation / description）するための（質的な）"もの"；それらのさまざまな情報を記録（memory / store）して収納し保存するための（物理的な）"モノ"（紙，CD，DVD，SSD，USBメモリ，SDカードなど）；いろいろな情報を伝達（transmission / communication / delivery）するための"手段／道具（way, mean / tool）"（テレビ，ラジオ，インターネット；新聞・雑誌・書籍；PC，タブレット端末，スマートフォンなど）です。

　どのような情報も，何らかのメディアによって私たちに伝わってきます。発信者が情報を受信者へ伝えるときに，メディアによる情報の，①表現の仕方，②記録の媒体，③伝達の方法をそれぞれ適宜に（be suitable）選び，上手に（be good）使い分けることが重要です。

　つまり，メディアの特性（characteristics of media）をきちんと心得ておくことが，情報（化）社会の中で生きていく術なのです。そのため，メディアを介して送受信した情報を基に，コミュニケーション（communication）を行って活用することができる能力が必須です。このような基礎的な能力のことをメディアリテラシー（media literacy）と言います。それは，より具体的には
　　① メディアを通じて情報を読み解く能力，
　　② メディアを安全・適正に活用する能力，
　　③ メディアで正確かつ的確なコミュニケーションを図る能力
といったところでしょう。

　なお，すでにいくつかの括弧：【　】，（　），［　］，「　」を使ってきています。"【　】"は墨付き括弧（painted brackets）と呼び，主に見出しを囲うのに用いられます；"（　）"は括弧またはパーレン（parentheses / round brackets）と呼び，言葉の言換え，補足説明，用例などに広く使われる最もなじみ深いものです；"［　］"は角括弧またはブラケット（brackets / square brackets）と呼び，番号や物理単位を囲ったり，語句の言換えなどに用います；"「　」"はカギ（鉤）括弧と呼ばれる日本語用の引用符で，言葉や文章の引用や強調に用います。また，"　"という記号はダブルクオーテーションマーク（double quotation mark）と呼ばれるもので，カギ括弧と同様の引用符ですが，こちらはややカジュアルな味（taste）を出すことができます。文章内で，この二つの引用符を上手に使い分けて，文章に"表情"を演出してください。

　また"；"という記号も使いました。これはセミコロン（semicolon）と呼び，通常のカンマまたはコンマ（comma）よりも強く区切るものです。また，"／"（日本語用の全角（1字分））と"/"（欧米語用の半角）はスラッシュ（slash）と呼ばれる"または""あるいは"という意味の記号です。

　なお，スラッシュで示したように，これらの記号にはそれぞれ全角モノ（1文字分）と半角モノ（半文字分）があります。原則としては，それらの記号が直接作用する対象が全角か半角かで選択します。
　これでお分かりのように，記号（sign / symbol / mark）というものは表意文字（ideogram）の一種なのです。それぞれ，その時々に合うものを適切に選択して，有効に使いましょう。

. . . . . . . . . . . . . . . . . . . . . . . . . . . . . . . . . . . . . . . . . . . . . . . . . . . . . . . . . . . . . . . . . . . . . . . . . . . . . . . . . . . . . . . . . . . . . . . . . . . . . . . . . . . . . .
. . . . . . . . . . . . . . . . . . . . . . . . . . . . . . . . . . . . . . . . . . . . . . . . . . . . . . . . . . . . . . . . . . . . . . . . . . . . . . . . . . . . . . . . . . . . . . . . . . . . . . . . . . . . . .
. . . . . . . . . . . . . . . . . . . . . . . . . . . . . . . . . . . . . . . . . . . . . . . . . . . . . . . . . . . . . . . . . . . . . . . . . . . . . . . . . . . . . . . . . . . . . . . . . . . . . . . . . . . . . .

**(1)**（b）仲介　　**(2)**（e）マスメディア　　**(3)**（d）表現　　**(4)**（a）記録　　**(5)**（c）伝達

**問題**
problem

あなたが日常で行っている情報収集・知識獲得・情報交換のための具体的なツール：モノや道具・手段などを,
　（1）従来のメディア
　（2）電子的メディア
に分け，それぞれ五つ以上あげて，その目的あるいは使途を書きなさい。

（1）従来のメディア

[　　　　　　　　　　　　　　　　　　　　　　　　　　　　　　　　　　　　　]

[　　　　　　　　　　　　　　　　　　　　　　　　　　　　　　　　　　　　　]

[　　　　　　　　　　　　　　　　　　　　　　　　　　　　　　　　　　　　　]

[　　　　　　　　　　　　　　　　　　　　　　　　　　　　　　　　　　　　　]

[　　　　　　　　　　　　　　　　　　　　　　　　　　　　　　　　　　　　　]

[　　　　　　　　　　　　　　　　　　　　　　　　　　　　　　　　　　　　　]

[　　　　　　　　　　　　　　　　　　　　　　　　　　　　　　　　　　　　　]

（2）電子的メディア

[　　　　　　　　　　　　　　　　　　　　　　　　　　　　　　　　　　　　　]

[　　　　　　　　　　　　　　　　　　　　　　　　　　　　　　　　　　　　　]

[　　　　　　　　　　　　　　　　　　　　　　　　　　　　　　　　　　　　　]

[　　　　　　　　　　　　　　　　　　　　　　　　　　　　　　　　　　　　　]

[　　　　　　　　　　　　　　　　　　　　　　　　　　　　　　　　　　　　　]

[　　　　　　　　　　　　　　　　　　　　　　　　　　　　　　　　　　　　　]

前問の【注釈】で記したように，メディアにはいくつかの側面と種類がありますが，そのうちの，情報を授受するための手段あるいは道具には，現代の情報（化）社会の中にはすでに多種多様なものが存在していて，私たちの生活になくてはならないものとなっています。

　以前は，情報収集・知識獲得のためのツールは，新聞や本・雑誌などの紙メディアがほとんどでした。現代では，それらが電子化されて，電子新聞（electronic newspaper）またはオンライン新聞（online newspaper），電子書籍（Electronic book / E-book），電子辞書（electronic dictionary）にとって代わりつつあり，また電子翻訳機（electronic translator）などもずいぶん普及してきていて，助かっている人も多いことでしょう。

　最近では街中で公衆電話を探すのに一苦労するようになりました。実際，電車やバスの中では，本や雑誌，新聞を開いている人の姿はほとんど見られなくなってしまった一方，多くの人たちがスマートフォンの画面を食い入るように見つめています。スマートフォンは今や，ほとんどの人々にとって生活必需品ですね。

　インターネットにおける検索エンジン（search engine）は，すでに最も身近な情報検索ツールとなっています。その代表的なものはGoogle（グーグル）とYahoo!（ヤフー）でしょう。また，すでに【問題2　情報に関連する主な略語】で紹介したとおり，SNS（Social Networking Service）は会員登録制の，インターネット上での交流Webサービスで，LINE（ライン）やYouTube（ユーチューブ），Facebook（フェイスブック），X（エックス，旧Twitter），Instagram（インスタグラム），Telegram（テレグラム），Slack（スラック）などなど，おなじみのものがたくさんありますね。さらには，チャット（chat）でテキスト（文章）をインターネット上にアップ（upload，アップロード／送信）し，参加者どうしでリアルタイム（real time，実時間／即時）での"おしゃべり"を楽しんでいる方々もたくさんいることでしょう。

　また，外出時に「乗換案内アプリ」を使えば，行き先へのルートと所要時間，その費用合計金額などを簡単に調べることができます。そして，現代のクルマ（car）には，あらゆるところにコンピュータやセンサーが組み込まれていて，さまざまな制御を担ってくれています。そのうちのカーナビゲーションシステム／カーナビ（car navigation system）は，ドライバーに最適なルート情報を的確に伝えてくれる，まことに便利でありがたいシステムですね。

　本問題を通じて，電子化された各種の情報収集ツールが私たちの日々の生活を大変革してきている様を，あらためて確認されたことでしょう。

．．．．．．．．．．．．．．．．．．．．．．．．．．．．．．．．．．．．．．．．．．．．．．．．．．．．．．．．．．．．．．．．．．．．．．．．．．．．．．．．．．．．．．．．．．．．．．．
．．．．．．．．．．．．．．．．．．．．．．．．．．．．．．．．．．．．．．．．．．．．．．．．．．．．．．．．．．．．．．．．．．．．．．．．．．．．．．．．．．．．．．．．．．．．．．．
．．．．．．．．．．．．．．．．．．．．．．．．．．．．．．．．．．．．．．．．．．．．．．．．．．．．．．．．．．．．．．．．．．．．．．．．．．．．．．．．．．．．．．．．．．．．．．．
．．．．．．．．．．．．．．．．．．．．．．．．．．．．．．．．．．．．．．．．．．．．．．．．．．．．．．．．．．．．．．．．．．．．．．．．．．．．．．．．．．．．．．．．．．．．．．．
．．．．．．．．．．．．．．．．．．．．．．．．．．．．．．．．．．．．．．．．．．．．．．．．．．．．．．．．．．．．．．．．．．．．．．．．．．．．．．．．．．．．．．．．．．．．．．．

（1）従来のメディア：新聞・テレビ・ラジオ（以上は，一般的な社会情勢や特定の部門に関する情報収集），書籍・雑誌（これらは専門的な知識・情報の獲得・収集），学校新聞・回覧板・地域のコミュニティ誌（限定的・地域的な情報収集），道路地図帳（目的地へのルートチェック），*etc.*

（2）電子的メディア：携帯電話・スマートフォン・電子メール（これらは，一般的な情報交換），インターネットの検索エンジン（特定あるいは専門的な情報収集）・SNS（特定あるいは専門的な情報収集・情報交換），カーナビ（目的地への案内情報の受信），*etc.*

**問題** problem 以下に示す（1）～（8）の文章は，情報（化）社会の成果と，新たに起こっている問題・課題について述べているものです。それぞれの文章の中にある角括弧の中に適合する言葉を，下の（a）～（h）から選びなさい。

（1）現代は情報（化）社会と言われるが，今後はさらにAIやロボット技術，データ分析技術などが活用されていく社会を目指す［　　　］が，2016年に日本政府により提唱されている。

（2）パソコンなどの単体機器だけでなく，身の回りのあらゆるモノにコンピュータやセンサーが組み込まれて，それらがインターネットに接続されて相互に通信することを［　　　］と呼び，社会生活・家庭生活に大きな変革をもたらすものと，期待されている。

（3）現代の情報（化）社会が今後さらに進展していくためには［　　　］の活用が重要である。日々の生活向上や仕事での利活用はもちろん，農業や漁業，スポーツなどの分野でも，その利用法が研究されていて，応用も進みつつある。

（4）期せずして，新型コロナウイルス感染症によって働き方が大きく変わり，自宅やサテライトオフィスでの［　　　］が一般化した。場所や時間に制約されることなく，また子育て世代，障がい者，高齢者らの就労機会が増し，大都市集中の地方過疎化問題などにも有効に働いて，それらが解決の方向に向かうものと期待されている。

（5）情報というものは，大変便利で有効な反面，危険な側面も併せ持っていて，言わば"諸刃の剣"である。インターネット上のいろいろなサービスでさまざまなトラブルが発生している現実がある。情報（化）社会での正しい考え方，行動・振舞いを［　　　］と言い，従来の一般社会と同様，そこでのモラル，マナーが強く求められている。

（6）情報機器は，おうおうにして長時間使用してしまいがちである。また，PCやスマートフォンへの過度の依存以外にも，それらの操作非適応，故障や紛失などにより，イライラを感じたり不安になったりして，健康障害をもたらしてしまう［　　　］が問題となっている。

（7）情報（化）社会では，情報機器を使いこなす個人の能力や経済力，また地域の環境や国情の差異などによって，社会的な格差を招く［　　　］と呼ばれるものが生じていて，問題となっている。誰もが公平に，安全で，容易に使える社会システムの整備と相応の機器開発が望まれている。

（8）テレビニュースや新聞などで［　　　］が報道されることは日常茶飯事となっている。国政機関や会社，銀行などの情報システムに不正侵入したり，重要な情報を盗んだり書き換えてしまったり，また個人のユーザID・パスワードを不正使用する，というような行為も多発している。

---

（a）IoT　（b）AI　（c）Society 5.0　（d）サイバー犯罪　（e）情報倫理
（f）テクノストレス　（g）デジタルデバイド　（h）テレワーク

Society 5.0（そさえてぃ・ごーてんれい／ぜろ）は，ITやAIによってサイバー空間（仮想空間）とフィジカル空間（現実空間）とを融合させたシステムCPS（しーぴーえす，Cyber-Physical System）で，今後の社会のさまざまな問題解決にあたってゆく——という日本政府主導の政策コンセプトです。また，Society 5.0の"5.0"は，人類の文明の歴史上で，狩猟社会を1.0，農耕社会を2.0，工業社会を3.0，情報社会を4.0として，そのあとの未来志向を印象づける数字です。

　その実現をもたらす情報技術（Information Technology: IT），情報通信技術（Information and Communication Technology: ICT），モノのインターネット（Internet of Things: IoT），人工知能（Artificial Intelligence: AI）はどんどん進歩して応用されて，すでに私たちの生活の中に浸透してきています。このような社会のことをスマートシティ（smart city）と呼んでいます。しかし残念なことに，それによって大きな恩恵を享受している"光（light）"の側面の一方，"影（shadow）"の側面もたくさんあることが，いまや深刻な社会問題となっています。コンピュータウイルス（computer virus）やサイバー犯罪（cybercrime）に関する話題がニュースとして流れることは珍しくなくなってしまいました。

　また，（6）で取り上げたテクノストレス（techno-stress）は情報機器への過度の依存という"のめり込み"が起因していますが，その"のめり込み"はストレスというよりも"中毒・麻薬症"とでも言ったほうが，むしろ現実味があると思います。それにはやはり，酷（ひど）い"副作用"を伴います。その解決はなかなか難しいのですが，それによって失ってしまっているものが如何（いか）に多くて大事なものなのかに，早く気づかせることが肝要でしょう。情報機器は，あくまでも私たちの生活にプラスとなるものであるべきです。

　さらに，高度に情報化された社会環境ではデジタルデバイド（digital divide）が生じやすくもなっています。格差や差別がある社会は健全ではありません。あたたかな協力，援助を惜しまずに，それらを是正すべく，努力していかなければなりません。

　私たちの生活，社会をより豊かで充実したものとするためには，上手に（well / be good），公正に（be just）かつ公平に（be fair）情報を利活用すると共に，もう一方の，いろいろなリスク（risk，危険）の側面にも注意を払って，慎重かつ厳正に対処することが必要です。

　なお，サイバー空間やサイバー犯罪のサイバー（cyber）とは"インターネットを利用して"という意味で，「サイバー〜」と表現されることで，多様に使われています。わが国には「サイバー大学」という，通信制のオンライン大学があります。

........................................................................
........................................................................
........................................................................
........................................................................
........................................................................
........................................................................

**(1)**（c）Society 5.0　　**(2)**（a）IoT　　**(3)**（b）AI　　**(4)**（h）テレワーク
**(5)**（e）情報倫理　　**(6)**（f）テクノストレス　　**(7)**（g）デジタルデバイド
**(8)**（d）サイバー犯罪

# 11 問題解決のプロセス

**問題**
problem

以下に示す一連の文章は，問題解決に向けての手順を示しています。（1）〜（9）の文章の角括弧の中に適合する言葉を，下の（a）〜（i）から選びなさい。

（1）　アンケート調査やインタビュー聴取，現地観察などによる現状把握によって，当該の問題を［　　　］する。

（2）　新聞・テレビ・ラジオなどのマスメディア，書籍・雑誌，ネット上の辞典，Webページなどにより，問題に関連する情報の［　　　］を行う。

（3）　問題のさまざまな側面を洗い出し，問題の解決すべき諸点を［　　　］する。

（4）　得られた問題点を整理・分析し，解決案を［　　　］する。

（5）　関係する人たちで解決案を［　　　］する。

（6）　予算と時間の制限，および人の手配などの条件を十分に加味して，解決案を［　　　］する。

（7）　解決策を［　　　］し，当面の問題の解決を図る。

（8）　その結果を受けて，うまくいった点といかなかった点とに分け，自己・グループ内・外部からの多面的な視点から［　　　］する。

（9）　最終結果に対して出された要因を検討して，［　　　］すべき点を抽出して記録に残し，次につなげる。

---

（a）改善　　（b）決定　　（c）検討　　（d）作成　　（e）実施
（f）収集　　（g）発見　　（h）評価　　（i）明確化

---

**メモ**
memorandum

22

問題解決（problem-solving）という言葉は，現代での意味としてはハンガリー出身の米国の数学者 **George Pólya**（じょーじ・ぽりあ，1887-1985）の *How to Solve It*（G.ポリア著・柿内賢信訳『いかにして問題をとくか』（丸善出版，1954））が原点です（岡本 茂・松山泰男・大島邦夫編『詳説コンピュータ理工学辞典』（共立出版，1997）より）。

　問題解決策を立案し，決定するに当たっては，本問題の**（4）**で見たとおり，得られた情報を検討するために，それらを整理・分析する必要があります。そのときに有効な方法が情報の**分類**（類別化，classification / grouping）と，図や表，グラフなどでの**図解**（graphic explanation / illustration）です（これらの具体的な例は，**第2章**の**【問題23　科学技術系文書の作成】**の**【注釈】**を参照）。これらを駆使して，当該の問題に取り組んで解決してゆきましょう。

　ちなみに，問題となっている内容をきちんと整理するときのための考え方に**MECE**（みーしー，Mutually Exclusive and Collectively Exhaustive）というものがあります。これは "漏れなく，かつ重複せず" ということで，"何かほかに良い策がないか？ 同じものが混じっていないか？" という視点のことです。これは，いろいろな問題解決の上でのプロセスを効率よく進めるための重要なポイントとなりますので，常に意識するように心がけてください。

　しかし，やはり解決案の検討と決定が大変ですね。ここでは，参加者どうしの円滑な**コミュニケーション**（communication）と，**コラボレーション**（collaboration：分野・部門・部局などの垣根を越えた協働，協力）が必要不可欠です。ときには，敬愛をもって前向きな批判をし合い，より良い方向を見出していくことが必要になる場面も出てくることでしょう。

　また，**（6）**で見たとおり，その際には予算-時間-人を十分に考慮しなければなりません。それぞれの問題に対して，これらの各要素は流動的な場合がほとんどであり，また相互に**トレードオフ**（trade-off）："あちらを立てればこちらが立たず，こちらを立てればあちらが立たず" という関係にあることが，多分にあることでしょう。実社会では，このようなトレードオフの状況に直面して苦悩することがたくさん生じます。たいへん難しいことですが，社会では，現状の制約をきちんと把握して，それを踏まえた上で，さらに将来の見通しも考慮して，最終的な結論を出す——といった柔軟性のある**意思決定**（decision making）が求められるのです。

　いずれにおいても，問題の内容の特徴を表す**データ**（data）を，有用な意味を持つように整理・加工して**情報**（information）化し，その情報から法則・規則，論説，理論などを抽出して**知識**（knowledge）とし，その知識を活用して問題解決のための判断・処理をする**知恵**（wisdom）を働かせることが肝要です。

　なお，本問題で見たような**問題解決のプロセス**（process of problem-solving）を一般化（抽象化）して**モデル化**（modeling）したものが**PDCAサイクル**（PDCA cycle：PはPlanで「計画」，DはDoで「実行」，CはCheckで「評価」，AはAct / Actionで「改善」の略です）と呼ばれているものです。これは，**ISO**（あいえすおー／いそ，International Organization for Standardization：国際標準化機構）規格の一つになっていて，世界中でさまざまな問題解決手段に適用されています。通常は，これを基本として，それぞれの問題に即すように適宜にアレンジします。

**答**
answer

**（1）**（g）発見　　**（2）**（f）収集　　**（3）**（i）明確化　　**（4）**（d）作成　　**（5）**（c）検討
**（6）**（b）決定　　**（7）**（e）実施　　**（8）**（h）評価　　**（9）**（a）改善

# 12 問題解決に向けての方法

**問題**
problem

以下に示す，ペアになっている文章は，グループ内でアイディアを出し合うブレーンストーミングを行う上で注意すべきルールについて述べたものです。それぞれで正しいほうを選びなさい。

**A** 面白く，自由で奇抜なアイディアがたくさん出されることが重要なので，"量" と "多様性" を歓迎する。

**B** アイディアや意見は "質" が大事なので，慎重に発言することが求められる。

**C** 多種・多様な考えが糸口となって，思いがけない解決策に結びつくことがあるので，他者の意見をじっくりと聴くようにする。

**D** 他者が出したアイディアや意見には，その弱点・欠点を探し出して指摘し，厳しく批判する。

**E** 他者のアイディアや発想，意見を取り込んで，自分の考えを改良する。

**F** 自分の考えに沿わないものは否定して，排除する。

**G** 問題解決のためには，できるだけ多くのアイディアが役立つので，それぞれに結論づけることはしない。

**H** 出されたアイディアや意見には，すぐに優劣の判断をして厳正に評価する。

ブレーンストーミング（brain storming）は，直面する問題に対してグループで意見を出し合うことで，多様なアイディア（idea）を獲得する方法です。そこでは原則として，結論を出すことをしません。

ブレーンストーミングで得られた数々のアイディアを，KJ法（KJ method）（創案者である川喜田二郎氏の姓と名の頭文字に由来）によって分類・分析して整理することで，解決案の作成に結びつけていくことがよく行われます。それは大まかには

① 各アイディアを1枚のカードに要約して書き，
② 関連すると思われるカードを集めてグループ化し，
③ グループどうしの関係性（原因と結果，対立，同等など）を矢印などで示して明確化し，
④ その状況を評価して点数化して，相対的に最良と思われる結論を引き出す

という手順／プロセス（process）を経る手法です。これは大変有用ですので，ぜひ体験してみてください。

ここでもやはり，参加者の間での円滑なコミュニケーションとコラボレーションが求められます。「三人寄れば文殊の知恵」という諺がありますが，グループの参加者が知恵を絞って意見を出し合い，それらを精査（careful examination / scrutiny）することで，さまざまな難題にも立ち向かっていき，解決することができるのだ――と信じて，頑張っていきましょう。

川喜田二郎（かわきた・じろう）
日本の地理学者・文化人類学者，1920-2009。自身の
研究・調査活動を通じて得た方法論を「KJ法」「発想法」
として提示し，世に広めた。

..............................................................................................
..............................................................................................
..............................................................................................
..............................................................................................
..............................................................................................

答
answer

A, C, E, G

# 13 問題解決のための情報ツール

以下に示す（1）～（6）の文章は，問題解決に向けてのそれぞれの段階に応じて有用となりうる情報ツールについて尋ねています。下の（a）～（f）の中から，それぞれの内容に適合するものを選びなさい。

（1） 問題の発見に役立つ情報ツールは何か？

（2） 情報収集に有用な情報ツールは何か？

（3） 集めた情報を計算したり視覚化したりして，整理・分析するためのソフトウェアは何か？

（4） 整理できた情報をさまざまな場所から議論して検討するための情報ツールは何か？

（5） 整理された情報を提示・発表するためのソフトウェアは何か？

（6） 検討された結果の記録を議事録や報告書，レポートなどにまとめるための情報ツールは何か？

---

（a）文書作成用ソフトウェア（Wordなど）

（b）プレゼンテーション用ソフトウェア（PowerPointなど）

（c）遠隔会議用システム（Zoom, Google Meet, Teams, Skypeなど）

（d）表計算ソフトウェア（Excelなど）

（e）オンライン辞典(Wikipedia／ウィキペディア, コトバンクなど), SNS(Facebook, Instagram, YouTubeなど)

（f）電子メール，検索エンジン（Google, Yahoo!など）

**注釈** comment

問題解決のためには，【問題11　問題解決のプロセス】で見たとおり，当面の問題を「発見」し，関連する情報の「収集」を行い，問題点を「明確化」して，整理・分析することで解決案を「作成」し，それをいろいろな観点から綿密に「検討」した上で最終案を「決定」し，その後に解決策を「実施」して問題解決を図り，その結果を「評価」して解決策を「改善」して次に備える――といったプロセスをたどることが有効です。

　ここで大事な点は，このような手順／プロセス（process）のノード（node，節点）一つひとつでしっかりと"思考"しながら"巡回（round）"して辿ってゆき，かつプロセスを"循環（circulation）"させる，というところです。何事についても，人間の活動には失敗がつきものです。良い経験はもちろんですが，その苦い経験をも次に活かして，未来を切り拓いていくことが重要です。

　ちなみに，思考する（thinking）とは，あらゆる問題解決に不可欠なポイントであり，もっと具体的には，何らかの問題を抱える状況・状態（事象）に対して，その解決に取り組む（模索／探究する）活動のプロセスと言えるでしょう。また，その要点は
　　① 論理の正しい道筋を考える，
　　② 物事を多面的（プラス面とマイナス面）・多角的（さまざまな立場）にとらえる，
　　③ 物事の本質を見極め，いろいろなノイズ（不要なもの）を取り除いて単純化する
といったところだと思います。ただし，①の論理（logic）が難しいのです：とかく一方的な見方・考え方・立場からの"論理"に陥りがちだからです。そのためには
　　・冷静に客観視し，相手の立場に立って考える，
　　・全体を統合的（俯瞰的）に観察する，
　　・抽象化，一般化する
という姿勢が大切です。このバランス感覚（sense of balance）を保つように十分注意してください。

　関連して，計算論的思考（computational thinking）という，情報化社会をよりよく生きるための"羅針盤"となる考え方があります。『計算論的思考って なに？――コンピュータサイエンティストのように考える』（公立はこだて未来大学出版会，2022）に詳しいので，興味がありましたらぜひ読んでみてください。

　本問題で見たとおり，現代は，問題解決のための各段階に役立つ情報機器とソフトウェア，システムがいろいろと整った環境にあります。それらを有効に活用しながら，個々の問題解決にあたってゆきましょう。コンピュータの適用対象のすべてが，問題解決をしなければならない対象なのです。

**メモ** memorandum

**答** answer

**(1)**（f）電子メール，検索エンジン　　**(2)**（e）オンライン辞典，SNS
**(3)**（d）表計算ソフトウェア　　**(4)**（c）遠隔会議用システム
**(5)**（b）プレゼンテーション用ソフトウェア　　**(6)**（a）文書作成用ソフトウェア

# 14 情報（化）社会でのモラルとマナー

**問題**
problem

以下に示す（1）～（8）の文章は，現代の情報（化）社会で生活する上で，私たちが守るべきモラルやマナーに関したものです。それぞれの角括弧の中に適合する言葉を，下の（a）～（h）から選びなさい。

（1）　スマートフォンを電車やバス，病院などの公共の場で過度に使用して，周りに［　　　］をかけないように注意すること。

（2）　過激な発言や攻撃的なメッセージを発信して，異常に感情的になってしまう［　　　］を起こさないこと。

（3）　事実と異なる［　　　］を発信・拡散させてはならず，また受信に際しては，それらに十分注意しておくこと。

（4）　個人の私的な情報をインターネット上に流し，いろいろな個人情報を［　　　］してプライバシーを侵害しないこと。

（5）　特定個人を狙って，事実に反するメッセージや暴力的なメッセージ，差別や迫害を助長するメッセージなどを送信する［　　　］をしないこと。

（6）　特定の組織に対して，活動を［　　　］したり，脅迫したりしないこと。

（7）　他人の著作物を無断でインターネット上に流したり，自分のものとしたり，また作品をダウンロードしたりする［　　　］をしないこと。

（8）　勝手な勧誘や都合のよい契約をさせる［　　　］に注意すること。

---

（a）炎上／フレーミング　　（b）デマ情報　　（c）ネットいじめ　　（d）ネット詐欺
（e）不正使用　　（f）妨害　　（g）迷惑　　（h）漏洩

---

**メモ**
memorandum

...................................................................
...................................................................
...................................................................
...................................................................
...................................................................
...................................................................

本問題で取り上げた迷惑（annoy / bother / trouble），炎上（flame）／フレーミング（flaming），デマ情報（false / hoax information）（オンライン辞典『コトバンク』（2023年，6月）によれば，「デマ」はドイツ語のDemagogieを略したもので，「政治的扇動」という意味ですから，日本語となっているデマとは少し違いますね），漏洩<rp>ろうえい</rp>（leak），ネットいじめ（cyber / online bullying），妨害（interference / hindrance / jamming），不正使用（abuse / unauthorized use），ネット詐欺<rp>さぎ</rp>（Internet fraud / cyber-fraud）などは，いまや日常茶飯事となっている感があります。まことに，困ったものです。

　情報モラル（information moral）のモラル（moral）とは，一般的には，社会生活を営む上で理性に基づいた，個人および集団での正しい行為・行動の規範のことです。倫理（ethics）も，少々かたい印象があるかもしれませんが，同義と考えてよいでしょう。したがって，「情報モラル」は，情報（化）社会の中での行動規範です（ただし，学術的には情報倫理（information ethics）に置き換えたほうが，通りがよいでしょう）。

　一方，マナー（manner）は，社会生活上で暗黙に了解されている礼儀作法です。こちらは「道徳」とほぼ同じと言ってよいと思います。

　また，エチケット（etiquette）という言葉もありますね。「作法」とか「心得」などに言い換えることができます（「マナー」と同じような意味合いで使われていますが，モラルよりも拘束力が弱い印象です）。このエチケットという言葉にインターネットを重ねたネチケット（netiquette）という言葉も，"インターネット時代のエチケット" ということで使われてもいます。

　情報（化）社会では，残念なことに，情報通信の特性のために以前にはなかった特有のトラブルが発生するリスク（risk）があって，事件に発展してしまうものも少なくありません。ネットいじめ（cyber / online bullying）は，インターネット上のハラスメント（harassment；相手を不快にさせたり脅したり，人としての尊厳を損なうこと）です。

　私たちは現代人として知的生活を営む上での責任として，基本的なモラル・マナーの学習・訓練を怠らずに，強い倫理観を持って臨むことが求められています。

　マナーやエチケットは "躾<rp>しつけ</rp>" として，「三つ子の魂百まで」という諺<rp>ことわざ</rp>があるとおり，小さい頃から行うことで自然と身に着けさせることが肝心で，それによって，将来的に，より大きな効果が期待できると思います。

　ただし，体系的な「倫理」の教育の内容と，その教育を受けさせる時期は難しいものです。一般社会の内容・仕組みを，並行して，かなり深く理解できていることと，それに対照することができる能力を必要とするからです。ですので，小中学生では少し無理がありますね。しかし，大学生になってからでは手遅れかもしれません。高校生時が最適でしょう。高校教科「情報Ⅰ」における情報モラル（倫理）の教育の意味・価値は，とても大きいものがあると思います。情報（化）社会の秩序を守り，より健全なものとする鍵が，そこにありますので。

**(1)**（g）迷惑　　**(2)**（a）炎上／フレーミング　　**(3)**（b）デマ情報　　**(4)**（h）漏洩
**(5)**（c）ネットいじめ　　**(6)**（f）妨害　　**(7)**（e）不正使用　　**(8)**（d）ネット詐欺

**問題**
problem

以下に示す（1）～（7）の文章は，情報（化）社会を支える法律として発布されているものに関して述べています。それぞれの内容に適合する法律名を，下の（a）～（g）から選びなさい。

（1）　国民が情報技術（IT）を駆使することで，生活の利便性向上と，創造的で活性化した社会の実現を目指して定められた法律。

（2）　著作物と著作者に対する経済的および人格的な権利を守り，かつその適正利用によって文化の発展に寄与するための法律。

（3）　氏名・年齢・性別・住所・学歴・職歴・身分ほかの個人情報を扱うときに，守らなければならない義務に関する要項を定めた法律。

（4）　他者のユーザID・パスワードを不当に知りえて不正アクセスしてしまう行為を禁ずる法律。

（5）　男女の出会いの場を提供する「出会い系サイト」の事業者が行う行為・活動を規制する法律。

（6）　求めてもいない広告や宣伝，勧誘などの「迷惑メール」を規制する法律。

（7）　インターネット上での商取引で起こるトラブルの救済措置を定めた法律。

（a）IT基本法　　（b）個人情報保護法　　（c）著作権法　　（d）出会い系サイト規制法
（e）電子消費者契約法　　（f）特定電子メール法　　（g）不正アクセス禁止法

前問で見たとおり，現代の情報化された社会では，その利便性と共に，それを逆手にとって悪用することから起こる，いろいろな（**テクノ**）**トラブル**（(techno-)trouble）が生じていることも事実です。まずは，それらに関するトラブルを起こさないように，各人が情報モラルをしっかりと身に着けることです。しかし，意に反してそれらに遭遇してしまったときには，極力，心を落ち着かせて慎重に対処することが肝要です。

すでに我が国では，それらの現実事象に沿って，それぞれに対応する各種の**法律**（law）が定められており，さらに順次，状況の変化に対応すべく改正されてきています。

これらの法律に対する知識をある程度は知って理解し，身に着けていることが，現代人にとって必要なことになっている，と言ってよいでしょう。

なお，改めて念を押しますが，情報化された日々の生活においては，強制力を持つ法律に頼る以前に，まずは自分自身が**ルール**（rule）や**マナー**（manner）という，使用上の注意事項や作法を心得て，正しく実践することが強く望まれます。

ところで，法律の世界もIT化が進められていることをご存じでしょうか？ 2022年5月18日に，改正民事訴訟法が国会で可決されて成立したのですが，それにはIT化についての大幅な内容が盛り込まれています：
- ・訴状提出のオンライン化
- ・訴訟記録の閲覧・複写のオンライン化
- ・口頭弁論を含む各種の手続きのオンライン化

我が国の裁判制度は "書面主義" を原則としているので，裁判においては原告と被告との間で相当な量の書類が交換されます。当然ながら，膨大な手間と時間を要することとなり，関連文書の保管・管理・検索・閲覧の効率がすこぶる悪く，結果として裁判の進行に大きな支障をきたしています。法曹三者である裁判官・検察官・弁護士らの負担は想像を絶するものがあるのです。

このような問題に対処すべく，じつは，法曹界でも，かなり前から情報技術，人工知能(IT)技術をいろいろな面に応用する研究が進められてきています。我が国の人工知能(AI)に関する国家プロジェクトであった「第五世代コンピュータ」（1982～1992年）でも，「法的推論システム」の研究が進められました。また，法律エキスパートシステムが開発されて，法律案件の相談に利用されたり，過去の判例を参考にして方向性を探ることも，ある程度できるようになったのです。

現在では，各種の法律（国会で制定される法）・条例（法律以外の，地方自治体で制定される法）はデータベース化が進められていますし，法律関連の事例ベース推論，法律文書の自然言語処理解析なども進んでいます。また，すこし専門的になりますが，**ベイジアンネット（ワーク）**（Bayesian network）という，二つの事象間の因果関係を確率に基づいて分析するモデリング手法を用いた，事実認定を利用する裁判支援なども実用化されつつあります。さらには，判例データベースの整備と機械学習・深層学習の適用などにより，判決予測がかなりの精度でできつつあります。

. . . . . . . . . . . . . . . . . . . . . . . . . . . . . . . . . . . . . . . . . . . . . . . . . . . . . . . . . . . . . . . . . . . . . . . . . . . . . . . . . . . . . . . . . . . . . . . . . . .

. . . . . . . . . . . . . . . . . . . . . . . . . . . . . . . . . . . . . . . . . . . . . . . . . . . . . . . . . . . . . . . . . . . . . . . . . . . . . . . . . . . . . . . . . . . . . . . . . . .

. . . . . . . . . . . . . . . . . . . . . . . . . . . . . . . . . . . . . . . . . . . . . . . . . . . . . . . . . . . . . . . . . . . . . . . . . . . . . . . . . . . . . . . . . . . . . . . . . . .

**(1)**（a）IT基本法　　**(2)**（c）著作権法　　**(3)**（b）個人情報保護法
**(4)**（g）不正アクセス禁止法　　**(5)**（d）出会い系サイト規制法　　**(6)**（f）特定電子メール法
**(7)**（e）電子消費者契約法

以下に示す（1）～（5）の一連の文章は，現代の情報（化）社会でのさまざまな権利に関することを述べています。それぞれの角括弧の中に適合する言葉を，下の（a）～（l）から選びなさい。

（1）　創作的な表現や技術的なアイディア，製品のデザインなどについての権利として［①　　　］がある。

（2）　その主なものには文化や芸術，学術に対する［②　　　］と，産業に対する［③　　　］がある。

（3）　②の権利取得は，その創作物が完成した時点で［④　　　］し，何らの届け出も必要としない。これを［⑤　　　］と言う。

（4）　③には，高度な技術的アイディアに対する［⑥　　　］，製品の構造や形態に対する［⑦　　　］，製品のデザインに対する［⑧　　　］，製品名やマーク，そのサービスに対する［⑨　　　］があり，それぞれに対応して法律が定められている。また，これらはいずれも特許庁に出願して認可を受けた上で登録されて，初めてその権利が得られる。これを「方式主義（formalism）」と言う。

（5）　社会的に認められている他のものには，個人の情報や行動を秘守する［⑩　　　］，顔や容姿についての［⑪　　　］，著名人の名前や顔写真の使用を規制する［⑫　　　］などがある。いまのところ，これらは法律としては明文化されていないが，すでに尊重されるべき権利として確立していると言ってよい。

---

（a）意匠権　　（b）自動発生　　（c）産業財産権　　（d）実用新案権　　（e）肖像権
（f）商標権　　（g）無方式主義　　（h）知的財産権　　（i）著作権　　　（j）特許権
（k）パブリシティー権　　（l）プライバシー権

IoT（モノのインターネット）が浸透しつつある現在，人類の知的生産物に対する権利が重要視されて，我が国においても各事象に即したさまざまな法律が整備されて発布されています。情報（化）社会での法制度（legal system）整備の必要性・重要性には多大なものがある，と言えるでしょう。

　一般に，私たちは"法律"というと身構えてしまい，とかく敬遠しがちですが，現代を賢く生き抜くためには，知的財産権（intellectual property right），産業財産権（industrial property right），著作権（copyright），特許権（patent right），実用新案権（utility model right），意匠権（design right），商標権（trademark right），プライバシー権（privacy right），肖像権（portrait／image right），パブリシティー権（publicity right）などの趣旨と，関連する法律に精通していることが必要となってきていて，またそれを心得ておくことが，あなたのアドバンテージ（advantage：強み）となるのです。

　なお，"®"という記号を見たことがあると思います。これは商標権の所在を示す登録商標（registered trademark）のマークです。また，"TM"というものも見たことがあるでしょう。こちらは文字どおり Trade Mark（商標）の略で，登録されていない商品の識別記号です。

### 例　ゲーム機でのさまざまな権利の例

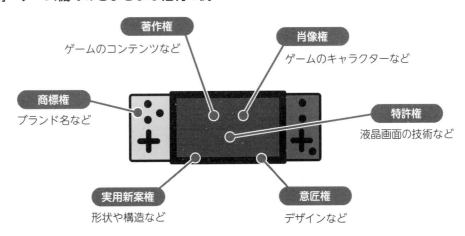

**(1)** ①-(h) 知的財産権
**(2)** ②-(i) 著作権　　③-(c) 産業財産権
**(3)** ④-(b) 自動発生　　⑤-(g) 無方式主義
**(4)** ⑥-(j) 特許権　　⑦-(d) 実用新案権　　⑧-(a) 意匠権　　⑨-(f) 商標権
**(5)** ⑩-(l) プライバシー権　　⑪-(e) 肖像権　　⑫-(k) パブリシティー権

# 17 著作権と著作権法

<table>
<tr><td>問題<br>problem</td><td>以下に示す（1）～（8）の一連の文章は，著作権と，その法律である著作権法に関することを述べています。それぞれの中にある角括弧の中に適合する言葉を，下の（a）～（k）から選びなさい。</td></tr>
</table>

**（1）** 著作権は，学術的あるいは芸術的に創作された［① 　　　］に認められる権利であり，その創作をした著作者に与えられる。

**（2）** 著作物とは，文章，コンピュータプログラム，音楽，絵画，映画，写真，演劇などで，思想または感情を創作的に［② 　　　］したものである。

**（3）** 著作権法は，［③ 　　　］の一つであり，著作権の内容および適用範囲を定めている法律である。

**（4）** 著作権法の趣旨は，著作者の［④ 　　　］および著作物の公正利用による［⑤ 　　　］に寄与することである。

**（5）** 著作権は，著作者が持つ権利を保護する［⑥ 　　　］および［⑦ 　　　］と，著作物の伝達者が持つ権利を保護する［⑧ 　　　］から成る。

**（6）** ⑥は著者のみに与えられるもので，公表権，氏名表示権，［⑨ 　　　］があり，譲渡や貸与，相続はできない。

**（7）** ⑦には，複製権，翻訳権，頒布権，公衆送信権，演奏・上映・上演権，［⑩ 　　　］などがある。

**（8）** ⑧は，俳優や歌手などの実演家，CDやDVDなどの制作者，および放送事業者など，著作物の［⑪ 　　　］に関わっている者が持つ権利である。

---

（**a**）権利保護 　（**b**）譲渡・貸与権 　（**c**）伝達 　（**d**）知的財産権
（**e**）著作権（財産権） 　（**f**）著作者人格権 　（**g**）著作物 　（**h**）著作隣接権
（**i**）同一性保持権 　（**j**）表現 　（**k**）文化の発展

「著作権」という言葉を見聞きしたことがあるでしょう。みなさんがコンピュータプログラムを作成したり，レポート／報告書や論文を書いたり，絵やイラストを描いたりしたとき，著作権（copyright, 版権と言うこともある）が直ちに発生し，取得することになります（著作権法の第51条の規定）。なお，著作権は創作が完了したときにすぐ発生する（これを無方式主義（nonformalism）と言い，手続きや届け出などは一切必要ない）のですが，その保護期間のほうは，経済面での著作権（財産権）に対しては著作者の死後70年と規定されています（同法，第51条2項）。一方，著作者人格権は，著作者の一身に属するために，原則としては死後に消滅する（同法，第59条）のですが，著作権法の中に，死後もその侵害行為を禁じている条項（同法，第60条）がありますので，こちらは恒久的に保護されるものと理解しておくほうが穏当でしょう。

　また，本や雑誌などのどこかに "©"（まるしー）という記号が付いているのに気づいたことがあることと思います。これは著作権の英語copyrightの頭文字cを丸で囲ったもので，著作権の所有者を明示するためのものです。しかし，わが国では「無方式主義」ですので，この記号の法律上の付与義務はありません。以前，米国などで採られていた「方式主義」の名残りなのです。

　「著作権」はとても身近なものです。したがって，その内容と，著作権法について，主要な事項を理解して身に着けておくことが必要です。

　なお，この著作権というものは，実態のある創作的な（creative）表現（expression／representation／description）がなされた著作物（copyrighted material／work）に対して与えられるもので，実態のないアイディア（idea：思想や感情）は対象外ですので，注意してください（アイディアに対しては前問のとおり，特許権，実用新案権，意匠権がある）。ちなみに，「表現」とは，思想・感情といったアイディアを一種のデータ（data）として，その特徴・特質を外界へ表出したもの――と言うことができるでしょう。

　ただし，著作隣接権についてだけは，関連する伝達行為での権利ですので，「創作性」を必要とはしないことに注意してください。

　ここで，「著作権」は創作者と作品に与えられる権利ですが，出版権（right of publication）という，著作物の発行に関する別の権利があります（著作権法の第79～83条：著作権所有者（複製権所有者）との契約設定により，最初の出版日から3年間の限定期間で，以後は再契約で延長可能）。また，著作物の制作と流通に関しては出版社が行うことがほとんどですので，その権利保護として「著作隣接権」の一部とする要望が出されていて，協議が行われています。

・・・・・・・・・・・・・・・・・・・・・・・・・・・・・・・・・・・・・・・・・・・・・・・・・・・・・・・・・・・・・・・・・・・・・・・・・・・・・・・・・・・・・・・・・・・・・・・・・・・・・・・・・・・・・・・・・・・・・・・・・・・・・

・・・・・・・・・・・・・・・・・・・・・・・・・・・・・・・・・・・・・・・・・・・・・・・・・・・・・・・・・・・・・・・・・・・・・・・・・・・・・・・・・・・・・・・・・・・・・・・・・・・・・・・・・・・・・・・・・・・・・・・・・・・・・

・・・・・・・・・・・・・・・・・・・・・・・・・・・・・・・・・・・・・・・・・・・・・・・・・・・・・・・・・・・・・・・・・・・・・・・・・・・・・・・・・・・・・・・・・・・・・・・・・・・・・・・・・・・・・・・・・・・・・・・・・・・・・

**(1)** ①-（g）著作物
**(2)** ②-（j）表現
**(3)** ③-（d）知的財産権
**(4)** ④-（a）権利保護　　⑤-（k）文化の発展
**(5)** ⑥-（f）著作者人格権　　⑦-（e）著作権（財産権）［⑥と⑦は順序逆可］　　⑧-（h）著作隣接権
**(6)** ⑨-（i）同一性保持権
**(7)** ⑩-（b）譲渡・貸与権
**(8)** ⑪-（c）伝達

# 18 著作権の侵害事例

**問題**
problem

著作権の侵害事例をインターネットの検索エンジンなどを用いて調べ，三つ以上あげなさい。そして，それらがそれぞれ，著作権法の何に違反しているのかを述べなさい。

## 著作物（著作権法）

…「思想又は感情を創作的に表現したものであって、文芸、学術、美術又は音楽の範囲に属するもの」

| | |
|---|---|
| 言語の著作物 | 論文、レポート、小説、脚本、詩歌、俳句、講演など |
| 音楽の著作物 | 楽曲、楽曲を伴う歌詞など |
| 舞踊、無言劇の著作物 | 日本舞踊、バレエ、ダンス、舞踊やパントマイムの振り付け |
| 美術の著作物 | 絵画、版画、彫刻、マンガ、書、舞台装置、美術工芸品（茶碗、壺など） |
| 建築の著作物 | 芸術的な建築物 |
| 地図、図形の著作物 | 地図、学術的な図面、図表、設計図、立体模型など |
| 映画の著作物 | 劇場用映画、アニメ、ビデオ、ゲームソフトの映像部分など「録画されている動く映像」 |
| 写真の著作物 | 肖像写真、風景写真、記録写真など |
| プログラムの著作物 | コンピュータ・プログラム |

※ほかに、上記著作物を翻訳、編曲、翻案（映画化）して創作したもの（二次的著作物）や、百科事典、辞書、新聞などのように素材の選択又は配列に創作性があるもの（編集著作物）、またそのような編集物をコンピュータで検索できるもの（データベースの著作物）などもある。 　　　　　　　　　　　　　　　（文化庁HPより）

第1章

みなさんは，この問題に取り組まれて，世の中にはすでに多くの著作権侵害（copyright infringement）の事例（case）があることに驚かれたことでしょう。じつは，それらは氷山の一角（tip of the iceberg）で，表には出ていない事例が他にもたくさんあるのです。あなたも，もしかすると，知らず知らずのうちに著作権を侵害する行為をしてしまっているかもしれませんので，十分に気をつけてください。

いろいろな情報機器が普及し，その利用環境も整備されたお蔭で，私たちは文章や図，表，絵，イラスト，写真などをコピー（copy）したり，カット＆ペースト（cut and paste）することで，それらを送信したり加工したりすることが容易に可能となっています。

実際，Web ページにアップされている写真，図表，楽曲などの情報も簡単にコピーすることができてしまいます（情報セキュリティ技術の一つである電子透かし（digital watermarking）という，そのような行為ができないようにするものが開発されてもいる）。

しかし，その際に，著作権法に則った適正な処置を怠ってしまうと，取り返しのつかない重大な事態を招いてしまう危険性をはらんでもいるのです。意思や意図の有無にかかわらず，他者の著作物の内容を自分のものとして扱ってしまうと，盗作あるいは剽窃（plagiarism / piracy）とされてしまいます。

著作権に関する知識を身に着けておくことは，実践的な情報リテラシーの中の一つだと言えるでしょう。とくに，みなさんが書くレポートや論文では，他者の著作物から「引用」を行うことがよくあると思います。これは著作権法第32条で認められている正当な行為ですが，それにはいくつかの条件を満たす必要があります：1. 主従関係；2.判別性；3.同一性保持；4. 必然性；5.出所の明示。詳しくは第2章の【問題23　科学技術系文書の作成】の【注釈】を参照していただきたいと思いますが，それらの中でもとくに，出所の明示（クレジット（credit）とも言う）は絶対に忘れないようにしましょう。

学術の世界は一般に，他の社会に比べて寛容な部分が多いのですが，こと著作権に関しては大変厳しくて，対応を間違えてしまうと致命的な事態を招いてしまうことになりがちですので，慎重かつ十分に注意してください。

なお，著作物の合理的な利用によって文化の発展を促進することを目的とする国際組織として，クリエイティブコモンズ（Creative Commons: CC）があります。そこでは，著作物の利用にあたって，著作者がその条件表示をし，それに則して他者が自由に著作物を利用することができるようにしよう――という提案をして活動しています。

........................................................................
........................................................................
........................................................................
........................................................................

**例1**：レポートの制作で，テーマに関連した文献からそのままコピー＆ペーストして，引用先を明示せずに提出した――第32条の引用，著作者人格権の公表権・指名表示権。
**例2**：教師が授業で配布した資料のコピーをSNSのLINEにアップした――著作者人格権の公表権・著作権（財産権）の頒布権と公衆通信権。
**例3**：映画館で上映されていた映画をビデオで撮影し，それをSNSのYouTubeにアップした――著作者人格権の公表権・著作権（財産権）の頒布権，公衆通信権，上映権。

# 19 情報セキュリティとその区分け

**問題**
problem

以下に示す（1）～（4）の文章は，情報セキュリティの特質に関することを述べています。それぞれの角括弧の中に適合する言葉を，下の（a）～（g）から選びなさい。

（1）　情報セキュリティとは，情報そのもの，あるいは種々の情報システムの［　　　］のことを言う。

（2）　情報セキュリティは，情報および情報システムに対する脅威への［　　　］の総称である。

（3）　情報セキュリティの対象としては，大きく区分けすると，次の二つ：

（ⅰ）事故破損・故障・誤操作，紛失などの予期せぬ［　　　］なもの，

（ⅱ）悪意を持った人物や取引先などによる［　　　］なもの

がある。

（4）　情報セキュリティの要素として，次の三つがあげられる：

（ⅰ）情報の漏洩や盗取などに向けた［　　　］，

（ⅱ）情報の改ざんや破壊，消失などに向けた［　　　］，

（ⅲ）情報の破壊や窃盗，システムの機能阻害などに向けた［　　　］。

（a）安全確保　　（b）意図的　　（c）可用性／保全性　　（d）完全性／整合性
（e）機密性／守秘性　　（f）偶発的　　（g）対策技術

第1章

情報セキュリティ（information security）は，「大切な資産（assets）をさまざまな脅威（threat）から守るための情報技術」と言い換えることができるでしょう。

　情報（化）社会の要は，言うまでもなくインターネットです。困ったことですが，その正常な状態を脅かす事象や不正行為がいろいろとあり，またそれらの悪事をたくらむ輩がたくさんいることも現実です。いまや情報セキュリティの必要性・重要性には計り知れないものがあります。

　情報および情報システムの機密性または守秘性（confidentiality），完全性または整合性（integrity），可用性または保全性（availability）は，「情報セキュリティの三大要素」と呼ばれています。これらの英語の頭文字を取るとCIA（しーあいえい）となり，専門家の間ではこのイニシャリズム（**【問題2 情報に関連する主な略語】**の**【注釈】**を参照）が使われることがあります。すぐに米国の対外情報機関として有名な「中央情報局」を連想してしまいますので，何だか"意味深長"に感じてしまいます。

　情報セキュリティの第一歩は，ユーザ個人としてネチケット，ルールなどの情報モラル（**【問題14 情報（化）社会でのモラルとマナー】**参照）を遵守することと，それぞれの事象に対して冷静・的確に対処することです。

　そして，コンピュータやコンピュータシステムにはどうしても脆弱性（vulnerability：コンピュータ環境に内在する損失リスクの要因）がありますので，そのリスク（risk：脅威が有害なものとなる危険性）への対策（countermeasure：リスクを軽減・低減するための技術的方法と手段，心得など）を日々怠らないことが大切です。

　また，組織としては「情報セキュリティの三大要素」を基にして，情報ならびに情報システムの利用・管理方法，問題発生時での対処方法などをまとめた情報セキュリティポリシー（information security policy）に沿って，つねに防備しておくことが必要です。

........................................................................
........................................................................
........................................................................
........................................................................
........................................................................
........................................................................
........................................................................
........................................................................
........................................................................
........................................................................

**（1）**（a）安全確保
**（2）**（g）対策技術
**（3）**（ⅰ）-（f）偶発的　　（ⅱ）-（b）意図的
**（4）**（ⅰ）-（e）機密性／守秘性　　（ⅱ）-（d）完全性／整合性　　（ⅲ）-（c）可用性／保全性

# 20 情報セキュリティへの脅威

**問題**
problem

以下に示す（1）～（2）の文章は，情報セキュリティに対する脅威の具体例について述べています。それぞれの角括弧の中に適合する言葉を，下の（a）～（i）から選びなさい。

（1）悪意を持って他人のコンピュータに不正侵入して，情報を破壊したり改ざんしたり盗み出したり消去してしまったり，といった悪事行為を［　　　］と言い，その行為者を［　　　］と呼ぶ。

（2）個人の情報機器や組織の情報システムに何らかの被害を与える目的で作成された有害なソフトウェアを総称して［　　　］，あるいは単純に［　　　］と言い，主には次のようなものが知られている：

（ⅰ）コンピュータ内部に入り込んで，"感染（infection）"し，ファイル破壊や情報流出などを行い，また自分のコピーを"増殖（increase）"して広がっていろいろな悪意を持った行為を行っていくコンピュータプログラムを［　　　］と言う。

（ⅱ）自身をコピーすることで，インターネット内外で"拡散（spread）"していき，ネットの正常な活動を妨げて，混乱させてしまうプログラムを［　　　］と言う。

（ⅲ）便利なプログラムを装ってインストールさせておいて，こっそりと重要な情報を盗み出したり，かってに遠隔操作を行ったりするプログラムを［　　　］と言う。

（ⅳ）ユーザに気づかれることなくコンピュータに侵入して，インターネットを介していろいろな情報を流出して取得したり，ユーザを監視したりするプログラムを［　　　］と言う。

（ⅴ）重要なファイルをかってに暗号化して利用できなくしてしまい，その復号のために金銭の支払い（身代金（ransom））を要求してくるプログラムを［　　　］と言う。

---

（a）ウイルス　　（b）クラッカー　　（c）クラッキング　　（d）コンピュータウイルス
（e）スパイウェア　　（f）トロイの木馬　　（g）マルウェア　　（h）ランサムウェア
（i）ワーム

---

**メモ**
memorandum

........................................................

........................................................

........................................................

........................................................

........................................................

本問題で見たとおり，情報セキュリティに対する**脅威**（threat）となる**マルウェア**（malware）には（コンピュータ）**ウイルス**（virus），**ワーム**（worm），**トロイの木馬**（Trojan horse），**スパイウェア**（spyware），**ランサムウェア**（ransomware）などが知られていますが，いずれも，すこぶる高度なプログラミングスキルを持っている人が作成しているコンピュータプログラムです。

なお，**マルウェア**（malware）は，英語malicious（悪意のある）の"mal"とsoftwareの"ware"を合わせた造語です。これには他にも，有用なものと見せかけておいて，実はある特定の悪意目的を持ったものが多数確認されています。その主なものには，**アドウェア**（adware，一方的に無料広告を表示させることで広告収入を得，さらにはアクセス履歴から個人情報を盗み出す），**キーロガー**（keylogger，キーボード操作を監視して入力情報を記録・収集することにより，アカウントなどを窃盗する），**フィッシング**（phishing，社会的に信用のある組織になりすましてＥメールを送信し，偽りのWebサイトへ誘導して，ユーザ名・アカウント・暗証番号・クレジットカード番号などの経済性のある個人情報を搾取する），**ボット**（bot，タスク／処理の自動化プログラムを装ってパソコンを遠隔操作し，勝手に通信を行うことによって個人情報を搾取する；robot（ロボット）をもじった名称で，別名「ゾンビ」），**DoS**（どす，Denial of Service，サービス拒否：一つのパソコンから多数のパソコンに感染して，大容量の過剰な負荷をかける）などがあります。

**クラッキング**（cracking）とほぼ同義の言葉に**ハッキング**（hacking）があり，**クラッカー**（cracker）とほぼ同義の言葉に**ハッカー**（hacker）があります。当初，ハッカーは"卓越したスーパープログラマー"という尊敬語の意味合いでしたが，その人たちが，特別に高度なプログラムを作成することができるプログラマーであることから，悪事を働く複雑難解なプログラムを作成する者という，悪い印象の言葉に変わってしまいました。そのような優秀な頭脳を持った人たちには，いまいちど"倫理観"について再考してもらい，社会に貢献する良いプログラムを作成する方向に転換することを強く願うばかりです。

## マルウェアの例

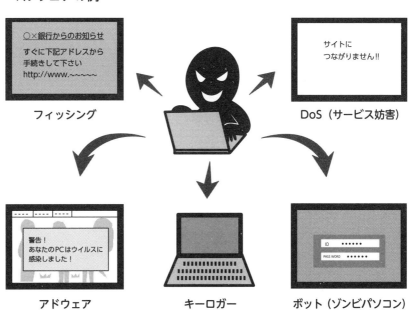

**(1)**（ c ）クラッキング　　（ b ）クラッカー
**(2)**（ g ）マルウェア　　（ a ）ウイルス
**(2)**（ⅰ）-（ d ）コンピュータウイルス　　（ⅱ）-（ ⅰ ）ワーム　　（ⅲ）-（ f ）トロイの木馬
　　（ⅳ）-（ e ）スパイウェア　　（ v ）-（ h ）ランサムウェア

# 21 インターネット上での犯罪

**問題**
problem

以下に示す（1）～（3）の文章は，情報（化）社会の柱となっているコンピュータとネットワーク技術を悪用した犯罪について述べています。それぞれの角括弧の中に適合する言葉を，下の（a）～（i）から選びなさい。

（1）コンピュータやインターネットを介した犯罪を総称して［　　］と呼び，著作物の不正コピーなどの身近なものから，社会基盤に影響が出るもの，さらには国家規模の問題に発展してしまうものまで，多種多様なものがある。

（2）それは，大まかには次の三つに分類される：

（ⅰ）コンピュータやコンピュータシステムに［　　］して問題を起こす犯罪——他人のユーザIDとパスワードを使用して，ネットワーク上でなりすましなどによって悪事をする行為。

（ⅱ）コンピュータ内に保存されている［　　］を狙った犯罪——銀行口座預金の引出し，Webページの改竄，コンピュータウイルスの感染・拡散・増殖などをする行為。

（ⅲ）ネットワークを利用した［　　］に関する犯罪——インターネットショッピングやネットオークションでの詐欺や，著作物を不正にコピーして販売や流通させてしまう行為。

（3）その特徴は，次の3点である：

（ⅰ）［　　］が残らないことが多く，犯人を特定できにくい，

（ⅱ）［　　］，［　　］，［　　］の制約がない，

（ⅲ）ターゲットにされる相手は［　　］となりやすい。

---

（a）国境　　（b）サイバー犯罪　　（c）時間　　（d）証拠　　（e）データ
（f）場所　　（g）不正アクセス　　（h）無差別　　（i）物品取引

---

**注釈**
comment

本章の【**問題7　情報の特性**】で見たとおり，情報には
　　・モノ（実体）ではなくコト（表現）であって，形がない。
　　・プラスの面とマイナスの面があり，その見極めに注意しなければならない。
という特性があります。したがって，特殊な "情報" 技術を使って重要な "情報" に対してなされる犯罪は，従来のリアルな犯罪とは大きな違い：証拠がつかみにくくて，犯罪の時刻や場所の特定がしにくく，また国境の制約がないなどのために，とても厄介です。

　以前から，情報セキュリティは，コンピュータサイエンスの中の重要な研究分野の一つとして位置づけられています。わが国には「情報セキュリティ大学院大学」という，情報セキュリティを専門に教育・研究する機関があることからも，その事の重大さ，深刻さが窺われることでしょう。

　**情報セキュリティへの脅威**（threat to information security），**サイバー犯罪**（cybercrime），**サイバー攻撃／サイバーテロ**（cyber attack／cyber terrorism，国家体制への不満や思想的あるいは宗教的な不満などに基づく，情報技術を使った大規模な破壊的活動）には多種多様なものがあり，その手口や手法はどんどん巧妙になっていて，使われる技術もますます高度化しています。それらについての対策技術も深く研究されて実施されてもいますが，さらにそれを崩してしまう高度な技術が作られて新たな脅威が生まれる──という**イタチ**ごっこ（cat-and-mouse game）の様相を呈していて，たいへん困難を極めているのが現状です。

　前問題で見たとおり，マルウェアには多種多様なものがありますが，大規模な犯罪，とくに大企業や国をターゲットとしたものに，**DDoS**（でぃーどす，Distributed Denial of Service，分散型サービス拒否：DoSの発展形で，狙いをつけたWebサイトやサーバへ，ボット感染させた多数のパソコン（ゾンビパソコン）から大量のアクセスをさせて正常なサービス提供を阻害する），**APT**（えいぴーてぃー，Advanced Persistent Threat，巧妙な持続的標的：特定の組織や国のシステムの中に長期間にわたって執拗に侵入して潜伏し，極めて重要な情報を窃盗したり改ざんするといった，一種のスパイ行為を行う）があります。
　困ったことに，他にもいろいろなものがありますので，それらの具体例について，次問題で検討しましょう。

## サイバー攻撃の例

DDoS（分散型サービス拒否）攻撃　　　　　APT（持続的標的型）攻撃

**メモ**
memorandum

**答**
answer

**（1）**（b）サイバー犯罪
**（2）**（ⅰ）-（g）不正アクセス　　（ⅱ）-（e）データ　　（ⅲ）-（ⅰ）物品取引
**（3）**（ⅰ）-（d）証拠　　（ⅱ）-（c）時間　　（f）場所　　（a）国境（順不同可）　　（ⅲ）-（h）無差別

サイバー犯罪の実例を，インターネットの検索エンジンで探したり，新聞・雑誌などを参照することなどから見つけて，三つ以上あげなさい。

この問題に取り組んだみなさんは，おそらく，**サイバー犯罪**（cybercrime）にはかくもいろいろな種類があり，広い範囲で，多岐にわたって起こっているという事実を知って，驚かれたことでしょう。

　サイバー犯罪は，情報の取得・搾取（さくしゅ）・窃盗（せっとう）・流布・拡散・改変・改竄（ざん）・消失・破壊などの不正行為がインターネットを通じて行われるものですので，情報（化）社会で暮らしている私たちにとって，まことに深刻なものです。そこには国境の壁もありませんし，瞬時に，同時に，場所を選ばずに，起こります。今後も，このサイバー犯罪の動向に注視してゆきましょう。

　なお，アメリカの科学者・数学者 **Norbert Wiener**（のーばーと・ういなー，1894-1964）は「サイバネティクス」という分野の創案者です。この**サイバネティクス**（Cybernetics）とは，1948年に出版された自著：*Cybernetics, or the Control and Communication in the Animal and the Machine* に明記された科学方法論上の基本的な構想で，そのタイトルどおり，生物と機械の自動制御・神経系の相互作用の関係性を追究しようとする分野です。また，**本章の【問題10　情報（化）社会の様相】の【注釈】**で見たとおり，「サイバー」は "インターネットを利用して" という意味合いで用いられていますが，その語源は，このサイバネティクス（Cybernetics）にあります。今ではサイバネティクス自体の研究は表にはあまり出ていませんが，その基本的な構想は現在のコンピュータ科学，人工知能，認知科学などの研究に脈々と受け継がれています。

## インターネットでの調べ方（一例）
以下の省庁、団体のHPを見てみよう！

| | |
|---|---|
| **独立行政法人国民生活センター** | 国民生活の安定・向上のため，情報の提供・研究を行う組織。インターネット・トラブルなどに関する詳細な事例と対応方法を紹介している。 |
| **警察庁サイバー警察局** | サイバー犯罪対策の強化を目的とする警察の組織。HPではさまざまなサイバー犯罪の事例を紹介している。 |
| **消費者庁** | 消費者の利益・安全を守るため，国民生活全般を監督しながら調査・分析を行う組織。インターネット関連の犯罪事例も多数紹介している。 |
| **総務省「国民のためのサイバーセキュリティサイト」** | 情報通信行政を担う総務省がまとめた，インターネットを安全に利用するためのガイド。サイバー犯罪についても詳しく事例を紹介。 |

....................................................................................
....................................................................................
....................................................................................
....................................................................................
....................................................................................
....................................................................................

**例**：フィッシング詐欺──大手通販サイトから「会費が支払われておりません」という電子メールが届き，案内に従ってクレジットカードの番号などを入力したところ，後日，何者かにクレジットカードが不正使用されていた。

**問題**
problem

以下に示す（1）～（3）の文章は，情報（化）社会の安全を守る情報セキュリティの技術や方法に関して述べています。それぞれの（ⅰ）～（ⅲ）の内容に適合する名称を，下の（a）～（i）から選びなさい。

（1） 機密性の保持

（ⅰ）個人のユーザIDとパスワード（アカウント，account）を用いて本人を認定することや，ユーザの生体的特徴（生体情報，biometric information）である指紋・顔・虹彩・声紋などを用いて本人を特定する技術。

（ⅱ）さまざまな文字列やデータなどの情報を数学的に変換して，第三者には内容が読み取れないようにする技術。

（ⅲ）特定ユーザのみが当該のコンピュータあるいはコンピュータシステムを扱うことができるように制限する技術。

（2） 完全性の保持

（ⅰ）受信した情報が元の情報と同じであるかどうかを，暗号（公開鍵での暗号化と秘密鍵での復号化）を用いて確認する技術。

（ⅱ）デジタル署名が本人のものであるかどうかを，電子証明書によって第三者が証明する技術。

（ⅲ）文章や画像，音声などの著作物を不正にコピーさせないように，電子的に著作権情報を埋め込む技術。

（3） 情報の可用性の保持

（ⅰ）情報類を定期的に別の記録用メディアに収納しておく手続き。

（ⅱ）コンピュータウイルスの脅威を未然に防ぐためにインストールしておくソフトウェア。

（ⅲ）外部からのサイバー攻撃や不正アクセスを防ぐために，インターネットとの接続ポイントに設置する装置またはソフトウェア。

---

（a）アクセス制御　（b）暗号　（c）ウイルス対策ソフトウェア　（d）デジタル署名
（e）電子透かし　（f）電子認証　（g）認証　（h）バックアップ　（i）ファイアウォール

---

本章の【問題19　情報セキュリティとその区分け】の（4）で見たとおり，①「機密性」または「守秘性」，②「完全性」または「整合性」，③「可用性」または「保全性」は，情報セキュリティの三大要素と呼ばれています。本問題では，それらに特に即した技術のいくつかを示しました。ただ，それらは独立して特化しているものではなく，それぞれ相互に関連しているものがほとんどですので，注意してください：認証（authentication），アクセス制御（access control），電子認証（digital authentication／certification），ファイアウォール（firewall）の間には密接な関係がありますし，暗号（cipher／cypher／cryptography）とデジタル署名（digital signature）も同様です。ウイルス対策ソフトウェア（software for virus countermeasure），電子透かし（digital watermarking），バックアップ（backup）は三大要素すべてに関与していると言ってよいでしょう。

　情報とそのシステムは，“本物”をその“当事者”が“常時”“正常に”扱うことができなければ，意味をなしません。大切で貴重な情報類を扱うことができる当該者を特定することや，その内容を第三者には知られないように正確に送受信すること，そのような情報を常に安定的に扱うことができる——というようにすることが，現代の情報（化）社会では不可欠です。それらのことを実現する技術の開発のために，多くの研究者たちが懸命に努力をしています。

　なお，アカウント（account）とは，ユーザIDとパスワードの組のことで，ユーザ本人の認証のために用いられます。ユーザID（user IDentification）は，個人を特定するもので，言わば“名前”に相当します。通常はメールアドレスが使われて，これは変更することができません。また，一般に公開されます。一方，パスワード（password）は“鍵”の役割をするもので，あらかじめ登録されている正規のユーザであるかどうかの「認証」をするものです。こちらはセキュリティ保護の目的で，ときどき変更することが推奨されます。また絶対に公開してはいけません。通常は英字と数字を組み合わせた文字列で表現します。

　パスコード（passcode）もパスワードと同じ役割で，アプリを開くときに入力するものですが，4あるいは6個の数字の列で表します。また，PIN（ぴん，Personal Identification Number）とは個人識別番号のことで，通常は暗証番号と呼んでいるものです。パスワードと同じ役割を果たすものですが，PINは各デバイスに固有のものであり，パスワードのほうはサーバに転送されるので，傍受されたり盗取されたりする危険性があります（そのような，個人情報を搾取する詐欺行為をフィッシング（phishing）と言う）。ですので，パスワードはときどき変更することが望ましいわけです。

メモ
memorandum

..............................................................................
..............................................................................
..............................................................................
..............................................................................
..............................................................................
..............................................................................
..............................................................................
..............................................................................
..............................................................................

答
answer

**(1)**（ⅰ）-（g）認証　　（ⅱ）-（b）暗号　　（ⅲ）-（a）アクセス制御
**(2)**（ⅰ）-（d）デジタル署名　　（ⅱ）-（f）電子認証　　（ⅲ）-（e）電子透かし
**(3)**（ⅰ）-（h）バックアップ　　（ⅱ）-（c）ウイルス対策ソフトウェア　　（ⅲ）-（i）ファイアウォール

# 24 人工知能とは

**問題**
problem

以下に示す（1）～（5）の一連の文章は，人工知能の様相に関して述べています。それぞれの（1）～（5）の角括弧の中に適合する言葉を，下の（a）～（e）から選びなさい。

**（1）** 人工知能とは，人間の学習・推論・判断といった［　　　　］をコンピュータで実現することを目標とする学問分野あるいは技術体系の総称である。

**（2）** 人工知能の研究の歴史は学術分野としてはまだ浅く，1956年に開かれた［　　　　］が起点となっている。

**（3）** 人工知能の研究は，第1次ブーム（探索と推論）に続き，第2次ブーム（知識表現）が1980年代に起こり，その後，現在は2000年代に入って［　　　　］が牽引する第3次ブームの中にある。

**（4）** 人工知能を具体的に実現する土体は［　　　　］である。

**（5）** 今日では，人工知能あるいは［　　　　］の技術は情報（化）社会の中でいろいろな応用を生み出しつつあり，さまざまな問題解決に役立てられている。それは，いまや時代を映すキーワードである。

---

（a）AI　　（b）機械学習・ディープラーニング　　（c）コンピュータプログラム
（d）ダートマス会議　　（e）知能（知的能力）

人工知能（Artificial Intelligence：AI）の定義については，すでに多くの方々によって，さまざまなレベルで相応の人たちに向けてなされていますので，ここではこれ以上は深入りしないようにします（第3章の章末コラム「人工知能 小史」参照）。要は，一口に「人工知能」と言っても，たいへん広範囲な意味があり，また多様な分野を指すのです。昨今，機械学習（machine learning），ディープラーニング／深層学習（deep learning）が脚光を浴び，またそれらがデータサイエンス（data science）と相まって，多くの成果を上げつつあります。しかし，それは広大な人工知能の一部分なのです。

　人工知能の研究分野としては，自然言語処理，画像認識，画像処理，音声認識，音声生成，音楽生成処理，ゲーム処理，各種機械・ロボット制御ほか，たくさんあります。ただ，近年の機械学習の技術は，それらの技術を吸収しつつ，かつ，それらに大きな影響を与えて発展しつつあることが特徴です。

　また，それらの応用例として身近なものを挙げると，機械翻訳ソフトウェア，自動通訳機，指紋や顔などによる認証システム，Web検索，古いモノクロ画像のカラー化，ニュースの自動音声放送，チェスや将棋・囲碁などのゲーム・パズルソフト，自動運転車，ロボット掃除機などなど，枚挙にいとまがありません。人工知能（AI）は，すでに私たちの生活に入り込み，さまざまな問題解決にとても貢献してくれているのです。

　人工知能の側面には，やはり "光" と "影" があります。テレビアニメでおなじみの「鉄腕アトム」や「ドラえもん」は，人間のように意識や感情を持ち，言わば精神が宿っている，人間の理想像としてのロボットです。心強い味方ですね。一方，人工知能は人間の感性を衰退させ，人の尊厳を冒すものと批判している人もいますし，人の仕事を奪ってしまう醜悪なものと忌み嫌う人までいます。Raymond Kurzweil（れいもんど・かーつわいる，1948-）という米国の発明家・未来学者は，2005年に出版した自身の著書の中で，「2045年ごろにはシンギュラリティ（singularity, 技術的特異点）がきて，コンピュータが人間の持つ思考能力の限界を超えてしまう」と書いていますが，はたして，そのとき世界はどうなっていることでしょうか？ また，近年ChatGPT（ちゃっとじーぴーてぃー）という対話型生成AIシステム（interactive generation AI system）が多方面から注目を集めていて，その功罪両面について議論されていますね。この技術がさらに進展していくと，シンギュラリティの到来時期をグンと早めてしまうかもしれません。

　なお，かつて「人工知能」と呼ばれていた研究分野が，その後に進展・確立されて応用され普及すると，それらは，あえて「人工知能」とは呼ばれなくなるという "運命・宿命" があるようです。

...................................................................
...................................................................
...................................................................
...................................................................
...................................................................

**(1)**（e）知能（知的能力）
**(2)**（d）ダートマス会議
**(3)**（b）機械学習・ディープラーニング
**(4)**（c）コンピュータプログラム
**(5)**（a）AI

# 25 情報（化）社会が生んだ問題

**問題**
problem

以下に示す文章は，情報化が進む社会が新たにもたらした問題に関して述べています。それぞれの（1）～（8）の内容に適合するものを，下の（a）～（h）から選びなさい。

**（1）** 情報機器・インターネットへの過度の依存，使用環境の不整備，操作の非適応，機器故障・紛失などの不安，IDやパスワードの忘却などから起こる，心身に健康障害をもたらす［　　　］。

**（2）** 電子メールやSNSなどでの炎上（フレーミング），個人への中傷・誹謗・差別・デマ情報などの書込みによる［　　　］。

**（3）** 情報機器操作能力やその環境整備，国情の差異などによって，社会的な格差を招く［　　　］。

**（4）** 情報機器・インターネットへの過度の依存による内向き志向がもたらす，人間関係構築の機会を減少させる［　　　］。

**（5）** 文章や図，表，絵，イラスト，写真などの無許可でのコピーあるいはカット＆ペーストによる［　　　］。

**（6）** 個人に関する特定情報や行動，顔や容姿の写真などの，許可なしの使用による［　　　］。

**（7）** 有名な芸能人や著名プロスポーツ選手の名前や顔写真のかってな使用による［　　　］。

**（8）** 国政機関や会社，銀行などの情報システムへの不正侵入および重要な情報の盗取・書換え，個人のユーザID・パスワードの不正使用などの［　　　］。

---

（a）コミュニケーション欠陥　　（b）サイバー犯罪　　（c）著作権侵害
（d）テクノストレス　　（e）人権侵害　　（f）デジタルデバイド
（g）パブリシティー権侵害　　（h）プライバシー権侵害

本章の【問題7　情報の特性】で見たとおり，情報には，有用性・高価値性，無形性，複製性，残存性，伝達（播）性，記録性・保存性，信頼性・信憑性といった側面があって，本問題に現れた社会問題のいずれにも投影していることがお判りでしょう。

ストレス（stress）というものは，社会という組織の中にあってはなかなか避けられない代物で，心身の変調をもたらす厄介なものです。ただ，以前は人（人間関係）に起因するものがほとんどでしたが，情報（化）社会の今では，情報機器やその扱いなどによって起こるテクノストレス（techno-stress）がクローズアップされているのです。

また，インターネットが生んだ新たな問題にフェイクニュース（fake news）があります。誰か，もしくはどこかの組織をターゲットにして，その信用失墜を目的とした虚偽・架空・憶測など，事実とは異なる報道のことです。私たちは，それらに惑わされることのないように，慎重に事実を見極める能力を備えなければなりません。

くどいようですが，インターネットには，新しい情報・知識・知見が容易に得られるという "陽（positive）" がある反面，敵意・悪意を持ってあなたに近づき，何らかの暴挙を行う者がいて，犯罪に至ることさえあるという "陰（negative）" の側面があるのです。不運にも，何らかの被害を受けてしまったら，ひとまず極力冷静になって，周りに相談することです。その中で最善策を探して対処しましょう。

まずは，あなたが加害者にならないように，情報モラル・マナーをきちんと守ることです（本章の【問題14　情報（化）社会でのモラルとマナー】の【注釈】を参照）。本問題（2）で見たとおり，いわゆるネットいじめ（cyber/online bullying）は人権侵害であり，憲法違反なのです。また，（4）で見たとおり，情報機器に魂を吸い取られてはいけません。人間社会に絶対に必要なコミュニケーションの基本である，良好な人間関係の構築には，直接の "対話" による相互理解が不可欠です。ぜひ，リアルでの対面（face-to-face）の機会を常に作るように心がけてください。

また，組織にあっては，情報セキュリティポリシーの徹底を図ることが肝要です。いろいろな脅威に防備しておき，またもし不幸にも実際に脅威にさらされてしまったら，そこに明記されている問題発生時での対処法に則って，厳正に事に当たりましょう。

．．．．．．．．．．．．．．．．．．．．．．．．．．．．．．．．．．．．．．．．．．．．．．．．．．．．．．．．．．．．．．．．
．．．．．．．．．．．．．．．．．．．．．．．．．．．．．．．．．．．．．．．．．．．．．．．．．．．．．．．．．．．．．．．．
．．．．．．．．．．．．．．．．．．．．．．．．．．．．．．．．．．．．．．．．．．．．．．．．．．．．．．．．．．．．．．．．
．．．．．．．．．．．．．．．．．．．．．．．．．．．．．．．．．．．．．．．．．．．．．．．．．．．．．．．．．．．．．．．．
．．．．．．．．．．．．．．．．．．．．．．．．．．．．．．．．．．．．．．．．．．．．．．．．．．．．．．．．．．．．．．．．

**（1）**（d）テクノストレス
**（2）**（e）人権侵害
**（3）**（f）デジタルデバイド
**（4）**（a）コミュニケーション欠陥
**（5）**（c）著作権侵害
**（6）**（h）プライバシー権侵害
**（7）**（g）パブリシティー権侵害
**（8）**（b）サイバー犯罪

# 26 社会問題の，情報化による解決

**問題**
problem

以下に示す文章は，社会のいくつかの側面に対する，情報化による改善策あるいは問題解決策に関して述べています。それぞれの **（1）** ～ **（8）** の文章の角括弧の中に適合する言葉を，下の **（a）** ～ **（p）** から選びなさい。

**（1）** 教育の改革──新型コロナ感染の拡大が主因で，多くの学校で ［　　　］ が実施され，授業には ［　　　］ が使われるようになってきた。

**（2）** 仕事，働き方の改革──新型コロナ感染対策，地域差解消，子育て世代や高齢者・障がい者の雇用増大，交通渋滞や通勤ラッシュ対策などに効果が期待される ［　　　］ や ［　　　］ が一般化した。

**（3）** コミュニケーションの改革──さまざまな会議や学校の授業で ［　　　］ が活用され，また家庭や知り合い同士のコミュニケーションには ［　　　］ が使われるようになった。

**（4）** 買い物の改革──商品に付く従来のバーコードや2次元コードが普及して ［　　　］ を通じ物品情報・流通情報の収集が格段に向上し，経営・経済に貢献している。またインターネット上での ［　　　］ も一般化した。

**（5）** 買い物の支払い時の改革──現金の代わりに磁気カード・ICカードを使う ［　　　］ が進み，各種の ［　　　］ も普及してきている。

**（6）** 家事の改革──炊飯器や掃除機，冷蔵庫，風呂釜ほか，多くの家電製品には ［　　　］ やマイコンが組み込まれていて，家庭生活の質と効率の向上に役立てられている。また，それらがインターネットに接続されてスマートフォンなどにより外部から制御できるようになっており，［　　　］ が進んできている。

**（7）** 医療の改革──地理的に離れている場所や離島などに在住する患者が ［　　　］ によって適正な医療行為を受けることができるようになってきている。また，診察・診断での臨床情報の ［　　　］ 化が当該の病気の特定や治療法の決定，さらには新薬の開発（創薬）などにも役立てられている。

**（8）** 工業，農業，漁業の改革──いずれも，厳しい労働環境では人間に代わって各種の ［　　　］ が導入され，またこれまで経験や勘に頼りがちだった作業に ［　　　］ 技術の活用が進み，安全確保と生産性および収穫量の向上に結びついてきている。

---

**（a）** AI　　**（b）** ICT　　**（c）** IoT　　**（d）** IT　　**（e）** 遠隔会議システム　　**（f）** 遠隔授業
**（g）** 在宅勤務　　**（h）** サテライトオフィス　　**（i）** センサー　　**（j）** 電子教科書
**（k）** 電子決済　　**（l）** 電子マネー　　**（m）** ビデオ電話　　**（n）** ネットショッピング
**（o）** POSシステム　　**（p）** ロボット

新型コロナウイルス感染の影響で, 遠隔授業（remote / online classes）を経験され, 電子教科書（digital textbook）を使用した方も多いことでしょう。

また, 同様に, テレワーク（tele-work）, その一種である在宅勤務（working at home）, サテライトオフィス（satellite office）, 遠隔会議（tele-conference / meeting）, ビデオ／テレビ電話（video call）などがすっかり定着して, 仕事に対する形態がすっかり変わりました。

POSシステム（POS system）, ネットショッピング（online shopping）, 電子決済（Electronic payment / E-payment / electronic settlement）, 電子マネー（Electronic money / E-money）なども, すっかり私たちの生活に溶け込んでいますね。

IoT（Internet of Things）ではセンサー（sensor）が大活躍しています。ICT（Information and Communication Technology）, IT（Information Technology）は, いまや全産業に不可欠な技術です。それにロボット（robot）, AI（Artificial Intelligence）は, 今後の時代をますます力強くリードしていくことでしょう。

ところで, 「四色問題」という, 数学の有名な難問が1975年にコンピュータを用いることによって肯定的に証明されました。また, 最近の天気予報は大変よく当たりますが, それは「数値予報」と呼ばれている, スーパーコンピュータを用いたシミュレーション（simulation：コンピュータによって模擬実験をすることによる問題解決手法の一つ）技術によって気象予測を行う研究分野での成果です。さらには, 自然界には存在しないような, 人間にとって有益な新しい物質・材料の開発にもコンピュータとデータ処理技術の発達のおかげで, 多くの成果が出てきています。

本問題では, 社会のいくつかの側面に対して, その情報化による改革例を見ましたが, このように, 私たちは既にさまざまな分野でコンピュータによる情報処理の恩恵をたくさん受けてきているのです（最近は, さまざまなものにQRコード（Quick Response code）と呼ばれる2次元コードが付いていますね。スマートフォンでそれを読み取って, 新たな情報を得た経験がおありの方も多いことでしょう）。

なお, 本問題の（5）で見たとおり, 現金を使わずに（キャッシュレス（cashless）), 電子決済サービスのICカード（Integrated Circuit card）：①チャージ方式のプリペイドカードで, SUICAやPASMOなど（先払い形式）；②各銀行のキャッシュカードで, 即時払い形式のICチップ付き；③銀行口座につながっている各種のクレジットカードで, 後払い形式のICチップ付き——を利用している人が増えてきています。これらは現金を持たずに済むので便利ではありますが, それらを紛失したり盗まれたりして, 不正に利用されてしまうリスクも伴っています。それらの保管と扱いには, 十分に注意しましょう。

．．．．．．．．．．．．．．．．．．．．．．．．．．．．．．．．．．．．．．．．．．．．．．．．．．．．．．．．．．．．．．．．．．．．．．．．．．．．．．．．．

．．．．．．．．．．．．．．．．．．．．．．．．．．．．．．．．．．．．．．．．．．．．．．．．．．．．．．．．．．．．．．．．．．．．．．．．．．．．．．．．．

．．．．．．．．．．．．．．．．．．．．．．．．．．．．．．．．．．．．．．．．．．．．．．．．．．．．．．．．．．．．．．．．．．．．．．．．．．．．．．．．．

**(1)**（f）遠隔授業　　（j）電子教科書
**(2)**（g）在宅勤務　　（h）サテライトオフィス
**(3)**（e）遠隔会議システム　　（m）ビデオ電話
**(4)**（o）POSシステム　　　（n）ネットショッピング
**(5)**（k）電子決済　　（l）電子マネー
**(6)**（i）センサー　　（c）IoT
**(7)**（b）ICT　　（d）IT
**(8)**（p）ロボット　　（a）AI

# コンピュータ 小史

## ◆世界最古の計算機

コンピュータを"計算する機械"とすれば，その痕跡は紀元前まで遡らなければなりません。まず，紀元前二千年頃，古代バビロニアで発明されたとされている**アバカス**（abacus）という，ソロバンに似た計算器具があります。

さらに，"自動で計算する機械"とすれば，ギリシア・クレタ島の西端から少し北の地中海に浮かぶアンティキティラ島の近海で，1901年に沈没船の中から回収された天文学用の歯車式アナログ計算機である，通称**アンティキティラ島の機械**（Antikythira mechanism）が挙げられます。オンライン辞典『ウィキペディア』（2023年，6月）によれば，これは，研究の結果，紀元前2世紀頃に作られたものとされています。また，その設計には，2008年6月30日発行の『ネイチャー（*Nature*）』（英国の著名な権威ある科学雑誌）に載った報告記事によると，アルキメデスが関与していた，とされているようです。そして，大変精巧に，また美しくデザインされて作られていて，同様な複雑さを持った工芸品は，その一千年先まで現れることがなかった，ということですので，古代ギリシアの文明・文化度の高さに驚かされます。なお，この実物はアテネ国立考古学博物館に展示されているそうです。

## ◆機械式計算機

"機械式"というのは，ほとんどが歯車の組合せで駆動するものを言います。その動力源は人手で，のちに大規模なものには蒸気機関を採用したものもありました。

その一つに，1623年にドイツの**Wilhelm Schickard**（ゔぃるへるむ・しかると，1592-1635）によって設計され，製作されたものがあります。歯車式で，与えられた数同士の加減乗除算ができたそうです。彼は，天文学者で数学者でもあったJohannes Kepler（よはねす・けぷらー）に手紙を書いて，その機械の高性能ぶりを自慢したとのことです。

次に登場した代表的なものに，1942年にフランスの数学者**Blaise Pascal**（ぶれーず・ぱすかる，1623-1662）によって製作された歯車式計算器**Pascaline**（ぱすかりーぬ）があります（これは，加減算はできましたが，乗除算はできなかったそうです）。彼はその時，弱冠19歳でした。幼少の頃から"神童"と謳われて，「人間は考える葦である」（人は弱いものだが，"考える（思考する）"という崇高な働きをする生き物なのだ――というような意味）などの名句や「パスカルの三角形」などの業績を残していますが，プログラミング言語にも彼の名を冠した教育用の言語「Pascal」がありますので，その天才ぶりが窺われます。

その次に挙げるのは，ドイツの数学者・哲学者である**Gottfried. W. Leibniz**（ごっとふりーと・らいぷにっつ，1646-1716）が1673年に発明した**ライプニッツの歯車**（Leibniz wheel）と呼ばれている計算器です。それは，乗算を加算の繰返しによって自動的に実現するもので，その後長きにわたって使用されていました。なお，彼は数学者としては微分積分学の創案者の一人としてされており，もう一方のIsaac Newton（あいざっく・にゅーとん）との先陣争いと成果の大きさの論争に晒されました。

最後に紹介するのが，英国の数学者**Charles Babbage**（ちゃーるず・ばべっじ，1791-1871）です。1822年に，**階差機関**（Difference Engine）と呼ばれる，関数表を計算する機械を完成させました。その後，1833年に，**解析機関**（Analytic Engine）という，世界初のプログラム可能な計算機を創案しました。これは，現代のコンピュータの基本的な要素を実現していましたので，コンピュータの"元祖"と呼んでよいでしょう。ちなみに，このオペレータを務めた**Ada Lovelace**（えいだ・らぶれーす，1815-1852；詩人George G. Bylon（じょーじ・ばいろん）の一人娘）は世界初のプログラマーとされています。そして，プログラミング言語Adaに，その名が残されています。

## ◆現代のコンピュータ理論の起源

現在，「コンピュータ」と言ったときは，一般には電子による（2進数のbitを基本とする）デジタル式で，プログラム内蔵方式のものを指すことになるでしょう。その理論としての基礎を築いたのは次の3名：**Alan M. Turing**（あらん・ちゅーりんぐ，1912-1954），**John von Neumann**（じょん・ふぉん・のいまん，1903-1957），**Claude E. Shannon**（くろーど・しゃのん，1916-2001）です。

A. M.Turingは，1936年に発表した「計算可能な数について，その決定問題への応用（"On Computable Numbers, with an Application to the Entscheidungsproblem", *Proceedings of the London Mathematical Society*（2），42, pp.230-265, 1936）」と題した論文の中で，**チューリング機械**（Turing machine）と呼ばれて

いるアイディアを提示しました。これは，プログラム内蔵方式の趣旨を含んだ，現代のコンピュータの基本原理となるもので，その功績の偉大さは，米国のACM（アメリカ計算機学会）が制定しているコンピュータ科学の最高峰の賞が「チューリング賞」とされていることからも理解されることと思います。

　J. von Neumannは，**EDVAC**（えどばっく，Electronic Discrete Variable Automatic Computer）の当初からの開発者であったJ. P. Eckert（じょん・えっかーと）とJ. W. Mauchly（じょん・もーくりー）に協力し，彼が独自にまとめた極めて重要な文書『**報告書第1稿**（*First Draft of Report on the EDVAC*，1945）』において，**プログラム内蔵方式**（プログラムのデータを記憶装置に収納して，逐次に処理していく方式；**ストアドプログラム方式**（stored program method）とも言う）の具体的な内容を書きました。そのために，プログラム内蔵方式の同義語として**ノイマン型**とも言われています。

　C. E. Shannonは，英国の数学者**George Boole**（じょーじ・ぶーる，1815-1864）による論理代数の数学的概念を，コンピュータを動作させるスイッチ回路に応用しました。2進数で表現した数を演算するための回路構成を示したこと，つまり**デジタル回路**（digital circuit；AND，OR，NOTの三つの基本回路／ゲートの組合せによって，さまざまな機能を実現できる回路。**論理回路**（（logic circuit）と同義）の概念を確立しました。この内容が書かれたMITでの彼の修士論文「リレーとスイッチ回路の記号論的解析（"A Symbolic Analysis of Relay and Switching Circuits", Massachusetts Institute of Technology, Dept. of Electrical Engineering, 1940)」は，その後の実際のコンピュータ製作に多大な影響を及ぼしたのです。また彼は「情報理論」の創始者としてつとに有名ですが，その情報量の単位として初めてbitを採用したことでも知られています。

## ◆デジタルコンピュータ

世界初のデジタルコンピュータは何か？　という問いにはいくつかの答えがあるようです。その一つは**ABCコンピュータ**（Atanasoff-Berry Computer）です。米国のアイオア州立大学において，**John V. Atanasoff**（じょん・あたなそふ，1903-1995）と**C. Berry**（くりふぉーど・べりー）によって1939年に開発されました。その特徴は，2進数を採用し，機械式でなく電子的に計算を実行する，というところにありますが，プログラム内蔵式ではありませんでした。

　もう一つ，**ENIAC**（えにあっく，Electronic Numerical Integrator And Computer）という大変有名なコンピュータがあります。ペンシルベニア大学の**John W. Mauchly**（じょん・もーくりー，1907-1980）と**John P. Eckert**（じょん・えっかーと，1919-1995）らによって開発され，1946年に稼働を開始した歴史的なコンピュータです。そう言われる理由は，それまでの機械式計算機に比べて圧倒的な高性能と，約18,000本の真空管，70,000個の抵抗，18,000個のキャパシター，6,000個のスイッチなどから成る巨大なものだったことでしょう。現在，米国のスミソニアン博物館に展示されているそうです。当初は弾道計算用として開発が始まったそうですが，完成したときは戦争が終結していて，1955年まで運用されたそうです。

　なお，我が国初の大型デジタルコンピュータの開発は，国家プロジェクトとして東京大学に東芝と日立が協力して行われ，1959年になって完成された**TAC**（たっく，Todai/Tokyo Automatic Computer）でした。ただし，実機としては**FUJIC**（ふじっく）が一足早く，こちらは1956年に日本初の大型コンピュータとして完成されました。これらは共に真空管を使用していました。

　また，TACと並行して，東京大学で開発が進められた**パラメトロン計算機**（parametron computer）があります。**パラメトロン**は，1954年に**後藤英一**（ごとう・えいいち，1931-2005）氏が発明した素子で，それを用いたコンピュータが1958年に**PC-1**（ぴーしーわん，Parametron Computer No.1）という名称で完成し，以後1964年まで同大学での研究・教育に利用されたそうです。パラメトロンは真空管よりも安定的で安価でもあったため，パラメトロンを用いたコンピュータの開発は多方面で進められて，先行して完成されたものは1956年の日本電子計測器による**PDL1516**と1957年の電気通信研究所（現在のNTT研究所）による**MUSASINO-1**でした。しかし，いずれも処理速度と消費電力に難点があったため，1960年代に入るとトランジスタ式のコンピュータに取って替わられました。

## ◆プログラム内蔵式コンピュータ

J. P. EckertとJ. W. Mauchlyは，ENIACの開発途中であった1944年に，すでに次のコンピュータの開発構想を練っていました。そこに，運命的にvon Neumannが加わることとなり，世界で初めてプログラム内蔵方式で，2進数を採用したコンピュータEDVACの構想が1945年に『報告書第1稿』で明らかにされました。残念ながら，EDVACは関係者の離散や特許権の訴訟などによって，1951年まで日の目を見ることができませんでした。それに代わって，世界初のプログラム内蔵方式コンピュータという栄誉は，1949年に稼働したケンブリッジ大学の**EDSAC**（え

どさっく，Electronic Delay Storage Automatic Calculator）のものとなりました。

## ◆基本回路素子の変遷とコンピュータの世代

コンピュータの分類を，使用している基本回路素子によって整理する場合があります。真空管・トランジスタ・IC（集積回路）・LSI（大規模集積回路）・VLSI（高密度集積回路）ですが，これらをコンピュータ開発の進歩状況に当てはめて，それぞれ「第1世代」（1940年代半ば～1950年代後半），「第2世代」（1950年代後半～1960年代半ば），「第3世代」（1960年代半ば～1970年頃），「第3.5世代」（1970年頃～1980年頃），「第4世代」（1980年頃～現在）とするのが定番です。基本回路素子の変遷によって，処理速度が指数関数的に向上し（ムーアの法則），故障の頻度も激減してきています。

　しかし，現在VLSIの集積率が原子レベルの限界に近づいてきていることから，次の「第5世代」のコンピュータは非ノイマン型コンピュータで，量子コンピュータ（quantum computer）が有力候補になっています。実際，1954年に後藤英一氏が発明したパラメトロン素子を基に2014年に超伝導パラメトロン素子（superconducting parametric oscillator）が開発され，量子コンピュータへの実装・開発が進められています。

　ちなみに，我が国の国家プロジェクトとして1982～1992年まで進められた第五世代コンピュータ（Fifth Generation Computer System: FGCS）は，当時の「第4世代」の次の位置づけとして命名され，非ノイマン型のハードウェア・知識情報処理のソフトウェア・論理プログラミング言語の開発を柱としていました。その頃，我が国は（ノイマン型の）IBM互換機を製造して世界中で販売実績を伸ばしていたのですが，その風当たりが非常に強くなって，国家を挙げての全く新たなコンピュータ開発の必要に迫られたのです。

## ◆ダウンサイジング

ダウンサイジング（down-sizing）とは，単に第1世代当時の大型コンピュータシステムに取って替わった小型化だけを意味するのではなく，1980年代から始まったインターネット上の分散システム化によるシステムの柔軟性や，格段の高性能化，さらに経済性としての価格性能比の向上といった点も含んでいます。

　コンピュータは，昔はごく一部の専門家だけのためのものでしたが，現代では，ご承知のとおり，パーソナルコンピュータはもちろんのこと，タブレット端末，スマートフォン，そしてウェアラブルコンピュータ（wearable computer，装着・着用するコンピュータ）など，さまざまな形態となって，大衆化しています。今後も，これまでにはなかった全く新たな形態のコンピュータが登場してくることでしょう。

　したがって，"ダウンサイジング"という言葉は，今後の時代にはそぐわないものになったようです。それだけ，コンピュータが根本的に変質・変貌したということですね。

## ◆マイクロプロセッサ

前述のように，コンピュータの進歩とダウンサイジングには回路素子のIC，LSI，VLSIが大きな役割を果たしました。その実態としては，複数のIC，LSI，VLSIを組み合わせた半導体チップであるマイクロプロセッサ（microprocessor）です。それはさらに，一つのチップ（chip）上に中央処理装置（CPU）の基本的な機能である演算・記憶・制御をまとめて処理することができる小型のコンピュータとして実装され，MPU（Micro Processing Unit）と呼ばれています。つまり，中央処理装置（CPU）の働きをするものですので，今はCPUと同義に扱われています。

　当初，マイクロプロセッサは「マイコン」と呼ばれましたが，それより前に「マイコン」という言葉は，"自作のコンピュータ"または"自分が所有するコンピュータ"という意味で使われていました。今の「パソコン」の意味に近いですね。ですので，「マイクロプロセッサ」に移行したというわけです。ちなみに「マイコン」のほうは，いまでは，いろいろな

2000年代に活躍したインテル社のマイクロプロセッサPentium4

電子機器に内蔵されて（組み込まれて）いる小型のコンピュータチップを指す言葉として定着しています。

　世界初のマイクロプロセッサは，1971年に嶋 正利（しま・まさとし，1943-）氏が電卓用に開発したi4004です。その後，同氏はインテル社でi8080を開発して，モトローラ社のMC6800と共に，現在につながるコンピュ

ータの革新に大きな貢献を果たしました。

## ◆オペレーティングシステム

オペレーティングシステム（OS）は，現代のコンピュータハードウェアとアプリケーションプログラムに欠かせない存在です。しかし，最初期のコンピュータにはOSがなく，その後のコンピュータが高機能化・複雑化していくにしたがって，OSの必要性が高まりました。

　大型コンピュータは**メインフレーム**（mainframe）とも呼ばれます。そのメインフレームの旗手であるIBM社のIBM 704用にゼネラルモーター社の研究部門が1956年に開発した**GM-NAA I/O**が世界初の実用化OSでした。また，同社は1964年に，伝説的なコンピュータ**IBM 360**を発表します（360という名称は"360度全方位，万能"ということだそうです）。そのためのOSが**OS/360**で，このハードウェアとOSは，その後のコンピュータ開発と製造に多大な影響を及ぼしました。

　同じ頃，MIT（マサチューセッツ工科大学）・ベル研究所（米国AT&T傘下の研究所）・ゼネラルエレクトロニック社（GE）が，GEのメインフレーム用OSとして開発していたものが**MULTICS**（まるていくす，MULTiplexed Information and Computing System）で，数々の独創的なアイディアが含まれていました。しかし，このプロジェクトは難航し，1969年にベル研が抜けてしまいます。ところが，その結果としてベル研で，**Ken Thompson**（けん・とんぷそん，1943-）と**Dennis M. Ritchie**（でにす・りっちー，1941-2011）によって**UNIX**が生まれたのです。ダウンサイジングでミニコンが生まれましたが，その初期の代表的な存在であるDEC社のPDP-7がベル研に戻ったK. Tompsonの研究室にあったそうです。それには確たるOSがなかったため，彼は一人で1969年からPDP-7用のOS開発に乗り出しました。MULTICSの多くのアイディアを継承しながらも，肥大化してしまった反省から，個々の仕事を，統一をとって実行できるシステム：UNiplexed Information and Computing SystemとしてUNICSとし，最終的に**UNIX**（ユニックス）と命名されたのでした。その開発に，同僚のD. M. Ritchieが加わって，UNIXは一段と強化されたものとなります。とくに，彼はコンピュータ言語**C**を開発して，当初はアセンブリ言語で書かれていたUNIXの大部分をCで書き換える偉業を行いました。それにより高い移植性と汎用性が保証され，多くのプログラマーが自力でUNIXを移植して使えるようになりました。この両者は1983年にチューリング賞（アメリカ計算機学会（ACM）によるコンピュータ・情報技術分野の功績を称える賞。ノーベル賞に匹敵する権威ある賞とされている）を受賞しました。

　その後，UNIX（そして言語C）は使い勝手の良さと高性能とで多方面で採用されて大活躍しますが，並行して，技術的にもビジネス的にも分離・統合した紆余曲折の歴史があります。とくに技術的には，当時カリフォルニア大学バークレイ校にいた**Bill（William）N. Joy**（びる・じょい，1954-；1982年サン・マイクロシステムズ社の設立者の一人）が中心となったUNIX研究グループが開発したバークレイ版が大きな仕事をしました：その中の**4.2 BSD**でネットワーク機能を組み込んだため，それによって，インターネットの接続・形成に拍車がかかったのです。

　UNIXは，基本的に"かなり"オープンですが，完全にはオープンではありません。そこで，ソフトウェア配布をフリーにせよ，とのスローガンを掲げて活動しているのが**Richard M. Stallman**（りちゃーど・すとーるまん，1953-）率いる**FSF**（Free Software Foundation）です。そこで彼は，**GNU**（ぐにゅー，GNU is Not UNIX：他のライセンスを必要とするUNIXと違って，だれでも自由に使えるUNIX，という意味）と呼ばれるUNIXを中心とした一連のソフトウェアを開発していきます。彼は，*Dr.Dobb's Journal of Software Tools*, Vol.10, No.3, 1985, に**GNU宣言**（GNU manifesto）を寄稿して，GNUプロジェクトの目標を掲げ，支援を呼びかけました。FSFは，利用者からの寄付によってきちんと運営・維持されているそうです。

　また，フィンランドの**Linus B. Torvalds**（りーなす・とーばるず，1969-）によって1991年に開発された**Linux**（りなっくす／りぬっくす）もオープンソースのUNIX系OSです。このコミュニティでは今でも活発に機能拡張がなされていて，R. M. StallmanのGNUとも連携を図り，個人のPC用OSとして熱狂的なファンがいることが特徴です。

　もう一つ，**Steve Jobs**（すてぃーぶ・じょぶず，1955-2011）らが1976年に創業したApple社の**Mac OS**を紹介しましょう。この最初のバージョンは，1984年に自社のPCである**Macintosh**（まっきんとっしゅ）と共にUNIXをベースに開発されました。その後も頻繁に改良が加えられて，順次新しいバージョンが提供されてきています。また，技術的にはオープンですが，ビジネス上はApple社のMac製品のみに適用するという，変則的な側面を持っています。いずれのバージョンも，その使い勝手の良さや先進的なGUIの導入，UNIXとの相性の良さなどで，熱烈なファンがいます。

　このように，UNIX系OSは専門的な分野のOSとして依然として根強い人気を誇っていますし，その安定性によ

ってサーバ用のOSとしても活用されています。

　一方，ミニコンからダウンサイジングがさらに進んだパーソナルコンピュータの時代に入っていく1970年代後半になると，デジタルリサーチ社の創業者**Gary Kildall**（げいりー・きるどーる，1942-1994）が開発し，インテルのi8080用のOSとして1976年に発売された**CP/M**が登場します。そして，その後を追って**Bill（William）H. Gates**（びる・げいつ，1955-）らがマイクロソフト社を創業し（1975年），IBMの要請を受けて**IBM PC DOS**を1981年に開発します。これは随所にUNIXのエッセンスを取り込んだものでした。マイクロソフト社はIBMとの契約交渉で，PC DOSの他社への自由な供給を認めさせたため，その後の爆発的な普及につながりました。PC DOSは**MS-DOS**と改称され，さらにWindowsと名を変えて，1985年の**Windows**，**Windows 95**，…，現在（2024年1月）の最新バージョン**Windows 11**と，時代のニーズに応えながら，改良・拡張が頻繁に行われてきていて，大衆化したパーソナルコンピュータのOSとして不動の地位を築いています。このように，OSというソフトウェアは，時代に即して改良されていかなければならないという"宿命"を帯びているのです。

### ◆我が国発のオペレーティングシステム

オペレーティングシステム（OS）は，Windows, Linux, macOSなどをまず思い浮かべることでしょうが，それらはPCなどの情報処理機器用のものです。それとは別に，はじめから特定の機器（たとえばロボット・ロケット・クルマ・プリンタ・デジカメなどなど）にマイクロプロセッサと共に組み込んで（内蔵して）おいて，その制御を行うための「組込み型OS」があります。これは，現代のIoTに欠かせないものです。

　この組込み型OSで世界シェアが60%もあるものが，坂村　健（さかむら・けん）氏がデザインした**ITRON**（あいとろん，Industrial The Real-time Operating system Nucleus）です。それは実際，IEEE 2050-2018として世界標準になっています。

　坂村氏は1982年にTRONプロジェクトを発表していて，その中核技術として組込み型OSのITRONを開発したのでした。その概念は，現在のIoTに合致するものであり，実際に，「TRON電脳住宅」という，家中の"どこにも"ITRONとマイクロプロセッサを配置した情報化モデルハウスを1980年代後半に公開していました。

### ◆参考文献

[1]　ハーマンH.ゴールドスタイン（著），末包良太・米口　肇・犬伏茂之（訳），『計算機の歴史』，共立出版(株)，1979。

[2]　bit臨時増刊，『電子計算機の基礎知識』，共立出版(株)，1972年8月号。

[3]　M.キャンベル-ケリー（著），末包良太（訳），『ザ・コンピュータエイジ』，共立出版(株)，1979。

[4]　伊藤和行（編）・佐野勝彦・杉本　舞（訳・解説），『コンピュータ理論の起源［第1巻］チューリング』，(株)近代科学社，2014。

[5]　情報処理学会・歴史特別委員会（編），『情報処理技術遺産とパイオニアたち』，(株)近代科学社，2020。

[6]　東京理科大学出版センター（編）・竹内　伸（著），東京理科大学 坊ちゃん科学シリーズ2『実物でたどるコンピュータの歴史〜石ころからリンゴへ〜』，東京書籍，2012。

[7]　石田晴久，情報フロンティアシリーズ 第1巻『UNIX最前線』，共立出版(株)，1993。

[8]　R.ストールマン（著）・竹内郁雄・天海良治（監訳），bit別冊『GNU Emacs マニュアル』，共立出版(株)，1988。

[9]　坂村　健，『TRONを創る』，共立出版(株)，1987。

[10]　オンライン辞典『ウィキペディア』，2023年6月。

# 第2章
## コミュニケーションと情報デザイン

　"人間" という言葉は "人" と "間" から成っています。人と人の間で "共に" 意思疎通を図り，日々の生活・仕事，文明・文化の向上を目指す——これがコミュニケーションですね。現代では，そのための情報ツールがいろいろと用意されています。

　また，情報をより速く伝え，かつ正確に送受信するためには，情報をどのようにデザインするかがポイントとなります。

本章で，それらを学んで身に着けましょう!!

**問題** problem

以下に示す各用語に対応する英語を書きなさい。略語のものはフルスペルを書きなさい。なお，答となる英語で略語が流通しているものについては，フルスペルの英語のところに略語を形成しているアルファベットの部分を大文字にして記しなさい。

**（A）**
1　コミュニケーション　　［　　　　　　　　　　　　　　　　］
2　コミュニティ　　　　　［　　　　　　　　　　　　　　　　］
3　メディア　　　　　　　［　　　　　　　　　　　　　　　　］
4　インターネット　　　　［　　　　　　　　　　　　　　　　］
5　電子メール　　　　　　［　　　　　　　　　　　　　　　　］
6　電子掲示板　　　　　　［　　　　　　　　　　　　　　　　］
7　検索エンジン　　　　　［　　　　　　　　　　　　　　　　］
8　Web　　　　　　　　　［　　　　　　　　　　　　　　　　］
9　SNS　　　　　　　　　［　　　　　　　　　　　　　　　　］
10　コンテンツ　　　　　　［　　　　　　　　　　　　　　　　］

**（B）**
1　アンケート／質問紙調査　［　　　　　　　　　　　　　　　　］
2　インタビュー　　　　　［　　　　　　　　　　　　　　　　］
3　観察　　　　　　　　　［　　　　　　　　　　　　　　　　］
4　遠隔会議　　　　　　　［　　　　　　　　　　　　　　　　］
5　PDCAサイクル　　　　　［　　　　　　　　　　　　　　　　］
6　相互作用　　　　　　　［　　　　　　　　　　　　　　　　］
7　意思決定　　　　　　　［　　　　　　　　　　　　　　　　］
8　モデル化　　　　　　　［　　　　　　　　　　　　　　　　］
9　ピクトグラム／絵文字　［　　　　　　　　　　　　　　　　］
10　アイコン　　　　　　　［　　　　　　　　　　　　　　　　］

**（C）**
1　人間工学　　　　　　　［　　　　　　　　　　　　　　　　］
2　ユニバーサルデザイン　［　　　　　　　　　　　　　　　　］
3　人間中心設計　　　　　［　　　　　　　　　　　　　　　　］
4　標準化　　　　　　　　［　　　　　　　　　　　　　　　　］
5　ヒューマンインタフェース　［　　　　　　　　　　　　　　］
6　ユーザインタフェース　［　　　　　　　　　　　　　　　　］
7　ユーザビリティ　　　　［　　　　　　　　　　　　　　　　］
8　ユーティリティ　　　　［　　　　　　　　　　　　　　　　］
9　仮想現実　　　　　　　［　　　　　　　　　　　　　　　　］
10　拡張現実　　　　　　　［　　　　　　　　　　　　　　　　］

第2章

ある，数学の教育に関する研究集会での話ですが，数学の学び初めにどんなことに困ったか——という教育者側からの質問に対して，"数学の「言葉」がわからない" "何の役に立つのかわからない" という学生たちのアンケート結果が上位を占めたそうです。どの分野の学習でも，まずその分野特有の言葉に慣れることと，学習に対する目的意識を明確にしておく必要がありますね。ちなみに，英語教育はその方向に向けて大変革が進んでいるようです。

　本問題では，本章の「コミュニケーションと情報デザイン」に関して頻出する主要な用語を取り上げました。ここで，コミュニケーション（communication）は，前章で見たICT: Information and Communication Technology での "communication" の訳語「通信」とは違って，情報交換のための通信をし合うことで，人間同士が意思疎通を行う手段（way／mean）のことを指しています。この感覚的な違いを表現するために，カタカナ表記がされているわけです。また，その具体的な方法としては，意思疎通のための「聞く／聴く」と「話す」，そして，一般に言われる「リテラシー」，つまり「読み・書き・そろばん（計算）」が基盤となります。

　一方，英語 "communication" の語源はオンライン辞典『ウィキペディア』（2023年，6月）によると，

　　ラテン語の「comm（共に）」と「unio（一致）」に由来する「communis（共通の）」に，「munitare（疎通を良くする）」を付加したものである。

とのことです（ここで『』は白抜きカギ（鉤）括弧あるいは二重カギ括弧と呼ぶ日本語用の記号で，書（籍）名や雑誌名，映画・楽曲などの表題（title）に用います）。また，

　　コミュニケーションとは，社会生活を営む人間の間で行われる知識や感情，思考の伝達。

と定義しています。共に，とても納得がいきますね。ちなみに，この定義にある "人間の間" は，いわゆる人間関係（human relations／relationships）につながると思います。したがって，良い人間関係を築くためには，"知識や感情，思考の伝達" つまり「情報伝達」を円滑にする（意思疎通を良くする）ことで相互理解を進め，有用な情報を共有するコミュニケーションが肝心だ，ということです。

　事程左様に，コミュニケーションは社会生活を営むうえでの基本的で最も大事な活動です。前章で見てきたとおり，現代ではインターネットを中核とした，いろいろな通信技術を利用しているさまざまなコミュニケーションツール（communication tools）が整備されてきています。その一つにグループウェア（groupware）と言って，コンピュータ支援による共同作業であるCSCW（Computer Supported Cooperative Work）のためのソフトウェアがあり，多方面のビジネスで利用されています。それらを大いに活用することで，円滑なコミュニケーションをとるようにしましょう。

．．．．．．．．．．．．．．．．．．．．．．．．．．．．．．．．．．．．．．．．．．．．．．．．．．．．．．．．．．．．．．．．．
．．．．．．．．．．．．．．．．．．．．．．．．．．．．．．．．．．．．．．．．．．．．．．．．．．．．．．．．．．．．．．．．．
．．．．．．．．．．．．．．．．．．．．．．．．．．．．．．．．．．．．．．．．．．．．．．．．．．．．．．．．．．．．．．．．．
．．．．．．．．．．．．．．．．．．．．．．．．．．．．．．．．．．．．．．．．．．．．．．．．．．．．．．．．．．．．．．．．．

**(A)** 1 communication　　2 community　　3 media　　4 the Internet　　5 Electronic mail / E-mail　　6 electronic bulletin board　　7 search engine　　8 World Wide Web: WWW　　9 Social Networking Service: SNS　　10 content

**(B)** 1 questionnaire　　2 interview　　3 observation　　4 teleconference / Web meeting　　5 PDCA cycle / Plan-Do-Check-Act(Action) cycle　　6 interaction　　7 decision making　　8 modeling　　9 pictogram　　10 icon

**(C)** 1 human factors engineering / ergonomics　　2 Universal Design: UD　　3 Human Centered Design: HCD　　4 standardization　　5 Human Interface: HI　　6 User Interface: UI　　7 usability　　8 utility　　9 Virtual Reality: VR　　10 Augmented Reality: AR

# 2 コミュニケーションと情報デザインに 関連する主な略語

**問題**
**problem**

以下に示す略語，簡略語について，それぞれの読み方を平仮名で書き，続けて英語でのフルスペルを書きなさい。

| | | | |
|---|---|---|---|
| 1 | Cc | [ | ] |
| 2 | Bcc | [ | ] |
| 3 | JIS | [ | ] |
| 4 | ISO | [ | ] |
| 5 | ANSI | [ | ] |
| 6 | ASCII | [ | ] |
| 7 | PDCA | [ | ] |
| 8 | CSCW | [ | ] |
| 9 | WYSIWIG | [ | ] |
| 10 | 5W1H | [ | ] |
| 11 | HTML | [ | ] |
| 12 | CAD | [ | ] |
| 13 | DTP | [ | ] |
| 14 | SaaS | [ | ] |
| 15 | UD | [ | ] |
| 16 | HCD | [ | ] |
| 17 | UX | [ | ] |
| 18 | UI | [ | ] |
| 19 | GUI | [ | ] |
| 20 | BBS | [ | ] |
| 21 | SMS | [ | ] |
| 22 | SNS | [ | ] |
| 23 | Web | [ | ] |
| 24 | 3D- | [ | ] |
| 25 | bit | [ | ] |
| 26 | dpi | [ | ] |
| 27 | JPEG | [ | ] |
| 28 | GIF | [ | ] |
| 29 | RGB | [ | ] |
| 30 | CMY | [ | ] |
| 31 | MIDI | [ | ] |
| 32 | QC | [ | ] |
| 33 | DX | [ | ] |
| 34 | VR | [ | ] |
| 35 | AR | [ | ] |

第2章

第1章の【問題2　情報に関連する主な略語】の【注釈】で述べたとおり，情報の分野では"簡略表現"での略語（abbreviation）の用語が多く使われています。それらの簡略表現には頭字語／アクロニム（acronym），イニシャリズム（initialism），混成語（blend word）（またはかばん語（portmanteau word））と呼ばれるバリエーションがあることも述べましたので，再確認してください。

　なお，本問題の14番に，SaaS（Software as a Service，さーす／さーず）という，まだあまりなじみが薄いかもしれない用語をあげました。これは，インターネットを介して，クラウド上にあるソフトウェアを面倒なインストールなどをすることなく使用することができるサービスのことです。これまでの，ソフトウェアの取得をパッケージとして購入し使用するという，従来の形態に取って代わるものとして注目されています。

　それには，有料のものと無料のものとがあり，典型的な例としては，ファイル共有のためのDropbox，フリーメールソフトのGmail，遠隔会議用ソフトのZoomがあります。

　なお，この問題の4のISOのフルスペルがInternational Organization for Standardizationなので，その略語（頭字語）は「IOS」では？という疑問が湧くことでしょう。これは，「ISO」が"一様性"を表すギリシャ語ISOSに由来するために，慣習的に「ISO」とされているのです。
　また，33のDX（デジタル化革新：ITという"手段"を用いて，ビジネス・生活を変革させることを"目的"とする政治的・経済的な概念）ですが，原語はDigital Transformationなので，その略語はDTなのでは？と思われるかもしれません。じつは，Transformationの接頭語trans-は"交差する"ことを意味しますので，その英語は"cross"であることから"X"に置き換える慣習が欧米にあるのです。そのため，Digital Transformationは「DX」と略されていますので，注意してください。

......................................................................
......................................................................
......................................................................
......................................................................
......................................................................

1　しーしー Carbon copy　　2　びーしーしー Blind carbon copy
3　じす Japanese Industrial Standards
4　あいえすおー International Organization for Standardization
5　あんしー American National Standards Institute
6　あすきー American Standard Code for Information Interchange
7　ぴーでぃーしーえい Plan-Do-Check-Act / Action
8　しーえすしーだぶりゅー Computer Supported Cooperative Work
9　ういじーうぃーぐ　What You See Is What You Get
10　ごーだぶりゅーいちえいち When-Where-Who-What-Why-How
11　えいちてぃーえむえる HyperText Markup Language　　12　きゃど Computer Aided Design
13　でぃーてぃーぴー DeskTop Publishing　　14　さーす／さーず Software as a Service
15　ゆーでぃー Universal Design　　16　えいちしーでぃー Human Centered Design
17　ゆーえっくす User eXperience　　18　ゆーあい User Interface
19　じーゆーあい Graphical User Interface　　20　びーびーえす Bulletin Board System
21　えすえむえす Short Message Service　　22　えすえぬえす Social Networking Service
23　うぇぶ World Wide Web: WWW　　24　すりーでぃー 3(three)-Dimensional
25　びっと binary digit　　26　でぃーぴーあい dots per inch
27　じぇいぺぐ Joint Photographic Experts Group　　28　じふ Graphics Interchange Format
29　あーるじーびー Red-Green-Blue　　30　しーえむわい Cyan-Magenta-Yellow
31　みでぃー Musical Instrument Digital Interface　　32　きゅーしー Quality Control
33　でぃーえっくす Digital Transformation　　34　ぶいあーる Virtual Reality
35　えいあーる Augmented Reality

# 3 コミュニケーションと情報デザインに関連する用語の日本語表記

**問題**
problem

以下に示す，和語での用語に対するカタカナ表記と，それに対応する英語を書きなさい。

1　検索　　　　[　　　　　　　　　　　　　　　　　　]
2　媒体　　　　[　　　　　　　　　　　　　　　　　　]
3　連続量　　　[　　　　　　　　　　　　　　　　　　]
4　離散量　　　[　　　　　　　　　　　　　　　　　　]
5　構造　　　　[　　　　　　　　　　　　　　　　　　]
6　利用者　　　[　　　　　　　　　　　　　　　　　　]
7　化身／分身　[　　　　　　　　　　　　　　　　　　]
8　設計　　　　[　　　　　　　　　　　　　　　　　　]
9　書式　　　　[　　　　　　　　　　　　　　　　　　]
10　類推　　　　[　　　　　　　　　　　　　　　　　　]
11　指針　　　　[　　　　　　　　　　　　　　　　　　]
12　事例研究　　[　　　　　　　　　　　　　　　　　　]
13　相互作用　　[　　　　　　　　　　　　　　　　　　]
14　炎上　　　　[　　　　　　　　　　　　　　　　　　]
15　絵文字　　　[　　　　　　　　　　　　　　　　　　]
16　保守　　　　[　　　　　　　　　　　　　　　　　　]
17　障壁　　　　[　　　　　　　　　　　　　　　　　　]
18　比喩　　　　[　　　　　　　　　　　　　　　　　　]
19　書体　　　　[　　　　　　　　　　　　　　　　　　]
20　階層　　　　[　　　　　　　　　　　　　　　　　　]
21　鍵　　　　　[　　　　　　　　　　　　　　　　　　]
22　記号　　　　[　　　　　　　　　　　　　　　　　　]

第2章

**注釈** comment

前章の【問題5　情報に関連する用語の日本語表記】の【注釈】でも述べたとおり，情報に関する用語には，和語とカタカナ語の両方が使われているものがたくさんあります。ここでは，コミュニケーションと情報デザインに関連する用語のうち，特にどちらもよく使われているものを取り上げました。皆さんが書くレポートや論文などでは，これらが混在しないよう，きちんと統一することに注意してください。

なお，漢字という表意文字による日本語での用語の表記は，内容を頭の中でイメージすることができる的確なものであることが求められます。すでに述べたとおり，情報に関する用語はほとんどが海外から流入してきていますので，言うまでもなく，それらに対する日本語表記を検討して決定することは非常に重要な仕事ですが，同時にそれは，大変な難題でもあります。

これらの日本語表記を見るにつけて，先人たちの多大なご苦労が偲ばれます。みなさんも，日本語の用語で情報学を学び，修得することができるという有り難さを感じてほしいものです。これらを，尊敬の念をもって，味わいながら使用していただければ嬉しく思います。

---

現在はカタカナ表記がほとんどの外国名も、かつては漢字で書かれていた。
さあ、どれだけ読めるかな？

①亜爾然丁　　　　　⑥越南
②愛蘭　　　　　　　⑦埃及
③柬埔寨　　　　　　⑧墺太利
④新嘉坡　　　　　　⑨希臘
⑤比律賓　　　　　　⑩芬蘭

**答え**　①アルゼンチン　②アイルランド　③カンボジア　④シンガポール　⑤フィリピン　⑥ベトナム　⑦エジプト　⑧オーストリア　⑨ギリシア　⑩フィンランド

---

**メモ** memorandum

・・・・・・・・・・・・・・・・・・・・・・・・・・・・・・・・・・・・・・・・・・・・・・・・・・・・・・・・・・・・・・・・・・・・・・・・
・・・・・・・・・・・・・・・・・・・・・・・・・・・・・・・・・・・・・・・・・・・・・・・・・・・・・・・・・・・・・・・・・・・・・・・・
・・・・・・・・・・・・・・・・・・・・・・・・・・・・・・・・・・・・・・・・・・・・・・・・・・・・・・・・・・・・・・・・・・・・・・・・
・・・・・・・・・・・・・・・・・・・・・・・・・・・・・・・・・・・・・・・・・・・・・・・・・・・・・・・・・・・・・・・・・・・・・・・・
・・・・・・・・・・・・・・・・・・・・・・・・・・・・・・・・・・・・・・・・・・・・・・・・・・・・・・・・・・・・・・・・・・・・・・・・
・・・・・・・・・・・・・・・・・・・・・・・・・・・・・・・・・・・・・・・・・・・・・・・・・・・・・・・・・・・・・・・・・・・・・・・・
・・・・・・・・・・・・・・・・・・・・・・・・・・・・・・・・・・・・・・・・・・・・・・・・・・・・・・・・・・・・・・・・・・・・・・・・

---

**答** answer

**1**　サーチ search　　**2**　メディア media　　**3**　アナログ analog/continuous variable
**4**　デジタル digital/discrete variable　　**5**　アーキテクチャ architecture / structure　　**6**　ユーザ user
**7**　アバター avatar　　**8**　デザイン design　　**9**　フォーマット format　　**10**　アナロジー analogy
**11**　ガイドライン guide line　　**12**　ケーススタディ case study　　**13**　インタラクション interaction
**14**　フレーム flame / flaming　　**15**　ピクトグラム pictogram　　**16**　メンテナンス maintenance
**17**　バリア barrier　　**18**　メタファ metaphor　　**19**　タイプフェイス typeface／フォント font
**20**　レイヤ layer　　**21**　キー key　　**22**　シンボル symbol

# 4 コミュニケーションの方法

**問題**
problem

社会で行われているコミュニケーションの具体的な方法の名称を，その英語を添えて五つ以上書きなさい。

[

]

[

]

[

]

[

]

[

]

[

]

下の【答の例】に示したとおり，コミュニケーションの方法にはさまざまなものがありますが，現代の社会情勢では，やはり**インターネット**を通じてのものが主流になっています。電子メールやSNSなどの利用はもちろんのこと，ZoomやGoogle Meet，Microsoft Teamsなどで遠隔会議や遠隔交流会などをされたことがある人も多いことでしょう。

　また，**スマートフォン**（smart phone）を利用して各種のコミュニケーションが活発に行われていることは，ご承知のとおりです（それに呼応して，固定電話の使用率がどんどん低下していて，街中での公衆電話も少なくなりました）。ビデオ通話／テレビ電話であるLINEのビデオ電話やApple社のFaceTimeなどを利用して，遠隔での家族団らんやパーティーを楽しんでいる方々も多いと思います。こうなると，それはもはや“電話”と言うよりも，“携帯スーパーマシン”と言ってよいと思います（ここで，“スーパー（super-）”はもちろん「超／超越」を意味する**接頭語／辞**（prefix）ですが，他にも，同様の意味を付加する“ハイパー（hyper-)”“ウルトラ（ultra-)”といったものがあります。ちなみに「スーパーマン」「ウルトラマン」は日米が生んだ英雄ですね）。いまや，スマートフォンは社会生活に欠くことのできない存在となっています。

　しかし，そのバージョンアップがけっこう頻繁にあり，その対応には相当な費用がかかります。その際には，**費用対効果／価格性能比／コストパフォーマンス**（コスパ）(cost (-benefit) performance)を慎重に検討して決めることにしましょう。それを**上手に**（well / be good），また**大切に**（take care）使っていくことが肝心です。

　また，**モバイル**（mobile）という言葉もよく耳にすると思います。それは，スマートフォンやiPadに代表されるタブレット端末など，通信機能のある持ち運び可能な小型携帯用電子機器のことを言います。モバイル機器の活用によって，いつでもどこでもコミュニケーションをとって，仕事や用事を済ますことができる環境が整っています。

　なお，インターネット上の電子メールやSNS，チャットなどの通信では，リアルの対面でのように，相手の目を見て話したり，一緒にお茶を飲んだりお酒を酌み交わしたり，といったことはできません。したがって，そこでのコミュニケーションの**秘訣**（tips）は，次のようなことではないでしょうか：
- ・キッカケ作り——無難には，お天気・気候の話しと健康状態の話から入る。
- ・上手な問いかけ——相手の以前と現在の状況を確認する。
- ・応答への傾聴——相手の身になって考えて，意思疎通を図る。
- ・相手の考えへの共感———一貫して，肯定的に受けとめる。
- ・自分の考えの率直な伝達——話題に対するポイントを共有しながら，自己表現をする。
- ・応答のタイミング——あまり時間を置かずにスムーズにやり取りすることを心掛ける。

.......................................................................................

.......................................................................................

.......................................................................................

会話 conversation / talk，手話 sign language，プレゼンテーション presentation，講演 lecture，演説 speech，インタビュー interview，会見 interview，議論 discussion / talk-in，討論 debate，会議 meeting / conference，遠隔会議 teleconference / remote meeting / online meeting / Web meeting，郵便の手紙・葉書 letter / mail・postcard，モールス電信 Morse telegraph，電話 phone / telephone，ファックス FAX / facsimile，携帯電話 mobile phone，スマートフォン smart phone，ビデオ通話／テレビ電話 video call / video telephony，電子メール E-mail / Electronic mail，SMS Short Message Service，SNS Social Networking Service，チャット chat，*etc.*

# コミュニケーションでの時間差

**問題**
problem

以下に示す（**1**）と（**2**）の文章は，コミュニケーションの特性の一つである「時間差」について述べたものです。それぞれの内容に適合するものを，下の（**a**）～（**k**）から選びなさい。

コミュニケーションには,

（**1**）「同期型」と呼ばれる，その参加者が時間を共有して直ちに反応をし合えるもの

（**2**）「非同期型」と呼ばれる，時間を選ばずにそれぞれの都合によって対応するもの

の二つがある。

（**1**）[                                                    ]

（**2**）[                                                    ]

---

（**a**）SMS　　（**b**）SNS　　（**c**）遠隔会議　　（**d**）会合　　（**e**）会話　　（**f**）チャット
（**g**）電子掲示板　　（**h**）電子メール　　（**i**）電話　　（**j**）ビデオ通話／テレビ電話　　（**k**）郵便

**注釈**
comment

SNS（Social Networking Service）は，すでにお馴染みのことでしょうが，**SMS**は Short Message Service の略語で，スマートフォンでの短いテキスト（文章）をやり取りするコミュニケーションのことです。**チャット**は英語の chat で，"雑談"を意味します。インターネット上で複数の人たちがリアルタイムで文字入力をすることにより"おしゃべり"のコミュニケーションをとることです。

　**同期**（synchronous）とは，同じ時間を共有すること，つまり**リアルタイム**（real time，**即時／同時**）に応答し合える状態にあることを言います。それに対して**非同期**（asynchronous）のほうは，コミュニケーションの参加者が自分の都合で時間の調整ができて応答することができる，つまり**フリータイム**（free time）である状態のことです。

　同期型では，相手からすぐに反応が得られるという利点がありますが，状況によっては十分に対応することができないこともありえます。一方，非同期型では，対応の自由性はありますが，緊急性のある用事に遅れてしまうリスクもありますね。それぞれを，その場の状況に合わせて選択したり，両方を組み合わせたりして，賢く有効に活用することにしましょう。

　なお，**時間**（time）とは何でしょうか？　少々かたぐるしい表現をすれば，過去 - 現在 - 未来と，絶え間なく流れていく物理量と言えます。それは，けっして止まることがない，というのが特徴ですね。「光陰矢の如し」という諺があるとおり，すぎさってしまった過去を思うと，その実感がひしひしと湧いてきます。

　また，「時は金なり（Time is money）」は，やはりよく知られた，時間の尊さ・貴重さを訴えかけている格言ですが，それは **Benjamin Franklin**（べんじゃみん・ふらんくりん；米国の政治家・物理学者，1706-1790）が発したものだそうです（オンライン辞典『ウィキペディア』，2023年10月，より）。これからも，時間を有効に，上手に，大切に使うことにしていきましょう。

**メモ**
memorandum

..................................................................
..................................................................
..................................................................
..................................................................
..................................................................
..................................................................
..................................................................
..................................................................
..................................................................
..................................................................
..................................................................

**答**
answer

**(1)**（c）遠隔会議　　（d）会合　　（e）会話　　（f）チャット　　（i）電話
　　（j）ビデオ通話／テレビ電話
**(2)**（a）SMS　　（b）SNS　　（g）電子掲示板　　（h）電子メール　　（k）郵便

**問題**
problem

以下に示す（**1**）～（**4**）の文章は，各種のコミュニケーションにおける発信者と受信者の人数としての関係について述べたものです。それぞれの内容に適合するものを，下の（**a**）～（**l**）から選びなさい。ただし，複数解答も許します。

（**1**） 1対1（個別形式）：発信者も受信者も一人である場合のコミュニケーション。

$$\left[ \phantom{xxxxxxxxxxxxxxxxxxxxxxxxxxxxxxxxxxxxxxxxxxx} \right]$$

（**2**） 1対多（アナウンス形式）：一人の発信者に対して，受信者が複数人いるコミュニケーション。

$$\left[ \phantom{xxxxxxxxxxxxxxxxxxxxxxxxxxxxxxxxxxxxxxxxxxx} \right]$$

（**3**） 多対1（逆アナウンス形式）：一人の受信者が複数の発信者に対応するコミュニケーション。

$$\left[ \phantom{xxxxxxxxxxxxxxxxxxxxxxxxxxxxxxxxxxxxxxxxxxx} \right]$$

（**4**） 多対多（会議形式）：発信者と受信者が共に複数の場合のコミュニケーション。

$$\left[ \phantom{xxxxxxxxxxxxxxxxxxxxxxxxxxxxxxxxxxxxxxxxxxx} \right]$$

---

（**a**）インタビュー　（**b**）演説　（**c**）遠隔会議　（**d**）会見　（**e**）講演
（**f**）対話　（**g**）対談　（**h**）ディベイト　（**i**）討論　（**j**）プレゼンテーション
（**k**）弁論　（**l**）面接

演説・講演・プレゼンテーション・弁論は，基本的には1対多（アナウンス形式）のコミュニケーションですが，その途中や後半で，聴衆から質問やコメントが出されることもあります。その質疑応答のときには，いずれも向きが逆になって，多対1（逆アナウンス形式）のコミュニケーションに変わりますね。

また，この**問題**の**（1）【答】**のとおり，「対談」は二人が向かい合って話や相談をすることですが，三人で話す場合は「鼎談」と言います。さらには，もっと大勢の人数で話をすることを「会談」とか「懇談」とも言います。

なお，議論（discussion）は，あるテーマに対する複数の参加者間での（比較的冷静な）意見交換のことで，より良い結果を見出すためのプロセスですが，討論（argument／debate／discussion）のほうは，あるテーマについて意見を出し合って主張し合うことを言います。「討」という文字は"戦って倒す"という意味合いですので，両者の違いがお判りでしょう。また，カタカナ書きにしたときのディベイト（debate）は「討論」と同義ともされますが，狭義には，二つのグループに分かれて，あるテーマについての主張をぶつけ合うことで，それぞれの説得力の優劣／勝敗を競う"ゲーム形式の討論"を指す場合があります。

本問題で見たとおり，コミュニケーションにはいろいろな形態がありますが，その本質は，何か重要な／貴重な情報を伝え合うために「心」を共有すること，と言えると思います。

．．．．．．．．．．．．．．．．．．．．．．．．．．．．．．．．．．．．．．．．．．．．．．．．．．．．．．．．．．．．．．．．．．．．．．．．．．．．．．．．．．．．．．．

．．．．．．．．．．．．．．．．．．．．．．．．．．．．．．．．．．．．．．．．．．．．．．．．．．．．．．．．．．．．．．．．．．．．．．．．．．．．．．．．．．．．．．．

．．．．．．．．．．．．．．．．．．．．．．．．．．．．．．．．．．．．．．．．．．．．．．．．．．．．．．．．．．．．．．．．．．．．．．．．．．．．．．．．．．．．．．．

．．．．．．．．．．．．．．．．．．．．．．．．．．．．．．．．．．．．．．．．．．．．．．．．．．．．．．．．．．．．．．．．．．．．．．．．．．．．．．．．．．．．．．．

**（1）**（a）インタビュー　（f）対話　（g）対談
**（2）**（a）インタビュー　（b）演説　（e）講演　（j）プレゼンテーション　（k）弁論
**（3）**（d）会見　（l）面接
**（4）**（c）遠隔会議　（h）ディベイト　（i）討論

以下に示す（1）～（5）の文章は，各種のコミュニケーションの目的を述べたものです。それぞれの内容に適合する伝達のためのメディアを，下の（a）～（j）から選びなさい。ただし，複数解答も許します。

（1）ある状況やニュース，知識などの情報を蓄積・記録して伝達（発信）する。

[                                                    ]

（2）地理的に離れた人同士で交信する。

[                                                    ]

（3）離れた場所にいる複数の人たちが情報を共有する。

[                                                    ]

（4）個人が特定あるいは不特定の人に情報発信する。

[                                                    ]

（5）時と場所を問わずに，人との交信や情報検索を行う。

[                                                    ]

（a）新聞　　（b）雑誌　　（c）書籍　　（d）スマートフォン　　（e）タブレット端末
（f）テレビ　　（g）電話　　（h）パーソナルコンピュータ　　（i）郵便　　（j）ラジオ

この**問題**の【答】のとおり，みなさんは，さまざまなコミュニケーションの形態にスマートフォン（スマホ），タブレット端末，パーソナルコンピュータ（パソコン／PC）といった情報機器が活用されていることを改めて認識されたことでしょう。

また，スマートフォンやタブレット端末などのモバイル系端末では，写真や動画も，専用の一眼レフカメラやビデオカメラに勝るとも劣らない画質で鮮明に撮ることができますので，その**多機能**（multi-functional）ぶりには驚きさえ覚えます。私たちの日常生活の範囲では，**万能**（almighty／all-purpose／universal）マシンと言ってよいと思います。これらによってSNSを利用して，郷里の実家との「リモート団らん」を楽しんでいるご家族も多いことでしょう。

ちなみに，「伝達する」とは，命令や指令，特別な意思などの重要で貴重な情報を，それらを必要としている，もしくは待ち受けている相手に伝えることと言えますが，それに対応する英語としてはcommunicate, transmit, deliverなどがあげられます。

そのうち，communicateは，本章を通じて見ているとおり，情報交換としてのコミュニケーションに通じますので，ここでは的確でしょう。一方，transmitは，自動車（クルマ）の変速装置「トランスミッション」をイメージする人が少なくないと思われます。これは，どちらかと言うと，伝達する"モノ"を意味してしまうのではないでしょうか？　また，deliverのほうは，お馴染みの食品宅配便の「デリバリー」を思い浮かべる人が多いのではないでしょうか？（それは，昔は「出前」と言われていました。）

メモ
memorandum

............................................................................................
............................................................................................
............................................................................................
............................................................................................
............................................................................................
............................................................................................
............................................................................................
............................................................................................
............................................................................................
............................................................................................
............................................................................................
............................................................................................

答
answer

**(1)**（a）新聞　　（b）雑誌　　（c）書籍　　（d）スマートフォン　　（e）タブレット端末　　（f）テレビ　　（h）パーソナルコンピュータ　　（i）郵便　　（j）ラジオ

**(2)**（d）スマートフォン　　（e）タブレット端末　　（g）電話

**(3)**（a）新聞　　（b）雑誌　　（c）書籍　　（d）スマートフォン　　（e）タブレット端末　　（f）テレビ　　（h）パーソナルコンピュータ　　（j）ラジオ

**(4)**（d）スマートフォン　　（e）タブレット端末　　（h）パーソナルコンピュータ

**(5)**（d）スマートフォン　　（e）タブレット端末　　（h）パーソナルコンピュータ

**問題**
problem

以下に示す（1）～（6）の文章は，コミュニケーションの際に用いる各種の表現メディアについて述べたものです。それぞれの内容に適合するものを，下の（a）～（f）から選びなさい。

（1） 送・受信者が共通に理解し合えている言語によって情報を伝えるときに用いるメディア。
　　　[　　　　　　　　　　　　　　　]

（2） 共通の言語理解は問わずに，当該の情報を直接的に伝えるときに用いるメディア。
　　　[　　　　　　　　　　　　　　　]

（3） データの数量的な関係性を視覚的に表示するときに用いるメディア。
　　　[　　　　　　　　　　　　　　　]

（4） 人や動物，楽器，機器，自然現象などが発する情報を直接伝えるメディア。
　　　[　　　　　　　　　　　　　　　]

（5） 発信者の感情を受信者へ簡潔・直接に伝えるときに用いるメディア。
　　　[　　　　　　　　　　　　　　　]

（6） 演劇やスポーツなど，動きのある情報を伝達するメディア。
　　　[　　　　　　　　　　　　　　　]

（a）絵文字　　（b）音声　　（c）写真・画像　　（d）図表　　（e）動画
（f）文章／テキスト

前章の【問題8　メディアの特性】で見たとおり，メディアには，情報を「表現」するための“もの”，それらの情報を「記録」して収納・保存するための“モノ”，そしてそれらの情報を「伝達」するための“手段”や“道具”があります。

本問題は，これらのうちの**表現**（expression / representation / description）に関するものの**種別**（category / classification）を確認するためのものです。

なお，電子メールやSNSなどのインターネットを通じたコミュニケーションでは，心の通じ合いのために相手の目・顔・表情を見る，というコミュニケーション上の重要なポイントが欠けています。そのため，この欠点を補う目的で，**絵文字**（pictogram / pictograph）や**顔文字**（face mark / emotion / smiley），**スタンプ**（stamp / sticker），**ビデオ電話**（video call）などが活用されている，と考えられるでしょう。

表現をするという能力は，人間が持ちうるいろいろな能力の中でも，社会生活上でとくに重要なものです。上手に表現をすることによって，相手に自分の考えや感情を正確・精確に理解してもらうことができ，それによって相互の信頼感・安心感が醸成されることになります。

さらには，文学や絵画・音楽などの芸術，そして学術でも，本質的な“何か”を的確に表現することで，人々に感動を与え，また真実に迫ることを可能にさせてくれます。

本問題で見たとおり，現代では多彩な表現メディアを利用することができますので，それらを適切に活用して，有効で意義のあるコミュニケーションを取ることに努力しましょう。

ちなみに，著作権は，作者（著作者）の思想・感情を創作的に“表現”されたものに対して与えられる権利でしたね。

........................................................................

........................................................................

........................................................................

**（1）**（ f ）文章／テキスト
**（2）**（ c ）写真・画像
**（3）**（ d ）図表
**（4）**（ b ）音声
**（5）**（ a ）絵文字
**（6）**（ e ）動画

**問題** problem

以下に示す（1）〜（8）の文章は，インターネットを利用していろいろなコミュニケーションを行う各種のシステム／ツールについて説明しています。それぞれの文章の内容に適合するものを，下の（a）〜（h）から選びなさい。

（1） 文章（メッセージ）をやり取りするもので，それに文書や図表，画像などを添付ファイルとして一緒に送受信することができるシステム。

[　　　　　]

（2） 不特定多数の利用者に向けて，さまざまな情報を公開・提供して閲覧できるようにしたシステム。

[　　　　　]

（3） サービス希望者がアカウントの登録をして文章・画像・音声・動画などをアップし，他の登録者がそれらを閲覧して，相互にやり取りを行う交流システム。

[　　　　　]

（4） 発信者がWebページに社会的な事象への意見や論評などをアップし，それを閲覧者がコメント投稿するといった，何らかの一連の内容を時系列で記録していくシステム。

[　　　　　]

（5） 不特定多数の利用者がメッセージや記事などを投稿したり，書き込んだり，閲覧したりするシステム。

[　　　　　]

（6） 複数の利用者がリアルタイムでメッセージを送受信して"会話"するシステム。

[　　　　　]

（7） スマートフォンなどの電話番号やメールアドレスを用いて，基本的に短いメッセージをやり取りするシステム。

[　　　　　]

（8） 送・受信者がお互いの動画をリアルタイムで見合いながら会話するシステム／ツール。

[　　　　　]

---

（a）SNS　　（b）Web（World Wide Web: WWW）　　（c）電子掲示板（BBS）
（d）電子メール　　（e）チャット　　（f）ビデオ通話／テレビ電話　　（g）ブログ（blog）
（h）メッセージ（SMS/MMS）

**注釈** comment

BBS（Bulletin Board System）は電子掲示板とも呼ばれ，インターネット上で自由にメッセージを書き込んで意見交換をするシステムです。

SMSとMMSはよく似たシステムです：SMS（Short Message Service）ではいろいろな電話会社での電話番号で送受信できますが，MMS（Multimedia Messaging Service）のほうはSMSの拡張版と言えるもので，同一の電話会社での電話番号あるいはメールアドレス（ファイル添付が可能）に限っての送受信をすることができます。

本章の【問題1】の【注釈】で確認したとおり，コミュニケーションは社会生活を営むうえでの基本的で最も大事な活動です。本問題を通して，現代では，その手段としてインターネットがいかに重要な役割を担っているかに，お気づきのことと思います。

なお，みなさんは「ホー-レン-ソー」という言葉をご存じでしょうか？ 野菜の「ほうれん草」ですと，私はかつてのアメリカのアニメ『ポパイ（Popeye）』を思い出します。セーラー服姿でパイプをくわえた主人公のポパイが，敵役のブルートとの絡みで恋人のオリーブが窮地に立たされたときに，ほうれん草の缶詰を開けて一気にそれを食べると筋肉モリモリの超人となって彼女を助ける──というお決まりのパターンのテレビドラマでした。いまでも，ほうれん草が食卓に載ると，ポパイとオリーブの顔が浮かんできて，楽しい気分になります。

一方，ここでのホー-レン-ソーは，組織におけるコミュニケーションのポイントのことなのです：「ホー」は "報告" で，組織の縦方向の命令／指令に対する回答のコミュニケーション；「レン」は "連絡" で，横につながっている関係者間で状況や考えを共有するためのコミュニケーション；「ソー」は "相談" で，縦・横の両方向で協議することで解決策を求めていくコミュニケーションのことを指します。この，現代の情報（化）社会での「報-連-相」のコミュニケーションにとって大事な要件については，次の問題で詳しく見ることにしましょう。

**メモ** memorandum

........................................................
........................................................
........................................................
........................................................
........................................................
........................................................
........................................................
........................................................
........................................................

**答** answer

**(1)**（d）電子メール
**(2)**（b）Web（World Wide Web: WWW）
**(3)**（a）SNS
**(4)**（g）ブログ（blog）
**(5)**（c）電子掲示板（BBS）
**(6)**（e）チャット
**(7)**（h）メッセージ（SMS / MMS）
**(8)**（f）ビデオ通話／テレビ電話

**問題**
problem

以下に示す（1）～（10）の文章は，インターネットを利用する各種のコミュニケーションシステム／ツールの特性を説明しています。それぞれの文章の内容に適合する性質名を，下の（a）～（j）から選びなさい。また，それぞれのシステム名を書き添えなさい（複数，重複回答可）。

（1）伝えたい情報を速やかに伝達することができる。
　　　性質名 [　　　]　　システム名 [　　　　　　　　　　　　　　　　　　　　]

（2）情報を発信するタイミングと受信するタイミングとがほとんど同じ。
　　　性質名 [　　　]　　システム名 [　　　　　　　　　　　　　　　　　　　　]

（3）情報が発信された後に受信するタイミングが遅れる可能性がある。
　　　性質名 [　　　]　　システム名 [　　　　　　　　　　　　　　　　　　　　]

（4）地域を限定せず，世界のどこからも送受信できる。
　　　性質名 [　　　]　　システム名 [　　　　　　　　　　　　　　　　　　　　]

（5）同じ情報を同時に多数の人に送信することができる。
　　　性質名 [　　　]　　システム名 [　　　　　　　　　　　　　　　　　　　　]

（6）個人を特定する名前や所属，国籍などを隠したり，別名に変えることができる。
　　　性質名 [　　　]　　システム名 [　　　　　　　　　　　　　　　　　　　　]

（7）発信者自身と発信内容の情報を，あえて表に出す。
　　　性質名 [　　　]　　システム名 [　　　　　　　　　　　　　　　　　　　　]

（8）発信された情報は，瞬時に多方面へ流れる。
　　　性質名 [　　　]　　システム名 [　　　　　　　　　　　　　　　　　　　　]

（9）情報発信の前に内容の検討がなされないまま発信される可能性，さらには意図的に事実に反する情報が発信される場合がある。
　　　性質名 [　　　]　　システム名 [　　　　　　　　　　　　　　　　　　　　]

（10）発信され公開された情報は，どこかに残って留まり，完全には消去されない。
　　　性質名 [　　　]　　システム名 [　　　　　　　　　　　　　　　　　　　　]

---

（a）拡散性　　（b）記録性・蓄積性　　（c）実名性　　（d）信頼性・信憑性　　（e）速報性
（f）同期性　　（g）同報性　　（h）匿名性　　（i）非地域性　　（j）非同期性

---

**メモ**
memorandum

インターネットを介するコミュニケーションの特性で，まず第一に挙げたいのがスピードの**速報性**（promptness）です。地球上のどこへでも，時間の**ずれ**である**タイムラグ**（time lag）がほとんどなく，ほぼ瞬時に送信先へ伝達することができます。また**非地域**（almost everywhere／non-area／world-wide）**性**も素晴らしいですね。地方の過疎化問題や国境などの壁もありません。また，モバイル機器を用いれば，移動中での交信も可能です。

しかし，前章で何度も見てきたとおり，情報技術には"光"と"影"の両面があり，さらに，それらの特性にも同様に，"陽"あるいは**メリット**（merit）と，"陰"あるいは**デメリット**（demerit）があります。

本問題で見た**同期性**（synchronous property）とは，送・受信者がリアルタイムで時間を共有してコミュニケーションを図ることができる性質です。受信者が直ちに対応できる状況にあればよいのですが，難しい場合もありますね。一方，**非同期性**（asynchronous property）のほうは，送信者からの情報はほぼリアルタイムで届いてはいますが，それをいつ受信して確認するかは受信者の都合に依存する性質です。したがって，その自由性の反面，緊急を要する用事であっても，対応が遅れてしまうリスクがあります。

**同報性**（broadcastability）は，一斉に同じ情報を多数の受信者へ送信できる便利な性質ですが，こちらも，その情報に誤りがあったとしても多くの人へそのまま流れてしまい，困ってしまう場合もあるでしょう。また，ある受信者にとって必要としてはいない（迷惑）情報が届けられたりするリスクもあります。有名なお肉の缶詰"SPAM"に由来する**スパムメール**（spam mail）が典型ですね。
**匿名性**（anonymity）は，発信者の個人情報が保護されて自由で鋭い情報発信ができるというメリットがありますが，発信情報に責任を持たずに勝手な内容を送信して問題となる場合もありえます。
**実名性**（autonymity）では，親密な交流が図れる反面，一転して炎上（フレーム）されたり，中傷・誹謗・差別・デマの流布・拡散などにあうリスクを伴います。また，個人の強引な宣伝などに用いられる可能性もあります。
**拡散性**（diffusibility／diffusivity）では，同報性に伴って，間違った情報や虚偽情報であっても一気に拡がってしまうリスクがあります。
**信頼性**（authenticity／dependability／reliability）は，発信された情報の内容の正確性は，主には意図せずに問題がありうることを指し，**信憑性**（credibility）のほうは，意図的に間違いを含んだ情報が発信される可能性があることです。
**記録性**（archives property）とは，インターネット上でなされた交信は必ず記録が残ることで，それは法的な証拠としても用いることができる一方，完全には消去できないために問題を引き起こす可能性もあります。**蓄積性**（accumulative property）は，何らかのメディアに保存できて貯め込むことができることで，その情報はいつでも利用できるのですが，悪用される可能性もあります。

以上のように，インターネット上でのコミュニケーションは大変便利ではありますが，つねに**用心深さ**（be very careful）を忘れずにいることが不可欠なのです。

**（1）**（e）速報性：電子メール，SNS，電子掲示板（BBS），ブログ（blog），メッセージ（SMS／MMS），モバイル機器での電話，ビデオ通話／テレビ電話
**（2）**（f）同期性：モバイル機器での電話，ビデオ通話／テレビ電話，チャット
**（3）**（j）非同期性：電子メール，SNS，電子掲示板（BBS），ブログ（blog），メッセージ（SMS／MMS）
**（4）**（i）非地域性：電子メール，SNS，電子掲示板（BBS），ブログ（blog），メッセージ（SMS／MMS），モバイル機器での電話，ビデオ通話／テレビ電話
**（5）**（g）同報性：電子メール，SNS，電子掲示板（BBS），ブログ（blog）
**（6）**（h）匿名性：SNS，電子掲示板（BBS）
**（7）**（c）実名性：電子メール，SNS，電子掲示板（BBS），ブログ（blog），メッセージ（SMS／MMS），モバイル機器での電話，ビデオ通話／テレビ電話
**（8）**（a）拡散性：電子メール，SNS，電子掲示板（BBS），ブログ（blog）
**（9）**（d）信頼性・信憑性：電子メール，SNS，電子掲示板（BBS），ブログ（blog），メッセージ（SMS／MMS）
**（10）**（b）記録性・蓄積性：電子メール，SNS，電子掲示板（BBS），ブログ（blog），メッセージ（SMS／MMS）

# 11 デジタルとアナログ

**問題**
problem

以下に示す（1）～（4）の一連の文章は，デジタルとアナログについて説明しています。文中の角括弧の中に入る適切な言葉を下の（a）～（f）の中から選びなさい。

（1） ものの個数やイベントの回数など，ある区切りや段階の数あるいは値を表して測定の対象となるものを［　　　］または［　　　］と言う。

（2） それは，現代のコンピュータで情報を扱うための表現形式であり，これを［　　　］と言う。

（3） 一方，切れ目がなくて繋がって変化するものを［　　　］と言い，また［　　　］とも呼ばれる。

（4） その表現形式を［　　　］と言い，かつてはこの形式によるコンピュータも存在した。

---

（a）アナログ　　（b）アナログ量　　（c）デジタル　　（d）デジタル量　　（e）離散量
（f）連続量

第2章

注釈
comment

アナログ（analog）の語源は，オンライン辞典『語源英和辞典』（2023年，6月）によると，ラテン語の*analogia*（類似性／比例）で，英語の**analogy**（アナロジー／類推／相似／比喩）も同様です。さらに，この元となる古代ギリシャ語の *αναλογια*（比例）に，その由来があります。

　アナログのデータは明確な数値が与えられにくいので，正確性に欠け，複製しにくいというところがデメリットです。しかし，アナログの連続（continuous）性には，変動する微妙な状況までも表現できるというメリットがあります。いまでも，CDではなく，アナログレコードのほうが音に深みを感じるという愛好者がたくさんいる，という事実がそれを物語っていますね。また，時計で比較しても，長針・短針・秒針で時刻を教えてくれるアナログ時計のほうが時間経過の感覚がつかみやすい，とも言えます。数学の視点では，アナログ量（連続量）は実数（real number）で表現できますので，どこまでも細微に表すことができます。この性質を利用して考案されたのがアナログコンピュータ（analog computer）でした。しかし，その製作には厳しい現実的な制約があり，研究開発は事実上，途絶えています。

　一方，オンライン辞典『語源由来辞典』（2023年，6月）によれば，デジタル（digital）の語源はやはりラテン語の*digitus*（指）で，"指で数える" に由来します。やや学術的ですが，「計数」という言葉が充てられることもあります。また，数学の視点では，デジタル量（離散（discrete）量）は整数（integer）で表すことができます。ですので，"とびとび" になり，滑らかさに欠けます。

　しかし，この「デジタル」には大変なメリットがあります。現代のコンピュータはデジタル方式がほとんどですが，そのポイントは，2進数（binary／dyadic numbers，0と1）にあります。じつは，デジタルという言葉が2進数と同義になっているのです：スイッチのon／off，門（ゲート）の閉・開，コインやカードの表・裏など，二つで安定状態（曖昧のない，どちらかがはっきりする状態）を表すものがたくさんあり，それは数学で言う2進法（binary system：2進数の0と1，この二つの組合せ（基／底（き／てい，base））によってさまざまな数を表現する体系）を用いることで数値処理をすることができます。コンピュータによるデータ伝送では，正確性・効率性・耐劣化性・再現性などが求められますので，二つだけで表現するというこの単純（simple）性が，ノイズなどの心配がなく，それらの特性を実現するのに最適であるために，デジタルコンピュータが主流となっているのです。なお，ここでは「2進法」「2進数」としましたが，ときには「二進法」「二進数」と表記されている場合もありますので，注意してください。

　また，JIS（日本産業規格）では「デジタル」でなく「ディジタル」と表記されていて，とくに学術の世界ではこの表記が多く見られますので，こちらにも注意してください。

メモ
memorandum

........................................................................................
........................................................................................
........................................................................................
........................................................................................
........................................................................................

答
answer

**(1)**（d）デジタル量　　（e）離散量［交換可］
**(2)**（c）デジタル
**(3)**（b）アナログ量　　（f）連続量［交換可］
**(4)**（a）アナログ

**問題**
problem

同じ使用目的を持った製品で，アナログとデジタルのものをペアで五つ以上あげなさい。

前問の【注釈】ですでに確認しましたが，アナログとデジタルには，それぞれにメリットとデメリットがあります。ですので，単純に良し悪しを言うことはできませんね。それぞれの生活様式に合ったものを適宜に選択してゆけばよいでしょう。

　しかし，情報（化）社会では，やはりデジタルの恩恵に浴することが断然多いと思います。ただ，このデジタル化によって，いろいろなモノの仕組みや扱い方が大きく変わってきているために，それについていけない人や苦手な人が出てくることは否めません。そのような人たちを「アナログ人間」などと呼んで旧世代の古いタイプの人，として軽視してしまう向きがあります。これは，とんでもない間違いです。新しいものになかなかついていけない人が出てくるのはデジタルに限ったことではありません。みなさんの周りにそういった人がいましたら，ぜひとも友愛を持ってサポートしてあげてください。また，デジタル人間を自認している人は，アナログの持つ繊細さや温かさにも心を寄せて，人生をより豊かなものにしていただきたいと思います。

　つぎの問題で，デジタルだと何が良いのか——デジタル表現の特性について整理することにしましょう。

　なお，本問題で検討した「アナログ」と「デジタル」のような対語（ついご／たいご，antonym）あるいは対義語（たいぎご，opposite word）とは，意味するところが対照的になっている言葉，あるいは反対の意味となる言葉が二つそろって一組（対，ペア）になっているもののことです。

　情報の分野でも，対を成す用語を知ることで，その本質を直感的に理解することができることでしょう。**第4章の【問題4　情報通信ネットワーク，情報セキュリティ，およびデータに関する用語の対義語】**で，情報関連の具体的な対義語の例について勉強して身に着けることにします。

**昔のアナログ電話**
音声を電流の強弱に変換して送受信（糸電話の原理と同じで、遠くなると音質が劣化しやすい）

**今のデジタル電話**
音声をデジタル信号（データ）に変換して送受信（遠隔でも音質が劣化せず、盗聴もされにくい）

レコードとCD，水銀体温計と電子体温計，針式時計とデジタルウォッチ，そろばんと電卓，計算尺と関数電卓，紙と電子ペーパー，本と電子書籍，百科辞典と検索エンジン／ネット辞典，紙芝居とテレビ画像，フィルムカメラとデジカメ，箒（ほうき）＆ちり取りとロボット掃除機，ピアノと電子ピアノ，*etc.*

**問題**
problem

以下に示す（1）～（7）の文章は，情報をデジタル化したときの特徴・特質について述べたものです。それぞれの内容に適合する特性を，下の（a）～（g）から選びなさい。

（1） デジタル化により，コンピュータでさまざまな情報の処理が可能となる。
[          ]

（2） デジタル化により，情報をコンピュータでより扱いやすくして価値を高めることが可能となる。
[          ]

（3） デジタル化により，文字・数字・音声・画像などを組み合わせて処理することができる。
[          ]

（4） デジタル化により，ある情報とまったく同一のコピーを大量に作成することができる。
[          ]

（5） デジタル化により，情報をさまざまなメディアに記録し，収納しておくことができる。
[          ]

（6） デジタル化により，コンピュータとインターネットによって，情報をどこへでも送信することが可能となる。
[          ]

（7） デジタル化により，情報の伝送や複製時での劣化防止や変形などに対しても強くなる。
[          ]

---

（a）加工性　　（b）記録性　　（c）頑健性　　（d）処理性　　（e）伝達性
（f）統合性　　（g）複製性

本問題で見たとおり，情報をデジタル化すると，コンピュータおよびインターネットと連携することにより，大変な威力を発揮します。ですので，アナログデータをデジタルデータに変換することがよく行われます。

　みなさんの中には，ご家族で撮った貴重な古いビデオテープをDVDにダビングしたり，お気に入りの昔のレコードをCDに保存し直した経験がある人がいることでしょう。また，気温や体温，血圧，電圧などを専用の計器で測定して，数値で見たことがあることでしょう。

　これらは共に，アナログの信号／データをデジタルの信号／データに変換しているのです。このことを専門用語で**A/D変換**（Analog to Digital conversion）と言います（逆の，デジタルからアナログへの変換をD/A変換と言います）。このA/D変換によって情報をデジタル化して，その利便性，有用性を格段に高めているのです。

　また，デジタル化は**DX**（**デジタルトランスフォーメーション**：データサイエンスに基づくビッグデータやAI（人工知能）を利用して，従来のビジネス形態を変革したり，新たなビジネスを創出することを目指して，いろいろな組織や文化を改革していく国家規模の取組み）の要となるプロセスです。「デジタル化」の意義を正しく理解して，世の中に取り入れていきましょう。

　なお，このデジタル化のことを**デジタイゼーション**（digitization）とも言います。そして，デジタイゼーションによるデジタル情報をコンピュータで処理することにより，製品の品質を高めたり，業務上のプロセスを効率化することを**デジタライゼーション**（digitalization）と呼んでいます。

**(1)**（d）処理性
**(2)**（a）加工性
**(3)**（f）統合性
**(4)**（g）複製性
**(5)**（b）記録性
**(6)**（e）伝達性
**(7)**（c）頑健性

**問題**
problem

以下に示す（1）～（5）の一連の文章は，2進法と10進法に関することを述べています。それぞれの角括弧の中に適合する言葉を，下の（a）～（f）から選びなさい。

**（1）** 数をいくつか（*n*）にまとめて数える方法を ［　　　］ と言う。

**（2）** そのまとめていく単位を ［　　　］ あるいは ［　　　］ と言う。

**（3）** 私たちが日常で使っているのは ［　　　］ である。

**（4）** 一方，現代のコンピュータの内部で用いられているのは ［　　　］ である。

**（5）** その理由は，二つの電気的信号ですべての数値を処理することができるという ［　　　］ にあり，それにより高い信頼性・効率性・経済性が得られるからである。

---

**（a）** *n* 進法　　**（b）** 基　　**（c）** 10進法　　**（d）** 単純性　　**（e）** 底　　**（f）** 2進法

たしかに，**【問題11　デジタルとアナログ】**の**【注釈】**で確認したとおり，スイッチのon / off，門（ゲート）の閉・開，コインやカードの表・裏などのほかにも，白・黒，紅・白，陰・陽，光・影，上・下，左・右，南・北，東・西などなど，私たちの身の回りには二つを対照して事象を単純にとらえる多くのものがあることに気づきます。

　ただ，**2進法**（binary numeral system）は単純であるがために，直感的に分かりにくい，**10進法**（decimal system）に比べると桁数が非常に多くなる，一般の人には馴染みがない——といった弱点もありますね。それらは致し方ありませんので，利点のほうに目を向けて，デジタルワールドを享受することにしましょう。

　ちなみに，この2進法で表したときの2進数の"桁数が多い"という弱点を補うために，コンピュータ内部では**16進法**（hexadecimal）を用いることがあります。これは，16を底として，その**ベキ**（冪／巾，power：ある数（底／基）を，そこに付された指数の分だけ掛け算をする数学上の操作）を基準にしていろいろな数を表現する記数法です。具体的には，2進数を右（下）から4桁ずつ区切っていき，その4桁の数それぞれに16種類の数を当てていきます。つまり，2進法の4桁が16進法では1桁となる，ということです：10進法での0から16は，16進法では0〜9までは同じですが，10から15まではそれぞれ，A,B,C,D,E,Fに替えて，16には，1桁繰り上がって10とします。比較すると，2進法での1000（10進法では8）は16進法では8で，1100（10進法では12）はCとなり，10000は（10進法では16）10となります。このように，ずいぶん桁数が節約できますね。関数電卓か，あるいはパソコンが使えるのなら「電卓」-「関数電卓」機能を用いると2進数・16進数・10進数の相互変換が容易にできますので，試してみてください。

　なお，"Simple is best：単純明解が最良である"として，コンピュータには2進法を用いたデジタル方式が最適である——2進法が，電気信号とさまざまな二面性の事象とすこぶる相性が良い——ということに最初に気づいたのはアメリカの数学者・電子工学者**Claude E. Shannon**（くろーど・しゃのん，1916-2001）だそうです（『カッツ 数学の歴史』（共立出版，2005年），p.947「シャノンとスイッチ回路の代数」より）。そして，情報量の基本単位として**ビット**（bit）を初めて使用した人物です。したがって彼は，**Alan M. Turing**（あらん・ちゅーりんぐ）と**John von Neumann**（じょん・ふぉん・のいまん）と並んで，理論上のデジタルコンピュータ生みの親の一人，と言えるでしょう（第1章の章末コラム「コンピュータ 小史」参照）。

........................................................................

........................................................................

........................................................................

........................................................................

........................................................................

........................................................................

**（1）**（a）$n$進法
**（2）**（e）底　　（b）基　［逆順可］
**（3）**（c）10進法
**（4）**（f）2進法
**（5）**（d）単純性

# 15 ビットとバイト

以下に示す（1）～（7）の一連の文章は，コンピュータの内部で処理される情報のデータ量の表現方法に関することを述べています。それぞれの角括弧の中に該当する言葉を，下の（a）～（g）から選びなさい。

（1）　[　　　]方式のコンピュータでは，電流のon/offや電圧の高・低を2進法によって1と0に対応させている。

（2）　2進法での1と0だけの組合せで表記したものを[　　　]と言う。

（3）　そして，2進法での1桁（1か0）を1[　　　]と言う。

（4）　それは，コンピュータで扱われる情報のデータ量の[　　　]である。

（5）　したがって，コンピュータの情報量は数式で[　　　]で表すことができる。

（6）　通常，情報のデータ量を表すのには，それを八つひとまとめにした[　　　]を用いることが多い。

（7）　記憶容量などでさらに大きな情報のデータ量を表すときには，[　　　]を単位の前に付ける表記法を用いる。

---

（a）最小単位　　（b）接頭語／辞　　（c）デジタル　　（d）2進数　　（e）2のベキ
（f）バイト（byte）　　（g）ビット（bit）

本問題の（5）で見たとおり，コンピュータでの情報の量（amount of information）は2のベキ（power, 乗）：一般的には$2^n$と書くことができます。したがって，1ビットの情報量は$2^1 = 2$（通り），8ビット（＝1バイト）の情報量は$2^8 = 256$（通り），…となります。

　　また，（7）の接頭語／辞（prefix）に関して注意しなければならないのは，情報量は2のベキで表すわけですから，物理学などで用いるSI単位系のものとは少々異なっている，ということです：たとえば，SI（えすあい）単位系／国際単位系（International System of Units）では1キロ（k）を1000 ＝10の3乗としますが，情報量は2のベキですのでちょうど1000とはならずに，それに最も近い数である2の10乗＝1024がキロ（K）に充てられています。そのため，慣習的に情報量のキロには大文字のKが用いられていて，その呼び方も "けい" として区別することがあります。このほかによく使われるものにはメガ（M）＝2の20乗（KのK倍），ギガ（G）＝2の30乗（MのK倍），テラ（T）＝2の40乗（GのK倍）などがあります。

　　じつは，これらはSI単位規格とは別に，IEC（あいいーしー，International Electrotechnical Commission, 国際電気標準会議）の単位規格として正確に定められています。下の対応表をご覧ください。これらからお分かりのとおり，IEC接頭辞の名称はSI単位の接頭語に2進binaryを表す "bi（ビ）" を付けたもので，記号は各SI単位記号に "i" が付きます。これまで両者の誤差を重要視してこなかったためか，IECの表記はまだ一般に浸透しているとは言えません。しかし，情報の量を厳密に検討する場合には必要になることもありますので，注意してください。

　　なお，いまは休刊となっている『bit』（1969年3月号～2001年4月号，共立出版発行）と題したコンピュータサイエンスの月刊雑誌がありました（現在は，既刊分が電子版で復刻されています）。その編集方針は当初，アルゴリズム・コンピュータ言語・言語処理系・アプリケーションを総合的に扱う，というものでした。じつは，私は1981年9月から1993年6月まで，『bit』の編集に関わっていました。ですので，私が編集長に着任したときに，その編集方針にもう一つ「コンピュータネットワーク」を加えることにしたのです。その在任時期は幸運なことに，ちょうどインターネットが研究段階の時期から一般社会に普及していく草創期までに符合していて，まことにエキサイティングな日々を送っていたことが，とても懐かしく思い出されます。また，バイトについては，米国で*Byte*と題した『bit』に近い編集方針をとった雑誌が発行されていました。

| SI (10進) | k／K | M | G | T | P | E | Z | Y | R | Q |
|---|---|---|---|---|---|---|---|---|---|---|
| | キロ $10^3$ | メガ $10^6$ | ギガ $10^9$ | テラ $10^{12}$ | ペタ $10^{15}$ | エクサ $10^{18}$ | ゼタ $10^{21}$ | ヨタ $10^{24}$ | ロナ $10^{27}$ | クエタ $10^{30}$ |
| IEC (2進) | Ki | Mi | Gi | Ti | Pi | Ei | Zi | Yi | Ri | Qi |
| | キビ $2^{10}$ | メビ $2^{20}$ | ギビ $2^{30}$ | テビ $2^{40}$ | ペビ $2^{50}$ | エクスビ $2^{60}$ | ゼビ $2^{70}$ | ヨビ $2^{80}$ | ロビ $2^{90}$ | クエビ $2^{100}$ |

......................................................................
......................................................................
......................................................................

**(1)**（c）デジタル
**(2)**（d）2進数
**(3)**（g）ビット（bit）
**(4)**（a）最小単位
**(5)**（e）2のベキ
**(6)**（f）バイト（byte）
**(7)**（b）接頭語／辞

以下に示す **(1)** ～ **(3)** の一連の文章は，情報デザインと，その作成プロセスに関して述べています。それぞれの角括弧の中に適合する言葉を，下の **(a)** ～ **(h)** から選びなさい。

**(1)** 情報デザインとは，さまざまな情報の [　　] を創意・工夫して，受信者やユーザへ情報のより効果的な提供をしようと意図する考え方，およびその実現技術の総称である。

**(2)** 情報デザインには，主に次に示す三つの方法が考えられる：

（ⅰ）情報を特定の言語や音声によらずに，誰にも分かるように単純化して記号などに変換する [　　]。

（ⅱ）情報の要素間の関係性を論理的に整理して構成し，まぎれなく一義的に理解できるようにする [　　]。

（ⅲ）情報のデータを表やグラフ，図解などで視覚的に表現することで分かりやすくする [　　]。

**(3)** 情報デザインの基本的な作成プロセスは，以下のとおりである：

（ⅰ）デザイン対象の [　　]，

（ⅱ）ユーザ調査とその分析に基づく [　　]，

（ⅲ）成果物の [　　]，

（ⅳ）作品の [　　]。

---

**(a)** 改良・運用　　**(b)** 可視化　　**(c)** 決定　　**(d)** 検討・評価　　**(e)** 構造化
**(f)** 作成　　**(g)** 抽象化　　**(h)** 表現方法

---

........................................................................................................
........................................................................................................
........................................................................................................

**(1)**（h）表現方法
**(2)**（ⅰ）-（g）抽象化　　（ⅱ）-（e）構造化　　（ⅲ）-（b）可視化
**(3)**（ⅰ）-（c）決定　　（ⅱ）-（f）作成　　（ⅲ）-（d）検討・評価　　（ⅳ）-（a）改良・運用

抽象化（abstraction）は，伝えたい情報の核心を取り出して単純化し，強調することです。典型的な例としてはピクトグラム，鉄道路線図があります。構造化（structuring）は，伝えたい情報にストーリー性（storyline：話の筋（流れ）が論理的・構造的で，しっかりしていること）を持たせて展開することです。情報の順序性・分岐／選択性・階層性などを適宜に選んだり組み合わせたりして，論理的に整理することによって達成できます。また，可視化（visualization / imaging）は，"百聞は一見に如かず"ということで，伝えたい情報を目に見える形にすることです。

なお，情報デザインの基本的な作成プロセス：決定‐作成‐検討・評価‐改良・運用は，順番にPlan-Do-Check-Actに当てはまり，まさに第1章の【問題11　問題解決のプロセス】の【注釈】で見たPDCAサイクルに通じますね。

ここで，「作成」のプロセスでの準備として，ユーザ調査（user research）がとても重要です。その主な手法としては，①アンケート／質問紙調査（questionnaire），②インタビュー（interview），③観察（observation）があります。そして，これらの結果を用いて概念的なユーザを設定するのがペルソナ法（persona method）と呼ばれるデザイン手法です（"persona"は，元は心理学用語で，「仮面」「語り手」のこと）：情報デザインにおいて，開発にかかわる人たちが当該のペルソナを設定して共有し，ユーザの希望・要求内容に対して具体的なイメージを持ちながらデザイン作業に当たるものです。

また，デザインの重要なテクニックの一つに，メタファー（metaphor，比喩表現）があります。これは，ものごとを分かりやすく伝達するために，他のものとの共通点を借りて表現する手法です。

オンライン辞典『ウィキペディア』（2023年，6月）によると，デザイン（design）の語源はラテン語の*designare*で，"計画を記号に表す"という意味に由来するそうです。考えてみると，このデザインという言葉は大変広い分野で用いられていますね。それぞれの分野に適合する言葉として，「設計」「造形」「意匠」「図案」「模様」「構想」などが浮かんできます。これらを総合して表記できてしまうカタカナは，まことに便利なものです。

それに「情報」が付いて「情報デザイン」となると，"社会の環境に即して情報によって何かを加工する，あるいは情報そのものを加工することによって，利用価値を高める手法"，さらには"さまざまな問題解決のために，誰にも分かりやすいように表現するための情報技術"という意味合いが強くなるように感じます。いずれにしても，美観と共に機能・性能を高め，併せてストレスフリーを追求することは，あらゆる人間生活の質的向上に必要不可欠なものでしょう。

ちなみに，デザイン思考（design thinking）という言葉をご存じでしょうか？ Peter G. Rowe（ぴーたー・ろう）が出版した書籍*Design Thinking*（MIT Press, 1987）をはじめ，多くの関連書籍が話題になりましたので，どれかをお読みになった方もいることでしょう。これを端的に言えば，「デザインのプロセスにならって，ユーザのニーズやステークホルダー（(project) stakeholder，利害関係者）が抱えている問題の解決を論理的に図ること」ということになると思います。

デザインに徹底的にこだわった，かのSteve Jobs（すてぃーぶ・じょぶず，1955-2011；Apple社の創業者の一人：パソコンMacintosh（まっきんとっしゅ），iPod，iPhone，iPadなど，革新的で大胆なデザインの製品を続々と世に送り出し，コンピュータ技術に芸術文化の要素を融合させた）は，"デザインが成功のカギ!!"と語っていました。「デザイン」は深くて広い言葉ですね。まさに，21世紀は"デザインの時代"と言ってよいと思います。

**問題**
problem

以下に示す（1）～（4）の一連の文章は，文字をコンピュータで扱うための仕組みについて述べています。それぞれの角括弧の中に適合する言葉を，下の（a）～（d）から選びなさい。

（1）　コンピュータ内では，文字や記号類も0と1の組合せである［　　　　］によってデジタル表現されている。

（2）　文字や記号には，それぞれの識別番号（ビット列）が割り当てられており，その対応関係の規格体系を［　　　　］と言う。

（3）　それらの文字・記号の形を指定するデジタルデータを［　　　　］と言う。

（4）　また，その実際の形としてのデザインを［　　　　］と言う。

---

（a）書体　　（b）2進数　　（c）フォント　　（d）文字コード

---

第2章

コンピュータによるさまざまなコミュニケーションでは，まずは文字（character）が扱えなければなりません。そのために，もちろん各文字を2進数に対応させて処理するのですが，**本章の【問題14 2進法と10進法】**で見たとおり，ここで2進数の弱点が問題になります：世界にはいろいろな言語があり，また，そのそれぞれに多種多様な字種と記号類，それらに対応する書体など，それらの総数は膨大ですから，単純に2進数に置き換えて対応させるとあまりに冗長になって，大きな無駄が出てしまいます。

この問題を解決すべく考案されたものが文字コード（character code）：各文字類に比較的みじかい識別番号として2進数あるいは16進数のビット列を表形式で対応させたものです。

文字コードには各言語に対応したいろいろなものが存在していますが，同一の文字コードを使用していれば，ある文字の識別番号に準じてその文字が特定されます。しかし，通信上で互いの文字コードが異なっている場合には，いわゆる文字化け（garbled characters）が起きてしまうことがありますので，注意してください。

なお，本問題で確認したとおり，フォント（font）と書体（calligraphy / typeface）は，本来は区別されるべきものではありますが，実際には「書体」の意味で「フォント」が使われることも多いのです。

すでに述べたとおり，文字には"音"だけを示す表音文字と，"意味"を示す表意文字があります。世界には，これらのどちらかを主に使っている国／地域と，両方を使っている国／地域とがあります。

我が国で使われているものには，平仮名（ひらがな），片仮名（カタカナ），漢字，数字（算用数字（アラビア数字），漢数字，時計数字など），アルファベット，特殊な外国文字（ギリシャ文字，ドイツ文字，ロシア文字，ヘブライ文字など），それに各種の記号類があります。これらをコンピュータで処理（コード化）することで，それぞれに多様なフォント／書体が用意されています。

コンピュータで文字を扱うことができるようになって，手紙をパソコンで作成したり，電子メールやSNSで気軽に文章を書くことができるようになりました。そのぶん，手書きの年賀状が少なくなりましたね。また，手書き文字を正確に認識してデジタル化してくれる機器も普及しています。それは，かなりの悪筆でも認識してくれます。しかし，やはりきちんとした美しい字を手書きできることは大切な技能です。いまでも書道教室は人気のようです。

........................................................................
........................................................................
........................................................................
........................................................................
........................................................................
........................................................................

**(1)**（b）2進数
**(2)**（d）文字コード
**(3)**（c）フォント
**(4)**（a）書体

# 18 文字コードのいろいろ

**問題**
**problem**

以下に示す（1）〜（6）は，いろいろな文字コードの名称です。それぞれの内容をインターネットの検索エンジンや専門の書籍などで調べて要点をまとめなさい。

**（1）** ASCII コード

[                                                                              ]

**（2）** JIS コード

[                                                                              ]

**（3）** Shift JIS コード

[                                                                              ]

**（4）** EUC

[                                                                              ]

**（5）** Unicode

[                                                                              ]

**（6）** UTF-8

[                                                                              ]

**（7）** UTF-16

[                                                                              ]

**（8）** UTF-32

[                                                                              ]

**注釈**
comment

困ったことに，**文字コード**（character code）の世界は以前から少々混乱しています。世界には多種多様な言語がありますし，それらの字種は膨大です。アルファベット文字だけでも亜種がありますし，また漢字についても，我が国のものでも対象は同じで表記が違うものがあります。さらには中国で使われているものとも異なっていますね。それに，ギリシャ文字，ドイツ文字，アラビア文字ほか，世界中にある文字は無限に近いほどです。それらに対応する文字コードを作成する作業がいかに大変なことか，想像を絶するものがあるでしょう。

　世界各国では当初**ASCII コード**を基にして，それを拡張して自国の言語にも対応する文字コードを定めてゆきました。日本でも，まず**JIS コード**が作られましたが，その後，いくつかのコード体系が作られて，併存しています。さらに，インターネットが急速に普及してきたことから，世界中で統一された文字コードの必要性に迫られ，国際規格の**Unicode**（ユニコード）バージョン1.0が1991年に誕生しました。しかし，各国の思惑が入り混じってもいて，その後何度も修正や変更，追加などがなされてきていて，現在でも進化することを余儀なくされています。また，以前のコード体系を用いた情報資産も少なくないため，まだ当分はUnicodeに一本化されることは望み薄の状況です。

　もう一つ困ったことに，じつは「文字コード」という言葉が，次の3通りの意味で使われています：特定の文字を表すために指定されたバイト列のことを指す場合と，本問題で言うところの文字をどのバイト列で表すかを定めた対応規則の体系を指す場合，さらにはテキストデータをある規則の下でバイト列に変換（**エンコーディング**（encoding））する符号化方式を言うときです。ですので，これらを明確に区別するために，後者の二つをそれぞれ**文字コード体系**（**符号化文字集合**（Coded Caracter Set: **CCS**））と**文字符号化方式**（Character Encoding Scheme: **CES**）という言葉に代えることがあります。これらの違いに注意してください。

　なお，ASCII コードの「ASCII」は"あすきー"と読みます。この名を冠した雑誌『月刊アスキー（ASCII)』（1977年7月号〜2006年8月号，アスキー出版発行）という，当時のマイコン／パソコン文化を幅広く紹介する先駆的な総合誌がありました。

**メモ**
memorandum

．．．．．．．．．．．．．．．．．．．．．．．．．．．．．．．．．．．．．．．．．．．．．．．．．．．．．．．．．．．．．．．．．．．．．．．．．．．．．．．．．．．．．．．．．．．．．

．．．．．．．．．．．．．．．．．．．．．．．．．．．．．．．．．．．．．．．．．．．．．．．．．．．．．．．．．．．．．．．．．．．．．．．．．．．．．．．．．．．．．．．．．．．．．

．．．．．．．．．．．．．．．．．．．．．．．．．．．．．．．．．．．．．．．．．．．．．．．．．．．．．．．．．．．．．．．．．．．．．．．．．．．．．．．．．．．．．．．．．．．．．

．．．．．．．．．．．．．．．．．．．．．．．．．．．．．．．．．．．．．．．．．．．．．．．．．．．．．．．．．．．．．．．．．．．．．．．．．．．．．．．．．．．．．．．．．．．．．

**答の例**
examples
of answer

**（1）** ASCII コードは，1963年に**米国規格協会**（**ANSI**，あんしー）で制定された，情報通信のための最も基本的な文字コードである。当時の米国での英語による通信とコンピュータのために必要な文字や記号などに限ったものであり，他の言語には対応していないものであった。そのため，いろいろな言語に対応するように，これを基にして拡張された新たな文字コードが順次，作られてきている。

**（2）** JIS コードは，日本産業規格JISが定めた日本語の符号化文字集合と文字符号化方式を定めた標準規格である。最初の仕様は1993年にRFC 1468として登録され，1997年にJIS 規格として我が国の標準規格となった。ASCII コードとの互換性，漢字，平仮名，カタカナを含む。7ビットで文字を表すが，それを2バイト（16ビット）で表すように改良したものがShift（シフト）JISコードである。こちらは，1982年に日米のPC関連会社が共同で考案された。

**（3）** 〜 **（4）** オープン

**（5）** Unicode は，多種多様な文字をデジタル表現するための，符号化文字集合と文字符号化方式を定めた国際標準規格である。1980年代後半にゼロックス社が提唱し，その後，アップル・IBM・マイクロソフトが中心となって設立された**ユニコードコンソーシアム**（The Unicode Consortium）によって策定された。ASCII コードとの互換性確保を前提としており，1991年にバージョン1.0が誕生し，現在の最新バージョンは2022年9月の15.0.0である。Unicodeでの文字符号化方式には，UTF-8, UTF-16, UTF-32がある。

**（6）** 〜 **（8）** オープン

**問題**
problem

以下に示す（1）～（3）の一連の文章は，画像のデジタル表現のためのさまざまなフェーズについて述べています。それぞれの角括弧の中に適合する言葉を，下の（a）～（h）から選びなさい。

**（1）画像の取込みからデジタル化まで**

（ⅰ）［　　　］である絵や，景色，人物などをデジカメで撮影したり，印刷物をスキャナーで取り込むなどして，デジタルデータに変換する。

（ⅱ）そのプロセスは，まず各画像を一定間隔（単位）の画素（ピクセル，pixel）と呼ぶ空間的なマス目に分割して，それぞれの画素に対して色とその濃淡とを決定する［　　　］を行う。

（ⅲ）次に各画素を，それぞれの色の濃淡に応じて階段化（階調）した数値（離散値）に近似的に置き換える［　　　］を行う。

（ⅳ）さらに，その数値を2進数に変換する［　　　］を行うことで，デジタル化する。

**（2）色の表現法**

（ⅰ）コンピュータのディスプレイ（画面）では，RGB（Red赤・Green緑・Blue青）から成る［　　　］で各画素を調節することで，さまざまな色を表現する。

（ⅱ）一方，プリンタによる印刷物は反射光で色が出るため，基本的にはCMY（Cyanシアン・Magentaマゼンタ・Yellowイエロー／黄色）という［　　　］に分けてプリントすることで，さまざまな色を作り出す（実際には，色をシャープに仕上げるために，黒／墨を加える）。

**（3）画像の表現形式とソフトウェア**

（ⅰ）画像を画素（ピクセル）単位で色の濃淡を数値で表現する方式を［　　　］といい，ディスプレイ上にペイント系のソフトウェアで描く。

（ⅱ）一方，画像を構成する形状，座標，サイズ，色などのデータによって表現する方式を［　　　］といい，ドロー系のソフトウェアによって処理をする。

---

（a）アナログデータ　　（b）色の三原色　　（c）光の三原色　　（d）標本化　　（e）符号化
（f）ベクトル／ベクター形式　　（g）ラスター／ビットマップ形式　　（h）量子化

コンピュータの画面で画素（ピクセル，pixel）を小さくして細かくすればするほど，元の画像（image）の再現性が高まります。この画素の細かさの度合いを解像度（resolution）と言い，その単位をdpi（dots per inch）で表します。ここで，画像を構成する最小単位のことをドット（dot）と呼びます。また，階調（グラデーション，gradation）をたくさん設定すればするほど，多くの色を表現できます。これらは共に，どこかで実感されたことがあることでしょう。

　ちなみに，画素は要するに"点"ですので，同じラスター／ビットマップ形式の画像をペイント系ソフトウェア（painting software）で拡大していけば次第に（ジャギー（jaggy）というギザギザが生じて）粗くなりますし，縮小すればより鮮明になります。一方，ベクトル／ベクター形式の画像をドロー系ソフトウェア（drawing software）で拡大・縮小処理しても変化は起きません。なお，ペイント系ソフトウェアの代表はAdobe（あどび）社のPhotoshop，ドロー系ソフトウェアの代表格には同じAdobeのillustratorがあります。

　ところで，懐かしい昔の映画やテレビ番組が，最新のデジタル技術（A／D変換）・AI技術によってきれいに修復されて観ることができていますね。NHKテレビ大河ドラマの第1作『花の生涯』（1963年）が，モノクロ映像からカラー化され，細部まで修復されて蘇ったことは記憶に新しいところです。この技術をデジタルリマスター（digital remastering）と言います。

　「画像」とは，絵画やイラスト，写真による映像などの総称で，視覚的な情報の全般を指します。情報学の視点では，静止画像と動画に分けられますね。

　「百聞は一見に如かず」という諺のとおり，何度も同じことを聞くよりも，1度でも見ることのほうが的確な情報が得られることが多くあります。そのため，画像の情報の量は一般に大きくなりがちです。電子メールでの添付ファイルなどでは，この点に注意して，場合によっては「圧縮」（【問題21 デジタル情報の圧縮】参照）したものを添付して送受信することをお勧めします。

........................................................
........................................................
........................................................
........................................................
........................................................
........................................................
........................................................
........................................................
........................................................
........................................................

**(1)**（ⅰ）-（a）アナログデータ　（ⅱ）-（d）標本化　（ⅲ）-（h）量子化　（ⅳ）-（e）符号化
**(2)**（ⅰ）-（c）光の三原色　（ⅱ）-（b）色の三原色
**(3)**（ⅰ）-（g）ラスター／ビットマップ形式　（ⅱ）-（f）ベクトル／ベクター形式

# 20 音声のデジタル表現

**問題**
problem

以下に示す（1）〜（4）の一連の文章は，音声のデジタル化のプロセスについて述べています。それぞれの角括弧の中に適合する言葉を，下の（a）〜（d）から選びなさい。

（1）　各種の音声をマイクロフォンにより電気信号（電圧変化）として採取し，時間経過と電圧変化の関係として ［　　　］ する。

（2）　それを一定時間ごとに区切って各時間での波の高さを取り出して ［　　　］ する。

（3）　さらに，電圧を一定間隔で区切り，時間との各交点に最も近い階段値に置き換える ［　　　］ を行う。

（4）　その数値を2進数に変換する ［　　　］ を行う。

| （a）波形化　　（b）標本化　　（c）符号化　　（d）量子化 |
| --- |

サイバー神社の
「自宅で初詣」によっこそ！
まず、モバイル決済で
お賽銭をどうぞ。
決裁すると「チャリン」と
音がします…

これって願いが
かなうのかねえ…

音／音声（sound, voice）は，音源の発する空気の振動が連続した波（音波）として伝わって，私たちの耳に届く現象です。

前問と本問で見たとおり，画像と音声のデジタル化では標本化／サンプリング（sampling）-量子化（quantizing）-符号化／コーディング（coding）というプロセスを経ます。異なっているのは，標本化を，画像の場合にはその特質上 "座標空間的に" 行いますが，音声では "時間的に" 行う，というところです。

そして，音や音声を（電子）音楽（music）としてデジタル化するためには，リズム・旋律・音色などを伴うことが必要です。それらを総合して，音楽として演奏する電子楽器を相互に接続するための共通規格がMIDI（みでぃー，Musical Instrument Digital Interface；1986年に日米の音響機器メーカーが集まって発行）というものです。みなさんがカラオケに行ったときに使われている伴奏なども，MIDIのお世話になっています。

電子ピアノや電子オルガンなど，電子楽器がみなさんの周りにもいくつかあることでしょう（エレキギターは "電気" 楽器で，電子楽器ではありません）。その一つにシンセサイザー（synthesizer,略 シンセ）と呼ばれる，電子的に音を合成してさまざまな音色を創生して奏でることができるものがあります。当初は「ムーグ／モーグシンセサイザー」と呼ばれるアナログ式（1970年代後半からデジタル式が登場したが，現在は両方が使われている状況）で，これを用いて，1968年に米国の音楽家Wendy Carlos（うぇんでぃ・かるろす）が*SWITCHED-ON BACH*（スイッチト・オン・バッハ）と題したレコードを発表して，世間を驚かせました（1969年にグラミー賞を受賞）。その後，冨田勲氏やYMOの坂本龍一氏，小室哲哉氏らをはじめとした我が国の音楽家も，シンセサイザーを駆使して新たなる壮大な音楽の世界を創ってくれています。現在，このシンセサイザーをはじめ，ほとんどの電子楽器類がMIDIに対応しています。

なお，音楽も映画などと同様に，デジタルリマスター（digital remastering）によって，かなり昔に録音されたレコードが修復されてCD化されたものが出回っています。たしかに，アナログレコードの音には深みや柔らかさがあるように思いますが，いろいろなノイズや針飛びなどもあって，煩わしい面も否めません（しかし，その適度な不安定さが魅力なのかもしれません）。その時の気分で，それぞれを楽しめばよいでしょう。

このように，演奏だけでなく，コンピュータを用いた作曲・編曲などの広い音楽分野においてデジタル技術の応用が進んでいて，音楽情報処理（music information processing）は重要な研究分野となっています。

..................................................................................
..................................................................................
..................................................................................
..................................................................................
..................................................................................

**(1)**（a）波形化
**(2)**（b）標本化
**(3)**（d）量子化
**(4)**（c）符号化

# 21 デジタル情報の圧縮

**問題** problem

以下に示す（**1**）〜（**6**）の一連の文章は，情報処理のための重要な技術である「圧縮」に関して述べています。それぞれの角括弧に適合する言葉を，下の（**a**）〜（**f**）から選びなさい。

（**1**）　データファイルの処理を効率よく行うために，その内容を保存しつつ［　　　］技術を圧縮という。

（**2**）　また，それを元に戻す技術を［　　　］と言う。

（**3**）　それらの方式には，完全に元に戻せるものと，完全には元には戻せないものの二つがあり，前者を［　　　］と言い，テキストファイルやプログラムなどに用いる。

（**4**）　一方，完全には元に戻せない後者のものを［　　　］と言い，主に画像や音声のファイルに用いられる。

（**5**）　画像や音声は，テキストに比べて［　　　］となるが，その内の一部の情報をカットしても内容が大きく変わる危険性は低い，という特性があるので，圧縮のためのさまざまなものが開発されている。

（**6**）　それらの形式は，それぞれのファイル名に付けられている［　　　］によって判別することができる。

---

（**a**）可逆圧縮　　（**b**）拡張子　　（**c**）大量の情報　　（**d**）展開　　（**e**）データ量を減らす
（**f**）非／不可逆圧縮

圧縮（compression）の逆操作である展開（decompression）は，よく解凍と呼ぶこともありますが，その英語はdefrostではありません。それは"冷凍食品の解凍"ですので，やはりdecompressionのほうを使ってください（あるいは，ZIPファイルでしたら，unzipとしてもよいでしょう）。

完全に元に戻せる可逆圧縮（lossless compression）では，データ中で多数の同じデータ列を探索し，それらを数字で省略表現することで圧縮します（ランレングス法（run-length encoding））。また，出現頻度の高いデータ列を短いビット列に変換するという，エントロピー符号（entropy code）の概念を用いたハフマン符号化（Huffman coding）があります（ZIPがこの方式）。

一方，非／不可逆圧縮（lossy compression）では，人の目では識別できないような画像部分に対して，階調を下げるとか画素数を減らすなどの操作を行います（JPEGなど）。また音声の場合には，通常の人には聞こえないような周波数の音を削除するなどで圧縮します（MP3など）。

また，動画は静止画像が連続したものという特性に基づいて，1枚の静止画像であるフレーム（frame）と次のフレームを比較して，変わった部分だけを取り除いて，同じ部分は利用していく，という原理で圧縮します（MPEGなど）。

圧縮のためのファイル形式はたくさんあります。それを簡単に識別する方法が，それぞれのファイル名の拡張子（extention）を見る，ということです：主に複数のテキストファイルをひとまとめにして圧縮するZIP（じっぷ，可逆方式）は.zip；RAR（らー，可逆方式）は.rar；LZH（えるぜっとえいち，可逆方式）は.lzh；静止画像圧縮のためのJPEG（じぇいぺぐ，非可逆方式）は.jpeg；GIF（じふ，可逆方式）は.gif；PNG（ぴんぐ，可逆方式）は.png；TIFF（てぃふ，可逆方式）は.tiff；動画像用のMPEG（えむぺぐ，非可逆方式）は.mpeg；音声用のMP3（えむぴーすりー，非可逆方式）は.mp3といった具合です（ただ，ものによっては他の拡張子がある場合もありますので，注意してください）。

なお，データ圧縮の度合いは，［圧縮後のデータ量］／［圧縮前のデータ量］の100倍という圧縮率（compression ratio）としてパーセントで表されますが，それは使用する圧縮形式によって違いますので，気になるときには確認してください。

圧縮に関する技術は非常に重要です。インターネット上でファイル交換をするときに，ファイルが大きいと処理に要する時間がかかりすぎて，効率を著しく落としてしまうことになります。ファイルに圧縮をかけてコンパクトにした上で，送受信することをお勧めします。

また，データを記憶する際にも，圧縮技術を用いてデータの総量を減少させておけばストレージ（補助記憶装置）の記憶容量の節約になります。とくに，画像や音声に関するデータは大きなものとなりやすいので，有効に働きます。

........................................................................
........................................................................
........................................................................

**(1)**（e）データ量を減らす
**(2)**（d）展開
**(3)**（a）可逆圧縮
**(4)**（f）非／不可逆圧縮
**(5)**（c）大量の情報
**(6)**（b）拡張子

# Webサイトの制作

以下に示す一連の文章は，Webサイトを制作するための準備と手順を大まかに示しています。それぞれの（1）～（9）の角括弧の中に該当する言葉を，下の（a）～（i）から選びなさい。

（1）Webサイトの各ページであるWebページは［　　　　］という言語で書かれる。

（2）それは，［　　　　］と呼ばれる，山括弧のペア "< >" で各要素を囲んだ命令文で構成される。

（3）また，［　　　　］という言語によって，色やサイズ，画像の配置などのデザインを指定する。

（4）制作に際しては，まず，Webサイト全体の［　　　　］を検討して明確化する。

（5）次に，マーケティングにより把握した［　　　　］に応えられるよう，各ページの具体的な内容とストーリーを検討する。

（6）それにより必要となった文章，写真，図版，動画などの［　　　　］を集めて用意する。

（7）そして，それらを含めて内容を固め，まとまった記事としての［　　　　］を作成する。

（8）最後に，HTMLとCSSを用いて各［　　　　］を仕上げていく。

（9）終了後は，［　　　　］に準じてクオリティの向上を図り，状況の変化も加味しながら日々，改善・改良に努める。

---

（a）構成　　（b）コンテンツ　　（c）素材　　（d）タグ　　（e）利用者のニーズ
（f）CSS　　（g）HTML　　（h）PDCAサイクル　　（i）Webページ

**HTML**（HyperText Markup Language）は，Webページを作成するための，マークアップ方式による言語で，通常の汎用プログラミング言語ではありません。作成者が情報を分かりやすく記述するための言語なのです：文書構造を確認して進められるよう，**タグ**（tag）を付けて，"タイトル"，"見出し"，"小見出し"，"段落" などの構成要素を明確にしていきます。

**CSS**（Cascading Style Sheets）は，単に**スタイルシート**と呼ばれることが多いようです。
**素材**（material）を選ぶときには，肖像権や著作権に十分注意してください（**第1章**の**【問題17 著作権と著作権法】**，**【問題18　著作権の侵害事例】**参照）。

**コンテンツ**（contents）は，複数形の場合は通常は書籍などの「目次」を指しますが，ここでは "情報の中身" のことです。

**PDCA** サイクルは，もうおなじみでしょう。

なお，**Webサイト**（Web site）は，よく**ホームページ**（home page）と呼ばれてもいます。この制作をすべて自力で行うためには，デザイン能力と文章力，そして相応の技術的知識（**スキル**（skill））が必要だと覚悟してください。また，そのセキュリテイにも注意しなければなりません。

一方，**CMS**（Contents Management System）というシステムを利用して，部分的に自分のアイディアを挿入してカスタマイズする，という方法があります。それには三つ：①オープンソースのものを利用する；②商用のパッケージを購入して利用する；③クラウドから取り出して利用する，ということが考えられます。①は，無料でカスタマイズが自由にできますが，一定のスキルが必要です。②は，費用が発生しますが，**ベンダー**（vender，売り手）のサポートが期待できますので保守・管理が楽ですね。③は，導入には負担が軽いのですが，カスタマイズの自由度は低いという点は否めません。各自の状況に合わせて選択してください。

いまや，無数のWebサイトがインターネット上に存在していて，個人レベルから，さまざまな企業組織，学校などの教育機関，国家の行政・管理機関ほかで開設されています。それぞれ独自の広報・宣伝活動に用いられていて，それによる効果は多大なものがあると期待されます。ですので，Webサイトのデザインには，さまざまな工夫が必要で，その出来栄えによって，効果が左右されます。

．．．．．．．．．．．．．．．．．．．．．．．．．．．．．．．．．．．．．．．．．．．．．．．．．．．．．．．．．．．

**(1)**（g）HTML
**(2)**（d）タグ
**(3)**（f）CSS
**(4)**（a）構成
**(5)**（e）利用者のニーズ
**(6)**（c）素材
**(7)**（b）コンテンツ
**(8)**（i）Webページ
**(9)**（h）PDCAサイクル

**問題** problem

以下に示す一連の文章は，コンピュータを用いたレポートや論文などの科学技術系文書のデザイン・作成に関して述べています。それぞれの**（1）～（3）**の角括弧の中に該当する言葉を，下の**（a）～（o）**から選びなさい。

**（1）事前の準備**

（ⅰ）誰に向けて書くのか，[　　　]を確認する。

（ⅱ）文書を提出する[　　　]を確認する。

（ⅲ）規定に沿って，使用する文字のフォントとサイズ，句読点の種類，字詰め・行詰めなどのデザイン上の[　　　]を確認する。

（ⅳ）文書全体の文字数，枚数などの[　　　]を確認する。

（ⅴ）全体を通しての[　　　]を確認する。

**（2）執筆上の注意点**

（ⅰ）全体は基本的に，序論‐本論‐まとめ‐参考文献として[　　　]する。

（ⅱ）本論は，章‐節‐項の順に，階層的に[　　　]する。

（ⅲ）できるだけ短文にして，文意の誤解を生じないよう[　　　]に留意し，分かりやすくて読みやすい文章とするように心がける。

（ⅳ）記述する内容が，[　　　]が明確になるように書き分ける。

（ⅴ）使用する漢字の[　　　]に気をつける。

**（3）仕上げ**

（ⅰ）記述内容が[　　　]を満たしているかを確認する。

（ⅱ）他者の出版物からの[　　　]が，必要な要件を満たしているかどうかを確認する。

（ⅲ）[　　　]を行って，様式と内容を自己チェックする。

（ⅳ）第三者に[　　　]してもらい，そのコメントを反映すべく修正する。

（ⅴ）作成した文書は，ディスプレイ上だけでなく，[　　　]してデザインと内容を確かめる。

---

**（a）**一義性　　**（b）**引用　　**（c）**期限　　**（d）**5W1H　　**（e）**構成　　**（f）**構造化
**（g）**誤変換　　**（h）**事実か意見か　　**（i）**素読と校正　　**（j）**読者対象　　**（k）**プリント
**（l）**文体　　**（m）**分量　　**（n）**様式　　**（o）**レビュー

---

**メモ** memorandum

...............................................................................

...............................................................................

...............................................................................

**答** answer

**（1）**（ⅰ）-（j）読者対象　　（ⅱ）-（c）期限　　（ⅲ）-（n）様式　　（ⅳ）-（m）分量　　（ⅴ）-（l）文体

**（2）**（ⅰ）-（e）構成　　（ⅱ）-（f）構造化　　（ⅲ）-（a）一義性　　（ⅳ）-（h）事実か意見か
（ⅴ）-（g）誤変換

**（3）**（ⅰ）-（d）5W1H　　（ⅱ）-（b）引用　　（ⅲ）-（i）素読と校正　　（ⅳ）-（o）レビュー
（ⅴ）-（k）プリント

科学技術系文書とは，どの読者でも内容がただ一つの意味に読み取れる説明がなされた，説得力・伝達力・記録力を持った**文章**（text / writing）を中心として作成された**文書**（document）のことです。皆さんにとっては**レポート**（report）や**論文**（paper）が身近なものでしょう。また議事録，提案書／プロポーザル，覚書，契約書ほか，じつは世の中のかなりの文書は，この科学技術系文書です。そのための文章を書く技術を**テクニカルライティング**（technical writing）と言います。これはもともと，製品の使い方をまとめたマニュアルの作成にルーツがあるものですが，いまはそれが一般化して，一義性・論理性・統一性を持った文章を書く技術のことを指すようになっています。

　科学技術系文書では，本問題で示したこと以外にも大事な点がいくつかありますが，特に**記号**（sign / symbol / mark）の使用方法について気をつけてほしいと思います。すでに何度か注意してきたとおり，記号は"表意文字"ですので，それぞれを的確に使うことができれば大変有効です。また，文書の題名，各章・節・項などの**タイトル**（title）を，内容に即した**的確／精確**（correct / precise）で**品格**（elegance）のあるものとするように工夫してください。

　他には，内容を，くどくどと書かずに，**明解**（clear）かつ**簡潔**（compact / concise）に書く，ということを心がけてください。また，単調になりがちな文章にリズム感を出す"**変化**（variation）付け"として，箇条書き，図・表・写真，比喩，数値表現，数式表示などの挿入が有効です。また視覚に訴える図形表現には，棒グラフ・円グラフ・帯グラフ・折れ線グラフ，フロー図，系統図，巡回図，包含図，構造図などがありますので，状況に合ったものを選択して使用すると良いでしょう。

　文書の情報としての**有用性**（usefulness / effectiveness）・**信頼性**（reliability / credibility）・**伝達性**（communicability / transferability）・**記録性**（recordability）を決定づけるポイントである**5W1H**とは，When（いつ）-Where（どこで）-Who（だれが）-What（なにを）-Why（なぜ）-How（どのように）をまとめたもので，新聞記事を書く上でのセオリーから発しています。私は社会性をさらに高めるためにこれを拡張して，三つのHow：How much（いくら）-How many（いくつ）-How long（どのくらい）を加えた**5W4H**を提唱していますが，いかがでしょう？

　**引用**（citation / quotation）は，著作権法第32条，公表されている他者の著作物の一部を**許諾なし**に使用できる処置のことです。ただし，その際には次の要件をすべて満たす必要があります：

1. 自身の著作内容が"主"で，引用部分が"従"であること。
2. 引用部分が何らかの処置によって，明確に判別できること。
3. 引用部分が改変されずに，正確に再現されていること。
4. 自身の著述の中で，その引用を行う必然性があること。
5. 引用部分について，出所の明示（著作者名・著作物名・当該箇所・発行元・初公表年）が至近箇所になされていること。

ここで，2. の引用部分を明示するための"何らかの処置"には，引用部分を罫線で囲う，書体を変える，引用符号を使用する，インデント（字下げ）する，などがあります。

　なお，**素読**（そどく）と**校正**（proof）は必須です。どんなに注意深く書いても，何らかの間違いが混入します。また第三者に（**ピア**）**レビュー**（(peer-) review）をしてもらうことができれば，自分では気づかなかった誤りを指摘してもらえる可能性があります。そのためにも，そのようなことを頼むことができる知人・友人を，日頃から良いコミュニケーションを取っておくことで確保することが重要です。そして，文書は，通常は**印刷物**（printed matter）として提出します。そのためにプリントすることが必要ですが，その際に，思わぬミスに気づかされることがよくあります。また，プリンタではフォントが別体系のこともありますので，書体の違いなどにも気づくことができます。現代の文書作成・編集ソフトウェアには**WYSIWYG**（うぃじうぃぐ，What You See Is What You Get）と呼ばれる，画面上で最終的な仕上がり具合を確認しながら制作できる機能が搭載されているものが多いのですが，やはり，文書の仕上げのポイントは，**プリント**（print）でのチェックです。

　最後に，**様式**（style）と**分量**（amount）の確認，**期限**（deadline, time limit）の厳守をぜひに。

**問題**
problem

以下に示す一連の文章は，情報デザインの一つであるプレゼンテーションに関して述べています。それぞれの（1）～（8）の内容に適合するものを，下の（a）～（h）から選びなさい。

（1）プレゼンテーションのコミュニケーション形式は，基本的に［　　　］である。

（2）その全体のフローデザインは，［　　　］に基づいて行うのがよい。

（3）表示スライドの［　　　］には専用のプレゼンテーションソフトウェアを使用して，文章は簡潔に歯切れよく，図表類と適度な演出効果を交えて作成するのがよい。

（4）［　　　］では，使用する機器類の動作確認を必ず行い，参加者数とそのバックグラウンドの把握，参加者からの質問事項を整理して，回答内容を検討しておくとよい。

（5）［　　　］では，まず会場の場所・広さ，受け持ち時刻・時間と順番の確認を行い，表示スライドと話す内容との整合性をチェックする。

（6）実行では，［　　　］を常に意識しながら，声量と視線の向け方に留意しつつ，自信をもって安心感を与える話し方に心がける。

（7）途中では大げさにならない程度に表情豊かに話し，適宜に［　　　］を交えて会場全体の一体感をつくるよう，臨機応変に対応する。

（8）終了後は，謙虚に自己反省すると共に他者の［　　　］を受け，次の機会に備えて改善する。

---

（a）1対多（アナウンス形式）　　（b）事前の準備　　（c）質疑応答　　（d）資料作成
（e）聴衆の反応　　（f）PDCAサイクル　　（g）評価　　（h）リハーサル

ここでのPDCA（計画-実行-評価-改善）サイクルは，Pの「計画」がプレゼンテーション内容の"立案"-"資料作成"-"事前準備"-"リハーサル（予行演習）"までですね。ここでのリハーサルで，いちどCの「評価」を行ってAの「改善」をしておくと，Dの「実行」ではより良い結果が得られることでしょう。その後のC「評価」とA「改善」は，すでに**第1章の【問題11　問題解決のプロセス】**で確認したことと同様です。

　**プレゼンテーション**（presentation, 略称**プレゼン**）は，みなさんにとっては，実習・実験の結果，研究内容などについて，資料を示しながら口述して説明し，理解させ，説得し，納得させるために発表する活動です。また，将来経験するであろう，大学での卒論・修論・博論の発表，学会での発表などもプレゼンの一種としてよいでしょう。さらには，より広く考えて，授業・講義・講演・演説・スピーチなども加えてよいと思います。一方，企業においては，会議での意見提示・報告，企画や計画の提示・説明，開発製品の特長説明なども同様です。

　なお，プレゼンテーションをより良いものとするためには，発表者だけでなく，参加者の聴衆としての心構えも大切です。発表者の話す内容をしっかり理解すべく熱心に聴くことはもちろんですが，並行して，常に疑問点をチェックしながら良い**質問**（question）をするために傾聴することが大事です。聴衆であるあなたが疑問に思うことは，実はたいていの参加者が疑問に思うことだと考えてください。ツボを押さえた気の利いた質問を出すことは，多くの参加者にとっても内容を一層深く理解できることにつながりますし，発表者とのコミュニケーションの形成にもなります。それにより，全体の一体感が醸成されて，プレゼンテーションの成功につながることは間違いありません。ぜひ，積極的に良質な質問をするように努めましょう。

　要するに，プレゼンテーションとは，**発表者**（presenter）が提示する当該の内容を**聴衆／聴き手**（audience, listener）に深く理解させる活動と，それを基にして，さらなる創造活動に向けて発表者と聴衆の"双方が思考する活動"なのです。

................................................................
................................................................
................................................................
................................................................
................................................................
................................................................
................................................................
................................................................

**(1)**（a）1対多（アナウンス形式）
**(2)**（f）PDCAサイクル
**(3)**（d）資料作成
**(4)**（b）事前の準備
**(5)**（h）リハーサル
**(6)**（e）聴衆の反応
**(7)**（c）質疑応答
**(8)**（g）評価

以下に示す文章は，ゲームやビジネスで応用／活用が進んできているVR，AR，MRについて述べています。それぞれの（**1**）〜（**4**）の角括弧の中に適合する言葉を，下の（**a**）〜（**d**）から選びなさい。

（**1**）　VRは仮想現実と呼ばれ，身に着ける専用のデバイスを用いて［　　　］を体験させる技術であり，別世界に入り込んでいるかのような錯覚を"リアル"に感じ取ることができる。

（**2**）　ARは拡張現実と呼ばれ，専用のデバイスやスマホ，タブレットなどを用いて現実世界の中にいろいろなデジタルコンテンツを［　　　］するシミュレーション技術であり，現実世界を"拡張"するものである。

（**3**）　MRは複合現実と呼ばれ，現実世界の中に仮想情報を［　　　］して，それらを操作したり加工したりできる，現実世界と仮想世界とを"複合"する技術であり，仮想のモノがまさにそこに存在しているかのように感じさせる。

（**4**）　VR，AR，MRなどの，現実にはない仮想世界をICTによって作って体験させる技術を総称して［　　　］と言う。

---

（**a**）XR　　（**b**）仮想空間　　（**c**）取り込んで表示　　（**d**）付加して／重ねて 表示

---

コンピュータは今も目覚ましい性能向上を続けていますが，それを利した技術の中で特に目を引くものが**画像処理**（image processing）です。その成果の一つで，従来の平面スクリーンではなく，いろいろな構造物に映し出される**プロジェクションマッピング**（projection mapping）を観て感動した方も多いことでしょう。

　本問題で見たVR・AR・MRも近年，大きな研究成果が出ていて，教育やビジネスなど，社会での応用・活用がさまざまに広がってきています。すでにゲームやスポーツ，バーチャル店舗，イベントスペースなど，生活に溶け込んでいるものもたくさんありますね。ここで，**VR（仮想現実／バーチャルリアリティ）**はVirtual Realityの頭字語で，**AR（拡張現実）**はAugmented Realityの頭字語，**MR（複合現実）**はMixed Realityの頭字語で，さらに**XR（エックスアール／クロスリアリティ）**はeXtended Realityの頭字語です。いずれも，デジタル技術による**擬似体験**（virtual / simulation experience）をさせてくれるものです。

　ところで最近，**メタバース**（meta-verse）という言葉を耳にしたことがあるのではないでしょうか？　これは，XRの多様な技術が活用されたインターネット上の仮想空間（サイバー空間）のことで，そこで利用者が交流したり仕事をしたりという，コミュニケーションの"場所"です。そこでは，現実の"世界（universe）"を"超越した（meta）"仮想空間として表現された世界の中で，**アバター**（avatar）と呼ばれる人間自身に代わる仮想的な"人物"である分身／化身が投影されて，いろいろな活動を行う――というものです。

　ちなみに，東京大学には2022年9月に「メタバース工学部」が開設されました。これは今のところ正式な学部ではありませんが，**第1章の【問題10　情報（化）社会の様相】**で見たSociety 5.0の要（かなめ）であるDX人材を育成する，革新的で挑戦的な取組みです。メタバースのメタを二つ重ねて"メタメタ"となると，メチャメチャとか滅茶苦茶といった具合に，あまり良い意味ではなくなりますが，単一のメタであるメタバースは，教育やビジネス上のコミュニケーションでの同期性，同報性，非地域性，そして経済性をも果たす研究成果として，大きな期待が寄せられています。

　なお，XR関連の技術は当初，人工知能分野の研究対象とされていましたが，今は独立した研究分野として，立派に成長しています。

......................................................................
......................................................................
......................................................................
......................................................................
......................................................................
......................................................................
......................................................................
......................................................................

**(1)**（b）仮想空間
**(2)**（d）付加して／重ねて 表示
**(3)**（c）取り込んで表示
**(4)**（a）XR

# 26 ユニバーサルデザイン

人が持つさまざまな制約にはよらずに使用が可能となるように設計する概念をユニバーサルデザインと言う。周りを見渡して，その例を五つ以上あげなさい。

メモ
memorandum

ユニバーサルデザイン（Universal Design: UD）とは，米国ノースカロライナ州立大学の Ronald Mace（ろなるど・めいす）により，1985年に提唱されたもので，もう少し具体的には，ユーザの年齢・性別・体格・身体能力・使用言語・身体の状態などにはよらずに，モノを誰もが，できる限り容易に使用できて快適な生活を送れるように，初めから設計を行う——という概念です。

　以前から人間工学（human (factors) engineering / ergonomics）や安全工学（safety engineering）という研究分野がありますが，高齢化や障がい者の保障などの社会的な要請に沿って，それらを包含して拡張したものがユニバーサルデザインと言えるでしょう。

　ちなみに，オンライン辞典『ウィキペディア』（2023年，6月）によると，ノースカロライナ州立大学ユニバーサルデザインセンターは「ユニバーサルデザインの7原則」として次をあげています：

　1．どんな人でも公平に使えること（equitable use）。
　2．使う上での柔軟性があること（flexibility in use）。
　3．使い方が簡単で自明であること（simple and intuitive）。
　4．必要な情報がすぐに分かること（perceptible information）。
　5．簡単なミスが危険につながらないこと（tolerance for error）。
　6．身体への過度な負担を必要としないこと（low physical effort）。
　7．利用のための十分な大きさと空間が確保されていること（size and space for approach and use）。

　また，製品の有用性（usefulness）や実用性のユーティリティ（utility）と共に，近年は利用者の使いやすさを追求するユーザビリティ（usability）に関心が集まってゆき，人間中心設計（Human-centered Design: HCD）と呼ばれる，ユニバーサルデザインに近い概念の研究分野が形成されています。実際，わが国には人間中心設計推進機構（HCD-Net）という特定非営利活動法人（NPO 法人）が2005年に設立されていて，今も活発な研究・普及活動を展開しています。これらは，本章の【問題16　情報デザインとは】の【注釈】で紹介した「デザイン思考」の基本的概念だと思います。

　これらの概念の実現において，コンピュータはデザインの生成ツールとして大活躍ですが，それ自身がデザインの対象物としても重要な位置づけがされています。

　コンピュータが開発された当時から，その使いやすさを向上させるための研究がなされてきました。ユーザがコンピュータを使用する際に接する部分をユーザインタフェース（User Interface: UI）と言いますが，コンピュータのダウンサイジングが進んで一般の人が使えるパソコンが登場すると，その操作性を高める研究がどんどん進み，直感的・視覚的な GUI（じーゆーあい，Graphical User Interface：グラフィカル UI）が開発されています。さらに，インターネットの Web の時代が到来して，情報アクセスのしやすさ，利用しやすさを一層高めるという視点のアクセスビリティ（accessibility）が研究されて，実装されてきました。また，UX（ゆーえっくす，User eXperience）デザインと呼ばれる，ユーザが製品やシステム，サービスと出会い，実際に使用し，使い終わった後までの経験・体験のフロー（流れ）全体をデザインに反映させて，より魅力的な製品の製作につなげる——という概念が注目されています。今後もさらに，人間たるユーザに寄り添った新たなコンピュータ，周辺デバイス・装置，仕組みが開発されて，私たちを驚かせ，喜ばせてくれることでしょう。

　なお，バリアフリー（barrier-free）という言葉があります。これは，生活上の障壁（バリア）となるものを取り除く，あるいは障壁の度合いを軽減する（フリー），という意味合いがあります。例をあげると，階段や風呂場に付けた手すり，階段横に設置したエスカレーターや車椅子を搭載できる通路，歩道にはめ込まれた点字ブロック，道路に新設された自転車専用レーン，鉄道のホームドアなどがあるでしょう。つまり，ユニバーサルデザインは初めから障壁がないように"理想的な"デザインをすることを指し，バリアフリーのほうは障壁に対して"現実的な"対処をすることを言います。

　ユニバーサルデザイン関連の研究と社会への実装は，今まさに急務です。

自動ドア，動く歩道，ノンステップバス，多機能／多目的トイレ，エレベーター，段差のない床，スロープ状の通路，センサー蛇口，電車やバスの優先席，各種のピクトグラム，*etc.*

# インターネット 小史

## ◆インターネットのルーツ

米国国防総省の研究部門**DARPA**（Defense Advanced Research Projects Agency）がスポンサーとなって，1967年に研究を開始した**ARPANET**（あーぱねっと）がそのルーツです（当時はその名称の頭にDefenseがなかったために，ARPANETとなった）。当時，(D)ARPAは資金難で，コンピュータの共同利用によってコンピュータ資源の節約をし，かつ研究成果を共有する——というのが真の目的でした。

　当初はカリフォルニア大学ロサンゼルス校，スタンフォード研究所，カリフォルニア大学サンタバーバラ校，ユタ大学の4地点を結びました。ここで築かれたコミュニティは，パケット網の基本技術，種々のネットワークプロトコルの発展に大きく貢献しました。その後，他の大学や企業の研究所が加わってゆき，1970年代後半には100以上のホストが繋げられた広域ネットワーク（WAN）に発展しました。そうしている最中に，そのメンバーたちには，当初の目的とは異なる "世界中のコンピュータを繋いで通信をし，研究開発のための情報共有をしよう" という考えが芽生えて根づいていきました。

## ◆インターネットの技術

インターネット開発の端緒となったアイディアは，英国の**Donald W. Davies**（どなるど・でーびす，1924-2000）によって開発され，1965年に公表された「パケットの理論」で，情報を多数の**パケット**（packet，小荷物）に分割して送受信する，ということでした。このパケットは，データと，その先頭に，**ヘッダ**（header）と呼ばれる宛先などの制御情報を付加したものから成っています。それらのパケットをネットワーク上に流し，受信側では送信されてきたパケットを整理して出力しようというものです。いわゆる**パケット交換方式**（packet exchange method）の採用です。

　その交通（通信）整理をするのが**プロトコル**（protocol）：情報の交信を行う上での "取決め" もしくは "約束事" のことですが，インターネットでは，**TCP/IP**（てぃーしーぴーあいぴー，Transmission Control Protocol / Internet Protocol）に基づいて，パケットに分割された情報が整理されて送受信が行われています。それは，①ネットワークインタフェース層（機器の接続，データ送受信の制御・管理）-②インターネット層（情報経路の制御・管理）-③トランスポート層（通信上の制御・管理）-④アプリケーション層（さまざまなアプリケーションでのやり取りの制御・管理）という4層から成っています。この中の③がTCPで，②がIPですが，この二つが中心となって用いられるために，全体をTCP/IPと呼んでいます。

　インターネットには電話回線での**UUCP**（ゆーゆーしーぴー，UNIX to UNIX Copy Protocol/CoPy）という簡易なプロトコルも用いられましたが，専用線やISDN回線ではTCP/IPが採用されて，その「インターネット層」の働きにより，さまざまなLANの相互接続ができるようになって，国際的な接続（リンク）が可能となったのです。このTCP/IPの開発者は**Vinton G. Cerf**（びんとん・さーふ，1943-）と**Robert（Bob）E. Kahn**（ろばーと（ぼぶ）・かーん，1938-）の二人で，1974年のことでした。その功績により，両氏は2004年のチューリング賞を受賞しています。

　また，インターネットの技術開発と普及には，その当時のコンピュータ環境に大きく影響されてきています。とくに**Bill Joy**（びる・じょい）らが開発したOSの**4.2 BSD UNIX**は1983年に正式にリリースされましたが，ネットワーク機能としてTCP/IPなどが新たに組み込まれたために，その後のインターネットの世界的形成を大いに促進しました。そして，**John McCarthy**（じょん・まっかーしー）らが1950年代後半に開発していた**タイムシェアリングシステム**（Time Sharing System: TSS）が，その後のコンピュータ環境の改善・充実に伴って，インターネットの発展を助長しました。

## ◆我が国でのインターネット研究

1984年に，村井 純（むらい・じゅん，1955-）氏が主導して東京工業大学－慶應義塾大学－東京大学の間が接続され，UUCPによる**JUNET**（じぇいゆーねっと／じゅねっと／じゅんねっと，Japan University NETwork/Japan UNIX NETwork；国内の大学間ネットワークの祖）の運用が開始されました。村井氏は，慶大を卒業後，東工大，東大へ，そして慶大に戻るという，順に巡回赴任をすることで，インターネット研究のための拠点確保，環境整備，人材育成に努めました。そして，1985年には「WIDE（わいど）研究会」を発足させています。それは1988年になって，**WIDEプロジェクト**（Widely Integrated Distributed Environment project）と改称され，合宿も交

えた活発なインターネット技術開発のさまざまな活動が，今もなお進められています。

　ちなみに，インターネット上の機器に割り当てられる"住所"であるIPアドレス（IP address）は，現在はIPv4（あいぴーぶいふぉー，Internet Protocol version 4）という規格で，32ビットです。しかし現在，急激な利用者の増加でその不足が懸念されており，128ビットのIPv6（あいぴーぶいしっくす，Internet Protocol version 6）への移行が，WIDEプロジェクトを中心として，我が国の主導で進められています。その中心はWIDEプロジェクトのメンバー萩野純一郎（はぎの・じゅんいちろう（ニックネーム Itojun（いとじゅん）），1970-2007）氏でした。

　このような経緯から，村井 純氏は"インターネットサムライ"と称されて，世界中から尊敬される存在となっています。そして，彼を技術・政策の両面で終始バックアップしていたのが，当時東大におられた石田晴久（いしだ・はるひさ，1936-2009）氏です。また石田氏は，インターネット，UNIX，PC関連の多くの著書・訳書・雑誌寄稿，また関連学・協会の設立・運営などにも精励されて大活躍され，我が国へ新たなる情報文化を詳細かつ分かりやすく伝えてくれた"伝道師"でした。

## ◆インターネットの普及

すでに述べたとおり，4.2 BSDにネットワーク機能が組み込まれたことによって，インターネットは世界を結ぶ通信システムとして一段と飛躍しましたが，それはまだ専門家の間の研究環境に留まるものでした。

　しかし，時代は進んで，1980年代にはダウンサイジングによるパーソナルコンピュータの登場と，その後の急速な普及によって，社会が大きく変わってゆきました。コンピュータとインターネットが，いよいよ大衆のものとなったのです。その立役者は，Microsoft社の創業（1975年）者の一人であるBill（William）H. Gates（びる（うぃりあむ）・げいつ，1955-）と，1995年に同社が発表したOSであるWindows 95だと言えるでしょう。それにより，企業だけでなく，一般の家庭にもパーソナルコンピュータが入り込み，インターネットの利用者が爆発的に増大しました。

## ◆インターネット上での事件

インターネット開発の動機は（D)ARPAの経済的な理由で，その目的は純粋な研究利用でした。その後，インターネットは世界中に普及して，いまや社会基盤／インフラとなっています。そうなると，世の中にはいろいろな人がいますから，残念なことにインターネットを介したトラブルや事件などが発生してきています。以前には考えられなかった，今ではさまざまな形態のサイバー犯罪が起こってきていて，大きな社会問題となっています。

　その中でも，1988年に起きたRobert T. Morris（ろばーと・もーりす，1965-）によるインターネットワーム事件は世界中に大きな衝撃を与え，またその後の情報セキュリティ技術の研究に大きな課題を与えたものとして思い出されます。その概要は次のとおりです：1988年11月2日の夕方，突然インターネットが攻撃にさらされて，最終的には世界中の何千というコンピュータにまで広がり，インターネットを数日間にわたって混乱させました。この主因であるワーム（worm）と呼ばれるプログラムは，Sun Microsystems社（Bill Joyらが1982年に創業）のSun 3システムと，4 BSD系のUNIXで動いているVAX（DEC（Digital Equipment Corporation）社製の時代を画したミニコン）だけにしか侵入できませんでしたが，その広がりのスピードで多くのシステム管理者と利用者に知られることとなり，世界を震撼させました。そして，この事件を各マスコミが大きく報じ，*New York Times*紙も一面を飾りました。インターネットが，このように社会全体から注目されたのは，これが初めてのことでした。

　捜査の結果，その犯人はコーネル大学の学生Robert Morrisで，MITから放たれたことが判明しました。

　その後，このワーム（Morris worm）が与えた影響は何だっただろうかという議論：その被害はどれほどか？彼に悪意があったのか？　UNIXのセキュリティの脆弱さに警鐘を鳴らすための実験か？　学生の遊び心の仕業か？…，などなどが激しく交わされました。その功罪を一概に語ることはできませんが，世の中にインターネットの重要性，セキュリティ技術の研究促進の必要性，情報倫理の重要性を強く認識させたこと，また多様なサイバー犯罪の可能性を予感させることになったことは間違いありません。

　結局，彼の刑罰は，3年間の保護観察，400時間の社会奉仕，罰金10,050ドルなどで決着しました。現在，彼はMITの教授として活躍しているそうです。

## ◆インターネットの活用

いまや，パーソナルコンピュータが家電製品化し，スマートフォンが生活必需品となりましたが，その活用面での門戸を開いたのが1991年に運用が開始されたWWW（World Wide Web/Web）です。それは，CERN（せるん／さーん，欧州原子核研究機構）の英国人Tim J. Berners-Lee（てぃむ・ばーなーず-りー，1955-）が1989

年に開発したインターネット上の**ハイパーテキスト**（hypertext）システムです。なお，CERNはBerners-Leeらの主張を受け入れて，1993年にWWWを無料で開放することを発表しました。この画期的な功績により，同氏は2016年度のチューリング賞を授与されています。

つづいて，このWWWを閲覧するためのソフトウェアであるブラウザ，**Mosaic**（もざいく／もぜいーく）が1993年にNCSA（National Center for Supercomputing Application，米国国立スーパーコンピュータ応用研究所）からリリースされます。それが，Windows 95向けのソフトパッケージとして提供された**Explorer**，現在よく使われている**Microsoft Edge**（2015年のWindows 10から標準装備），**Google Chrome**（2008年）などへとつながっていきます。

さらに，Webブラウザを介してアクセスされる検索エンジンとして**Yahoo!**が1994年に登場します。すでに30年近く経過していますが，今でも根強い人気があります。そして次に，目下世界最大とされている**Google**が1998年に登場しました。これには，Webページ検索での重要度と高速性を決定するためのアルゴリズムの新技術である**PageRank**が用いられています。Google社の共同創設者でもある**Larry（Lawrence Edward）Page**（らりー・ぺいじ，1973-）と**Sergey M. Brin**（せるげい・ぶりん，1973-）によって，1998年に考案されました。

そして，2001年にはオンライン辞典『**Wikipedia／ウィキペディア**』，2003年にビデオ電話**Skype**，2004年にSNSの旗手**Facebook**，2005年に動画配信の**YouTube**，2006年に小さなblogの**Twitter**（現X），2011年には日本・韓国・中国・米国出身の15名が開発を担当したSNSの**LINE**，2022年には対話型生成AIの**ChatGPT**と，まさに百花繚乱の様相を呈していることはご承知のとおりです。

## ◆インターネットの現実と課題

現在，インターネットは世界のすべてを繋げられているわけではありません。インターネットの正式名称は"the Internet"で，定冠詞theとアイが大文字にされています。これは，村井 純氏によれば，「インターネットは地球上にただ一つ，全人類・全地域・全産業が共通につながれるもの」ということを意味しています。この理想の実現に向けて，低軌道の人工衛星を打ち上げて，それにより真に世界をくまなく繋ごうという計画が進んでいます。

一方，政治的に「自由で開かれたインターネット」を制限する動きが，いくつかの国で垣間見られてきていて，深刻な情況となりつつあります。

また，すでに記したとおり，インターネットの利用者が激増しているために，「IPアドレス枯渇問題」が深刻になっています。現在一般に使われているIPv4は1981年に仕様が決定されたもので，IPアドレスを32ビットで表現しています。ということは，2の32乗ですから約43億個の割当てで限界が来ます。その対策として，IPv6への移行が進められているのです。これは，128ビットで表現するもので，1998年に仕様が決まりました。しかし，移行に伴うコストや運用管理面の負担などで，スムーズにはいっていません。なお，わが国では，国内のIPアドレス番号の割当てと登録に関する管理を主な業務とする**JPNIC**（じぇいぴーにっく，JaPan Network Information Center；一般法人 日本ネットワークインフォメーションセンター）がこの問題に対処してくれています。

さらには，インターネットは，私たちの生活を劇的に変革しましたが，一方で，その利便性，自由性，無形性，匿名性，遠隔操作性などを逆手にとることで，さまざまな問題が引き起こされてもいます。それらに対するセキュリティ技術の研究開発が常に必須です。同時に，こういった状況を踏まえての法整備とその改正をもってする厳粛な適用，そして，私たち一般利用者は強固な倫理観を絶えず持っていることが求められています。

## ◆参考文献

[1] 石田晴久・徳田雄洋・徳田英幸（編），bit臨時増刊『コンピュータ・ネットワーク』，共立出版（株），1986年7月号。
[2] 石田晴久，『はやわかり インターネット』，共立出版（株），1994。
[3] bit別冊（年度版），『インターネット参加の手引き』，共立出版（株），1994〜1996。
[4] C.Malamud（著），後藤滋樹・村上健一郎・野島久雄（訳）『インターネット縦横無尽』，共立出版（株），1994。
[5] J.Davidson（著），後藤滋樹・村上健一郎・野島久雄（訳）『はやわかりTCP/IP』，共立出版（株），1997。
[6] 石田晴久，情報フロンティアシリーズ第1巻『UNIX最前線』，共立出版（株），1993。
[7] 村井 純（監修）・WIDEプロジェクト（編著），『日本でインターネットはどのように創られたのか？ WIDEプロジェクト20年の挑戦の記録』，（株）インプレスR&D，2009。
[8] E. H. Spaffordほか（著），天海良治・松方 純・村上健一郎・梅村恭司（訳），特集 ワーム・ストーリー──インターネット・ワーム事件の全容，bit 1989年12月号，共立出版（株）。
[9] オンライン辞典『ウィキペディア』，2023年6月。

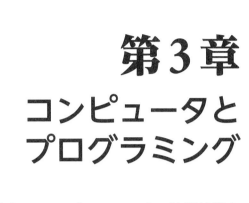

# 第3章
## コンピュータと
## プログラミング

情報機器の中心はコンピュータです。情報技術を
用いて問題解決に挑むためには，まずはコンピュ
ータの実相を知らなくてはなりません。また，プ
ログラミングによって有用なプログラムを作成し，
コンピュータを有効に活用できるようにしなけれ
ばなりません。

本章で，それらの基礎を学んで，実務につながる
能力を身に着けていきましょう!!

# コンピュータとプログラミングに関連する主なキーワード

以下に示す各用語に対応する英語を書きなさい。略語のものはフルスペルを書きなさい。なお，答となる英語で略語が流通しているものについては，フルスペルの英語のところに略語を形成しているアルファベットの部分を大文字にして，その略語とともに記しなさい。

**（A）**

1 コンピュータ　　　　　　　　[　　　　　　　　　　　　　　]

2 アーキテクチャ　　　　　　　[　　　　　　　　　　　　　　]

3 ハードウェア　　　　　　　　[　　　　　　　　　　　　　　]

4 ソフトウェア　　　　　　　　[　　　　　　　　　　　　　　]

5 中央処理装置　　　　　　　　[　　　　　　　　　　　　　　]

6 主記憶装置／メインメモリ　　[　　　　　　　　　　　　　　]

7 補助記憶装置／2次記憶装置／ストレージ　[　　　　　　　　　　　　　　]

8 入力装置　　　　　　　　　　[　　　　　　　　　　　　　　]

9 出力装置　　　　　　　　　　[　　　　　　　　　　　　　　]

10 インタフェース　　　　　　　[　　　　　　　　　　　　　　]

**（B）**

1 基本ソフトウェア／オペレーティングシステム

　　　　　　　　　　　　　　　[　　　　　　　　　　　　　　]

2 （言語）処理系　　　　　　　[　　　　　　　　　　　　　　]

3 コンパイラ　　　　　　　　　[　　　　　　　　　　　　　　]

4 インタプリタ　　　　　　　　[　　　　　　　　　　　　　　]

5 アルゴリズム　　　　　　　　[　　　　　　　　　　　　　　]

6 順次構造　　　　　　　　　　[　　　　　　　　　　　　　　]

7 分岐構造／選択構造　　　　　[　　　　　　　　　　　　　　]

8 反復構造／繰返し構造　　　　[　　　　　　　　　　　　　　]

9 符号化／コード化　　　　　　[　　　　　　　　　　　　　　]

10 擬似コード　　　　　　　　　[　　　　　　　　　　　　　　]

**（C）**

1 配列／リスト　　　　　　　　[　　　　　　　　　　　　　　]

2 整列／ソート　　　　　　　　[　　　　　　　　　　　　　　]

3 再帰呼出し　　　　　　　　　[　　　　　　　　　　　　　　]

4 属性　　　　　　　　　　　　[　　　　　　　　　　　　　　]

5 応用ソフトウェア／アプリケーションソフトウェア

　　　　　　　　　　　　　　　[　　　　　　　　　　　　　　]

6 副プログラム／サブルーチン　[　　　　　　　　　　　　　　]

7 命令／コマンド　　　　　　　[　　　　　　　　　　　　　　]

8 既定値／初期値／デフォルト（値）　[　　　　　　　　　　　　　　]

9 バグ　　　　　　　　　　　　[　　　　　　　　　　　　　　]

10 デバッグ　　　　　　　　　　[　　　　　　　　　　　　　　]

コンピュータ（computer）という言葉は，"compute（計算する）" に由来していて，計算するモノです。そのために，以前，コンピュータが専門家だけのものだった時代には端的に「計算機」と呼ばれることが多かったのです。しかし，コンピュータが純粋な "計算" だけでなく他のいろいろな処理をこなすマシンとなり，また各個人に所有されて広く使われるようになったために，最近ではカタカナで「コンピュータ」と表記されることが多くなりました。

アーキテクチャ（architecture）とは元来，建築用語で「建築様式」のことを言いますが，情報の分野ではコンピュータの概略的な仕組みで，「基本設計」「設計思想」，あるいは「基本構造」を意味します。

基本ソフトウェア（basic software）は従来，OS（オペレーティングシステム，Operating System）を含んで，（言語）処理系やファイル管理プログラム，各種のライブラリなどをまとめた総称でしたが，近年は一般にOS（オペレーティングシステム）を指す用語となっています。また，システムソフトウェア（system software）という言葉も同義語として使われています。

再帰呼出し（recursive call）とは，コンピュータプログラムの中で多用される処理の一つで，関数などの手続きの，自分自身を呼び出して使うものです。少数のコード記述で結果を出せるため，プログラムの処理速度の向上，ソフトウェアの開発効率を高めることに役立てられます。

属性（attribute）とは，人や事物・事柄が保持している固有の付加情報のことを言います。情報分野では，コンピュータでのファイルやデータの持つ性質のことを指します。

応用ソフトウェア／アプリケーションソフトウェア（application software）は，短く "アプリ" と呼ばれることも多いですね。身近になった，高性能のハードウェアとしてのコンピュータを活かすために，さまざまな応用ソフトウェアが用意されています。

既定値／初期値／デフォルト（値）（default）は，あらかじめ設定されている数値のことで，情報機器やシステムの使用開始時での負担軽減や，未入力による誤動作防止などのためのものです。一方，経済分野で「デフォルト」と言うと，国の財政難や銀行や企業の経営難によって，債権の利払いや償還がされなくなってしまう「債務不履行」という恐ろしいことを指します。

.................................................................
.................................................................
.................................................................
.................................................................
.................................................................

**(A)** **1** computer **2** architecture **3** hardware **4** software
**5** Central Processing Unit：CPU **6** main memory
**7** auxiliary memory units／secondary storage／storage **8** input device
**9** output device **10** interface

**(B)** **1** basic software／Operating System：OS **2** (language) processing system
**3** compiler **4** interpreter **5** algorithm **6** serial construct
**7** selective construct **8** iterative construct **9** coding **10** pseudocode

**(C)** **1** array／list **2** sort **3** recursive call **4** attribute **5** application software
**6** subroutine **7** command **8** default **9** bug **10** debug

# 2 コンピュータとプログラミングに関連する 主な略語

問題
problem

以下に示す略語，簡略語について，それぞれの読み方を平仮名で書き，続けて英語でのフルスペルを書きなさい。

1　PC　　　　[　　　　　　　] [　　　　　　　　　　　　　　　]
2　CPU　　　[　　　　　　　] [　　　　　　　　　　　　　　　]
3　I/O　　　 [　　　　　　　] [　　　　　　　　　　　　　　　]
4　OS　　　　[　　　　　　　] [　　　　　　　　　　　　　　　]
5　IC　　　　[　　　　　　　] [　　　　　　　　　　　　　　　]
6　LSI　　　 [　　　　　　　] [　　　　　　　　　　　　　　　]
7　HDD　　　[　　　　　　　] [　　　　　　　　　　　　　　　]
8　DVD　　　[　　　　　　　] [　　　　　　　　　　　　　　　]
9　CD　　　　[　　　　　　　] [　　　　　　　　　　　　　　　]
10　SSD　　　[　　　　　　　] [　　　　　　　　　　　　　　　]
11　USB　　　[　　　　　　　] [　　　　　　　　　　　　　　　]
12　UI　　　　[　　　　　　　] [　　　　　　　　　　　　　　　]
13　GUI　　　[　　　　　　　] [　　　　　　　　　　　　　　　]
14　DBMS　　[　　　　　　　] [　　　　　　　　　　　　　　　]
15　API　　　 [　　　　　　　] [　　　　　　　　　　　　　　　]
16　ANSI　　 [　　　　　　　] [　　　　　　　　　　　　　　　]
17　IEEE　　 [　　　　　　　] [　　　　　　　　　　　　　　　]
18　ISO　　　[　　　　　　　] [　　　　　　　　　　　　　　　]
19　JIS　　　 [　　　　　　　] [　　　　　　　　　　　　　　　]
20　LIFO　　 [　　　　　　　] [　　　　　　　　　　　　　　　]
21　FIFO　　 [　　　　　　　] [　　　　　　　　　　　　　　　]

今のコンピュータに使われているCPUや記憶装置の基本素子は，電子半導体の**IC**（あいしー，Integrated Circuit；集積回路）です。かつては真空管が用いられていて，サイズも大きな部屋を占用して，冷房装置を装備した物々しいモノでした。それがトランジスタの時代を経てIC，さらには**LSI**（えるえすあい，Large Scale Integration；**大規模集積回路**）/ **VLSI**（ぶいえるえすあい，Very Large Scale Integration；**超大規模集積回路**）が発明されたことで，コンピュータは長足の進歩を遂げることになります。ICの指数関数的な集積率の向上で，コンピュータの全体構成サイズが極めて小さく，軽量，長寿命，接続容易性，低コスト，等々が実現されました。また，その製作も一種の印刷技術により一度で大量に作ることができます。その結果，コンピュータの高性能化と小型化（**ダウンサイジング**，down-sizing）がどんどん進みました。

その指標を示したのが**ムーアの法則**（Moore's law）：ICの集積率はおよそ1年で2倍となる（1965年），というものです（**Gordon E. Moore**（ごーどん・むーあ，1929-2023），米国の電子工学者・実業家で，インテル社の創業者の一人）。その後，1975年に「2年ごとに2倍となる」と修正されたので，$n$を年数とすれば2の$n/2$乗ですので，この計算によると，10年後に32倍，20年後には1024倍となります。集積率は性能向上とほぼ同義ですので，その後2020年くらいまでは実際に，ほぼ法則どおりに性能が向上してきていました。つまり，IC関連技術・コンピュータ技術は指数関数的に進歩する，ということを予言して，的中させたのです。しかし，これもさすがに近年は集積率を高める微細化技術が原子レベルまで来ていて，その限界が指摘されており，目下，"ポストムーアの法則"として集積率に替わる**ブレークスルー**（breakthrough：画期的な革新・進歩）が，いろいろと研究されています。

**IEEE**（あいとりぷるいー，Institute of Electrical and Electronics Engineers：米国電気電子学会）は電気・電子関係では世界最大の学会で，学会誌の発行，国際会議の主催，標準化などの活動を行っていて，大変大きな影響力を持っています。"あいとりぷるいー"と読まれるのは面白いですね。

ここで，**標準化**（standardization）とは，製品などの"モノ"やソフトウェアなどの"もの"，何らかの"事柄"などの，品質・性能・安全性・利便性に対して一定の水準／規準の値を定める作業のことを言います。情報分野では，このIEEEのほかに，ANSI，ISO，そしてJISなどで行われています。

．．．．．．．．．．．．．．．．．．．．．．．．．．．．．．．．．．．．．．．．．．．．．．．．．．．．．．．．
．．．．．．．．．．．．．．．．．．．．．．．．．．．．．．．．．．．．．．．．．．．．．．．．．．．．．．．．
．．．．．．．．．．．．．．．．．．．．．．．．．．．．．．．．．．．．．．．．．．．．．．．．．．．．．．．．
．．．．．．．．．．．．．．．．．．．．．．．．．．．．．．．．．．．．．．．．．．．．．．．．．．．．．．．．
．．．．．．．．．．．．．．．．．．．．．．．．．．．．．．．．．．．．．．．．．．．．．．．．．．．．．．．．

1　ぴーしー Personal Computer　　**2**　しーぴーゆー Central Processing Unit
**3**　あいおー Input / Output　　**4**　おーえす Operating System　　**5**　あいしー Integrated Circuit
**6**　えるえすあい Large Scale Integration/Integrated Circuit
**7**　えいちでぃーでぃー Hard Disk Drive　　**8**　でぃーぶいでぃー Digital Versatile Disc
**9**　しーでぃー Compact Disc　　**10**　えすえすでぃー Solid State Drive
**11**　ゆーえすびー　Universal Serial Bus　　**12**　ゆーあい User Interface
**13**　じーゆーあい Graphical User Interface　　**14**でぃーびーえむえす DataBase Management System
**15**　えいぴーあい Application Programming Interface
**16**　あんしー American National Standards Institute
**17**　あいとりぷるいー Institute of Electrical and Electronics Engineers
**18**　あいえすおー／あいそ International Organization for Standardization
**19**　じす Japanese Industrial Standards　　**20**　りふぉ Last In First Out
**21**　ふぁいふぉ First In First Out

# コンピュータとプログラミングに関連する用語の日本語表記

以下に示す日本語表記の用語に対応するカタカナ表記と，それに適合する英語を書きなさい。

1　計算機　　　　　　　[　　　　　　　　　　　　　　　　　　]

2　記憶　　　　　　　　[　　　　　　　　　　　　　　　　　　]

3　基本構造　　　　　　[　　　　　　　　　　　　　　　　　　]

4　入力装置　　　　　　[　　　　　　　　　　　　　　　　　　]

5　出力装置　　　　　　[　　　　　　　　　　　　　　　　　　]

6　鍵盤　　　　　　　　[　　　　　　　　　　　　　　　　　　]

7　画面　　　　　　　　[　　　　　　　　　　　　　　　　　　]

8　印刷機　　　　　　　[　　　　　　　　　　　　　　　　　　]

9　基本ソフトウェア　　[　　　　　　　　　　　　　　　　　　]

10　応用ソフトウェア　　[　　　　　　　　　　　　　　　　　　]

11　翻訳系　　　　　　　[　　　　　　　　　　　　　　　　　　]

12　解釈系　　　　　　　[　　　　　　　　　　　　　　　　　　]

13　既定値／初期値　　　[　　　　　　　　　　　　　　　　　　]

14　算法　　　　　　　　[　　　　　　　　　　　　　　　　　　]

15　経路／道　　　　　　[　　　　　　　　　　　　　　　　　　]

16　流れ図　　　　　　　[　　　　　　　　　　　　　　　　　　]

17　走査　　　　　　　　[　　　　　　　　　　　　　　　　　　]

18　保守　　　　　　　　[　　　　　　　　　　　　　　　　　　]

19　虫　　　　　　　　　[　　　　　　　　　　　　　　　　　　]

20　虫取り　　　　　　　[　　　　　　　　　　　　　　　　　　]

21　移植性　　　　　　　[　　　　　　　　　　　　　　　　　　]

22　互換性　　　　　　　[　　　　　　　　　　　　　　　　　　]

23　命令　　　　　　　　[　　　　　　　　　　　　　　　　　　]

24　模擬実験　　　　　　[　　　　　　　　　　　　　　　　　　]

第3章

コンピュータの画面／スクリーン（screen）は，ディスプレイ（display）あるいはモニタ（monitor）とも呼ばれる装置の映像部分です。

　日本語で "記憶装置" というと，コンピュータ内部に装備されている主記憶装置／メインメモリ（main memory）と，通常外付けの補助記憶装置／2次記憶装置／外部記憶装置（ストレージ（storage））との両方を指してしまいます。これに関しては後の【問題7　記憶装置とは】で整理しましょう。

　なお，コンピュータによる模擬実験であるsimulationを "シュミレーション" と書いてしまう人が結構います。「シミュレーション」ですので，注意してください（本章の【問題26　コンピュータシミュレーションとは】参照）。

1　コンピュータ computer　　2　メモリ memory　　3　アーキテクチャ architecture
4　インプットデバイス input device　　5　アウトプットデバイス output device
6　キーボード keyboard　　7　スクリーン screen　　8　プリンタ printer
9　オペレーティングシステム Operating System：OS
10　アプリケーションソフトウェア application software　　11　コンパイラ compiler
12　インタプリタ interpreter　　13　デフォルト default　　14　アルゴリズム algorithm
15　パス／ルート path／root　　16　フローチャート flowchart　　17　スキャン scan
18　メンテナンス maintenance　　19　バグ bug　　20　デバッグ debug　　21　ポータビリティ portability
22　コンパチビリティ compatibility　　23　コマンド command　　24　シミュレーション simulation

**問題**

problem

以下に示す（1）～（4）の一連の文章は，コンピュータの基本的な構成について説明しています。角括弧の中に適合する言葉を下の（a）～（g）の中から選びなさい。

（1）　コンピュータの全体構成は［① 　　　］と［② 　　　］の二つから成り立っている。

（2）　①は，コンピュータの，物体としての［③ 　　　］のことである。

（3）　それらには，コンピュータの本体と［④ 　　　］とがある。

（4）　一方，②は，①の上で動作する，いろいろな［⑤ 　　　］や各種の［⑥ 　　　］，それに［⑦ 　　　］や各種の関連文書などを含めた総称である。

---

（a）機器・装置　　（b）周辺装置　　（c）ソフトウェア　　（d）データ　　（e）ハードウェア
（f）プログラム　　（g）マニュアル

### 注釈 comment

ハードウェア (hardware) は，しばしば「ハード」と略称されます。同様に，ソフトウェア (software) も「ソフト」と呼ばれます。

本問題で確認したとおり，ソフトウェアにはマニュアル（manual，取扱説明書・手引書・ユーザガイド）なども含めることが一般的です。このマニュアルについては，当然その使い方についての "正確性" "分かりやすさ" "読みやすさ" "見やすさ" などが求められますので，さまざまに工夫がなされてきました。その研究が契機となり，「テクニカルライティング」という分野が確立しました。その詳細は**第2章**の**【問題23　科学技術系文書の作成】**の**【注釈】**にありますので，あらためて，そちらを参照してみてください。

ところで，コンピュータというのはまことに面白く興味ぶかい機械ですね。単体としての大型コンピュータやパーソナルコンピュータにさまざまなソフトウェアを入れ替えることによって，誰でも，求める多様な用途に使うことができます。したがって，コンピュータには，多様なソフトウェアをインストールしていくことによって，どんどん価値が高まっていく，という性質があるのです。一般の製品は，購入後には次第にその価値が下がっていきますよね。

また，コンピュータの機能をLSIによるMPUとして，いろいろな機器に組み込んだもの，たとえば，カーナビ，自販機，信号機，エレベーター，ドローン，デジカメなどなど，いまや数え上げ出すとキリがありません。そしてそれらにも，それぞれの用途に合わせてデザインされたさまざまなソフトウェアが入れられている（インストールされている）のです。

つまり，コンピュータが社会的にシステムとして有効な機能を発揮するためには，ハードウェアとソフトウェアのコンビネーション (combination) が絶対に必要なのです。**第1章**の**章末コラム「コンピュータ 小史」**を，あらためてお読みください。

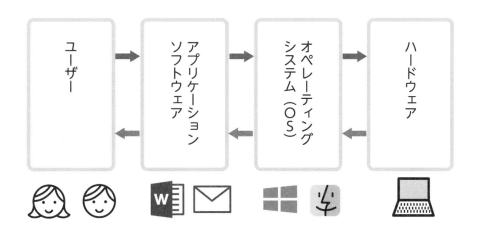

### メモ memorandum

..................................................................................
..................................................................................
..................................................................................

### 答 answer

**(1)** ①-（e）ハードウェア　　②-（c）ソフトウェア
**(2)** ③-（a）機器・装置
**(3)** ④-（b）周辺装置
**(4)** ⑤-（f）プログラム　　⑥-（d）データ　　⑦-（g）マニュアル

**問題**
problem

以下に示す（**1**）～（**2**）の一連の文章は，ハードウェアの基本的な構成について説明しています。文中の角括弧の中に入る適切な言葉を下の（**a**）～（**f**）の中から選びなさい。

（**1**）一般に，[ 　　 ] という呼称はハードウェアを指すことが多い。

（**2**）ハードウェアは，基本的には次の五つの装置から成る：

（ⅰ）演算装置：プログラムデータの [ 　　 ] を行う。

（ⅱ）制御装置：コンピュータ内部での情報の流れを [ 　　 ] する。

（ⅲ）記憶装置：プログラムデータを [ 　　 ] する。

（ⅳ）入力装置：コンピュータへ各種の情報を [ 　　 ]。

（ⅴ）出力装置：コンピュータから処理済みの情報を [ 　　 ]。

---

（**a**）入れ込む　　（**b**）格納・保存　　（**c**）計算　　（**d**）コンピュータ　　（**e**）命令・管理
（**f**）取り出す

---

一般に，演算装置（arithmetic unit）と制御装置（control unit）は，二つ合わせて中央処理装置（Central Processing Unit: CPU）と呼ばれます。これはいわば，コンピュータの中枢ですね。記憶装置（memory device / unit）は，CPUと直接データ処理をする主記憶装置（main memory device, メインメモリ）と，メインメモリを補助して大量のデータを保存しておく補助記憶装置／2次記憶装置／外部記憶装置（auxiliary / secondary / external storage device）があります。

　みなさんが使っているパーソナルコンピュータもスマートフォンもタブレット端末も，基本的には本問題で見た構成と同じです。ただし，入力装置（input device）と出力装置（output device）には違いがあり，デスクトップ型のパーソナルコンピュータでは一般にそれらが周辺装置として外部にありますが，ノートパソコンやスマートフォン，タブレット端末では基本的な部分は本体に付属して一体化しています。ふだんお使いの機器で，それらの違いを確認してみてください。

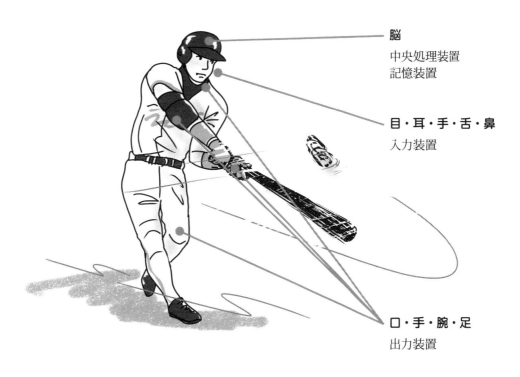

脳
中央処理装置
記憶装置

目・耳・手・舌・鼻
入力装置

口・手・腕・足
出力装置

**(1)**（d）コンピュータ
**(2)**（ⅰ）-（c）計算　　（ⅱ）-（e）命令・管理　　（ⅲ）-（b）格納・保存　　（ⅳ）-（a）入れ込む
　　（ⅴ）-（f）取り出す

**問題**
problem

以下に示す（1）～（5）の文章は，コンピュータの中核を担うCPUについて述べたものです。それぞれの角括弧に適合するものを，下の（a）～（f）から選びなさい。

（1） CPUは，［① 　　　］と［② 　　　］を合わせたものである。

（2） パーソナルコンピュータでは，CPUは一般に［③ 　　　］と呼ばれている。

（3） ③は通常，1チップの［④ 　　　］で作られている。

（4） CPUの①は［⑤ 　　　］とプログラムデータをやり取りして演算（計算）を行う。

（5） CPUの②はコンピュータのそれぞれの装置に［⑥ 　　　］を送ることで，処理情報の流れを制御・管理する。

---

（a）MPU 　　（b）LSI 　　（c）演算装置 　　（d）制御装置 　　（e）制御命令（信号）
（f）主記憶装置（メインメモリ）

**注釈**
comment

本章の【問題2　コンピュータとプログラミングに関連する主な略語】の【注釈】に記したとおり，IC / LSIの劇的な進歩によってコンピュータは高性能化と小型化を果たしました。その顕著な例が**CPU**（しーぴーゆー，Central Processing Unit：**中央処理装置**）であり，それは**MPU**（えむぴーゆー，Micro Processing Unit）として実現されています。

　なお，コンピュータの小型化を**ダウンサイジング**（down-sizing）と言いますが，より正確には，単にサイズを小さくしたことだけでなく，以前の大型コンピュータシステムに取って替わり，インターネット上の分散システム化によるシステムの柔軟性や，格段の高性能化，さらに経済性としての価格性能比の向上といった意味も包含しています。

　中央処理装置（CPU）を人間の部位にたとえると，脳（brain），とくに前頭葉（frontal lobe）ということになるでしょう。それは，知覚・運動・精神・生命ほか，すべての人間活動の中枢機関です。

　よく，右脳派人間と左脳派人間がいる，と言われます。右脳は感情や記憶力，学習力，直感力を主な対象としているそうですので，政治家や企画立案者，デザイナーなどのリーダータイプです。一方の左脳は計算力，言語力，論理的思考力などが主だそうですので，プログラマーやデータサイエンティストなどの研究者タイプと言えそうです。

　この両方をバランス良く持っている人が理想ですが，とかく実物の人間はどちらかに偏っていることが多いようです。しかしこれは，学習によってかなり矯正・調整が可能なはずです。バランスのとれた有能な人材になるよう，日々の努力と反省を怠らないようにしてゆきましょう。

**メモ**
memorandum

..............................................................................................................................
..............................................................................................................................
..............................................................................................................................
..............................................................................................................................
..............................................................................................................................
..............................................................................................................................
..............................................................................................................................
..............................................................................................................................
..............................................................................................................................
..............................................................................................................................
..............................................................................................................................

**答**
answer

**(1)** ①-（c）演算装置　　②-（d）制御装置
**(2)** ③-（a）MPU
**(3)** ④-（b）LSI
**(4)** ⑤-（f）主記憶装置（メインメモリ）
**(5)** ⑥-（e）制御命令（信号）

**問題**
problem

以下に示す（1）～（5）の一連の文章は，コンピュータの記憶装置の詳細を述べたものです。それぞれの角括弧に適合する言葉を，下の（a）～（h）から選びなさい。

**（1）** 記憶装置とは，コンピュータプログラムやそのデータを［①　　　］するものである。

**（2）** それには，プログラムの実行のためにCPUとのデータのやり取りで一時的にそれらを記憶する［②　　　］と，一般には大量のデータやプログラムを格納・保存しておく［③　　　］との2種類がある。

**（3）** ②はCPUに隣接して配置され，コンピュータ本体に［④　　　］されている。

**（4）** ③には，円盤状の磁気記憶媒体である［⑤　　　］や，情報の書込み・取出し・消去を電気的に行う［⑥　　　］などがあり，それらには本体内蔵のものと外付けのものとがある。

**（5）** コンピュータの電源を切ってしまうと，②に記憶されたデータ類は［⑦　　　］が，③に格納・保存されているデータ類は［⑧　　　］。

---

（**a**）格納・保存　　（**b**）消える　　（**c**）消えない　　（**d**）主記憶装置（メインメモリ）
（**e**）内蔵　　（**f**）ハードディスクドライブ（HDD）　　（**g**）フラッシュメモリ
（**h**）補助記憶装置（ストレージ）

---

**メ モ**
memorandum

記憶（memory）については，哲学・心理学・生理学をはじめ，いろいろな分野での重要な研究テーマとして位置づけられています。情報関連のコンピュータ科学，人工知能，認知科学といった分野でも，記憶はさまざまな観点から研究されている，たいへん興味深いテーマです。「記憶にありません。」というお決まりの文言に象徴されるように，人の記憶はとても曖昧で，また怪しいものですが，一方，コンピュータでの記憶は，操作を間違えなければ，まことに正確・確実です。

　主記憶装置（main memory）はメインメモリとも呼ばれますが，またそれは単にメモリと略称されることもありますので注意してください。一方，補助記憶装置（auxiliary memory units）は2次記憶装置（secondary storage），外部記憶装置（auxiliary / secondary / external storage device），あるいは単にストレージ（storage）とも呼ばれます。

　主記憶装置（メインメモリ）に用いられているものに，シリコン半導体のRAM（らむ，Random Access Memory）や，DRAM（でぃーらむ，Dynamic Random Access Memory）があります。これらは主記憶装置に内蔵（built-in）されていて，とても高速に処理してくれますが，外部電源が切られると記憶内容が消失してしまいますので注意してください。これを揮発性メモリ（volatile memory）と言います。

　フラッシュメモリ（flash memory）は，データの読み書きが"瞬時に"できる記憶媒体で，カメラの「フラッシュ」になぞらえて命名されました。これは，オンライン辞典『ウィキペディア』（2023年，6月）によると，我が国の東芝で舛岡富士雄（ますおか・ふじお，1943-）氏が発明したそうです。フラッシュメモリにはSSD（Solid State Drive），USBメモリ（Universal Serial Bus memory），SDカード（SD card）などがありますが，いずれも一般ユーザにとって良い性能・機能があり，しかも手軽に扱えて安価であることから，急速に普及しています。HDD（Hard Disk Drive）は大量のデータを記憶できるために長年メインメモリや外部記憶装置に採用されてきましたが，SSDが，より衝撃に強く安定的で，高速処理，低消費電力というメリットに加えて価格も抑制されてきたので，その座を譲っています。また，SSDやHDDは主記憶装置と比べて動作速度が一般には遅くなります。これをレイテンシ（latency，遅延時間）と言います。

　なお，本問題で見たとおり，フラッシュメモリとHDDはコンピュータの電源を切っても記憶されたデータ類が消えませんが，これを不揮発性メモリ（nonvolatile memory）と言います。

　ちなみに，RAMと同じような形態のものに，ROMというものがあります。ROM（ろむ）というのはRead Only Memoryの略語で，基本的には書込みはできない読出し専用の記憶媒体のことを言います。音楽のCDや市販のゲームソフトなどがこれに当たりますね。

　ここでも，記憶装置を人間の部位にたとえてみると，主記憶装置（メインメモリ）は，脳の一部である側頭葉（temporal lobe）と海馬（hippocampus）に，補助記憶装置は，やはり脳にある大脳皮質（cerebral cortex）になるようです。脳科学（brain science）という，情報科学にとって大変重要な関連研究分野があり，とくに人工知能（AI）の研究とは密接なパートナーとして関係しています。

**答**
answer

**（1）**①-（a）格納・保存
**（2）**②-（d）主記憶装置（メインメモリ）　③-（h）補助記憶装置（ストレージ）
**（3）**④-（e）内蔵
**（4）**⑤-（f）ハードディスクドライブ（HDD）　⑥-（g）フラッシュメモリ
**（5）**⑦-（b）消える　⑧-（c）消えない

# 8 入力装置と出力装置

**問題**
problem

デスクトップパソコン，ノートパソコン，タブレット端末，スマートフォンのそれぞれで，入力装置と出力装置の具体的なものを書きなさい。また，それぞれに外付けか内蔵かも書き添えなさい。

（1） デスクトップパソコン

　　入力装置：

　　出力装置：

（2） ノートパソコン

　　入力装置：

　　出力装置：

（3） タブレット端末

　　入力装置：

　　出力装置：

（4） スマートフォン

　　入力装置：

　　出力装置：

入力装置（input device）と出力装置（output device）は，情報処理のための「入口」と「出口」です。ですから，ユーザが直接触れたり使用するものですので，さまざまなものがデザイン・開発されて活用されています。

ここで，下の【答の例】には，機種によっては異なるものもありますので，注意してください。また，タブレット端末やスマートフォンでは，ディスプレイとタッチパネルは兼用されますね。なお，ディスプレイ（display）はモニタ（monitor）とも呼ばれます。

これらの外付けの装置やツールは周辺装置あるいは周辺機器（peripheral device）と言われます。今後さらに，いろいろな周辺装置が開発されて，ますます便利になってゆくことでしょう。

またここでも，入力装置と出力装置を人間の持つ部位にたとえてみましょう。まず，入力装置としては五感（ごかん，視覚・聴覚・嗅覚・味覚・触覚；five senses）に主に対応するのが目・耳・鼻・舌・手足であり，一方の出力装置としては口・目・手／腕・足／脚ということになるでしょう。

ちなみに，今日の人工知能（AI）の隆盛は，この入力装置としての機能である画像認識，音声認識，触覚認識などに関する高等技術の研究成果によるものと言っても過言ではありません。

ここまでの数題の【問題】の【注釈】で，コンピュータの基本構成を人間の部位にたとえてきましたが，それを理想に近い形で示してくれたのが，科学マンガの主人公「鉄腕アトム」と「ドラえもん」ですね。人型と猫型の違いはありますが，前者は，最強の運動能力と，人としての知性・感性を併せ持ち，また後者は，人間生活・社会生活に役立ち，未来を展望するいろいろな機能を提示してくれました。これらに触発されて，人工知能，ロボティクスの研究者を志した人も少なくないはずです。

........................................................................
........................................................................
........................................................................
........................................................................
........................................................................
........................................................................
........................................................................
........................................................................

**（1）** 入力装置：キーボード（外付け），マウス（外付け），タッチパッド（外付け），スキャナー（外付け），カメラ（外付け），マイク（外付け）；出力装置：ディスプレイ（外付け），プリンタ（外付け），スピーカー（外付け）

**（2）** 入力装置：キーボード（内蔵），マウス（外付け），タッチパッド（外付け），スキャナー（外付け），トラックパッド（内蔵），カメラ（内蔵），マイク（内蔵）；出力装置：ディスプレイ（内蔵），プリンタ（外付け），スピーカー（内蔵）

**（3）** 入力装置：タッチパネル（内蔵），タッチペン（外付け），キーボード（外付け），マイク（内蔵），カメラ（内蔵）；出力装置：ディスプレイ（内蔵），プリンタ（外付け），スピーカー（内蔵）

**（4）** 入力装置：タッチパネル（内蔵），タッチペン（外付け），マイク（内蔵），カメラ（内蔵）；出力装置：ディスプレイ（内蔵），プリンタ（外付け），スピーカー（内蔵）

# 9 コンピュータ機器の接続

**問題** problem

以下に示す（**1**）〜（**7**）の一連の文章は，コンピュータ本体と周辺装置／機器を相互に接続することについて説明しています。それぞれの文章の内容に適合するものを，下の（**a**）〜（**g**）から選びなさい。

（**1**）　情報機器の間を接続して，情報のやり取りを行えるようにする端子部分を［　　　］と言う。

（**2**）　それには，各種の［　　　］を用いる有線と，無線のものとがある。

（**3**）　有線のものには，さまざまな［　　　］があり，対応する接続部品のコネクタには決まった形式がある。

（**4**）　無線では配線の手間や煩わしさがないが，［　　　］な接続状況になりやすいので注意が必要である。

（**5**）　有線でコンピュータをインターネットに接続するためには，ハブ（あるいはスイッチ）やルータなどの通信用機器に［　　　］規格のLANケーブルを用いて結合させる。

（**6**）　有線では，プリンタをはじめ多くの周辺装置が［　　　］規格に統合されているが，コネクタにはいろいろな種類の形状があるので注意が必要である。

（**7**）　無線での通信規格としては［　　　］が普及していて，各地の施設などに設置されているアクセスポイントを介して接続する。

---

（**a**）IEEE 802.11　　（**b**）イーサネット　　（**c**）インタフェース　　（**d**）規格
（**e**）ケーブル　　（**f**）不安定　　（**g**）USB

第2章の**【問題26　ユニバーサルデザイン】**の**【注釈】**の中に**ユーザインタフェース**（User Interface: **UI**）という言葉が出てきています。それは，ユーザがコンピュータを使用する際に"接する部分"つまり"触る"場所のことでした。しかし，ここでの**インタフェース**（interface）はコンピュータの関連機器を接続する，という"概念"を指しています。そして，実際に接続を行う物理的な実態としての接続端子は**コネクタ**（connector）と呼ばれるものです。

　本問題で見たとおり，接続の方法としては**ワイヤ**（wire，**有線**）接続と**ワイヤレス**（wireless，**無線**）接続の2通りがあります。ワイヤ接続では，**イーサネット**（Ethernet），**USB**（Universal Serial Bus），**IEEE**（Institute of Electrical and Electronics Engineers）など，それぞれの規格に合ったコネクタケーブルを使用する必要があります。

　なお，**Wi-Fi**（わいふぁい，Wireless Fidelity）は，国際標準規格IEEE 802.11に基づくおなじみの無線LAN規格ですね。これが有線のハブ／スイッチに代わって，場所の移動で使用可能な情報端末（ノートパソコン，スマートフォンやタブレット端末）をネット接続してくれます。ケーブルが不要ですので，とても便利です。また，**Bluetooth**（ぶるーとぅーす）はスマートフォンとイヤホンをつなげる場合のように，10メートル程度以内の短い距離でのワイヤレス接続用の通信規格です。

　これらに加えて，**ハブ**（hub）や**ルータ**（router），**モデム**（modem），**アクセスポイント**（access-point）他についてのネットワーク関連の知識については，第4章で詳しく調べることにしましょう。

ワイヤ接続

ワイヤレス接続

．．．．．．．．．．．．．．．．．．．．．．．．．．．．．．．．．．．．．．．．．．．．．．．．．．．．．．．．．
．．．．．．．．．．．．．．．．．．．．．．．．．．．．．．．．．．．．．．．．．．．．．．．．．．．．．．．．．
．．．．．．．．．．．．．．．．．．．．．．．．．．．．．．．．．．．．．．．．．．．．．．．．．．．．．．．．．
．．．．．．．．．．．．．．．．．．．．．．．．．．．．．．．．．．．．．．．．．．．．．．．．．．．．．．．．．

**（1）**（c）インタフェース
**（2）**（e）ケーブル
**（3）**（d）規格
**（4）**（f）不安定
**（5）**（b）イーサネット
**（6）**（g）USB
**（7）**（a）IEEE 802.11

# 10 コンピュータ内部での一連の処理動作

**問題** problem

以下に示す（1）～（5）の一連の文章は，コンピュータを構成している各装置の役割と，基本的な情報処理の流れを説明しています。それぞれの文章の中の括弧に適合する言葉を，下の（a）～（e）から選びなさい。

（1）　まずユーザが，キーボードやマウスなどの［　　　　］から，USBメモリなどの補助記憶装置に保存・格納されているテキストや数値，画像，音声などの情報データや，コンピュータプログラムを入力する。

（2）　次に，それらをコンピュータが［　　　　］や，HDD，SSDなどの補助記憶装置に保存する。

（3）　CPU（中央処理装置）内の［　　　　］がそれらのデータとやり取りをして，指定された演算にしたがって処理をする。

（4）　そして，その処理結果をディスプレイやプリンタなどの［　　　　］によって出力する。

（5）　これら全体の流れを制御命令（信号）によってCPU内の［　　　　］が制御・管理する。

---

（a）演算装置　　（b）主記憶装置（メインメモリ）　　（c）出力装置　　（d）制御装置
（e）入力装置

本問題で見たとおり，コンピュータの情報処理の流れは人間の知的活動のそれと同様です。たとえば，学校の授業で宿題が出されてそれに取り組むとします（入力）。家に帰って，机の上に教科書やノートを広げ（主記憶（メインメモリ）），さらに関連資料や辞典類を調べたりネット検索をしながら（補助記憶），問題を解いてゆきます（演算）。その間，いくども問題の趣旨を確認したり，解法の仕方を検討してゆきます（制御）。そして，得られた解答（処理結果）をレポートにまとめて提出します（出力）。

　本章の【問題2】の【注釈】で，ICの集積率に関する「ムーアの法則」について記しましたが，それはCPU / MPUの処理／動作速度に直接関係します。これまでは，同法則に沿って，CPUすなわちコンピュータのパフォーマンスはどんどん高くなりました（このムーアの法則以外にも，「ビル・ジョイの法則1983年」と呼ばれている，プロセッサの最大性能は1年間で倍増していく，というものなどがあります）。

　いずれにしても，コンピュータのハードウェアとしての性能はCPUの性能に大きく依存します。その指標として，**MIPS**（みっぷす，Million Instructions Per Second；100万命令 / 秒）という，CPUが1秒間で実行できる命令数を100万単位で表すものが使われています。

　一方，CPUの処理能力の指標として，**実行時間**（running time）も用いられています。これは，CPUの**動作周波数**（operating frequency）あるいは**クロック周波数**（clock frequency）と言って，CPU内のいろいろな回路の間で同期を取る際に基準となる**パルス**（pulse，電圧の高・低）の一定時間での変化回数によって測られます。その単位にはGHz（ぎがへるつ）が用いられています。

　他にコンピュータの処理速度に影響が出るものは，**メモリ容量**（memory capacity）です。その単位にはMB（めがばいと）GB（ぎがばいと）が用いられています。

............................................................
............................................................
............................................................
............................................................
............................................................
............................................................
............................................................
............................................................
............................................................
............................................................

**（1）**（e）入力装置
**（2）**（b）主記憶装置（メインメモリ）
**（3）**（a）演算装置
**（4）**（c）出力装置
**（5）**（d）制御装置

現代のコンピュータにはさまざまなものが存在していて，その使途・使用目的，形式・形態などで，いくつかに分類することができます。関連文献やインターネット検索によってそれらを調べ，各名称とそれぞれの使途あるいは構成を書きなさい。

（6）のノートパソコンとほとんど同義のものに**ラップトップ**（laptop，膝（ひざ）上）コンピュータがあります。“ノートパソコン”は和製英語ですので，本来はラップトップを使ったほうがよいかもしれません。

コンピュータの分類については，その歴史を辿ると，さらに多くの分類が可能です（**第1章の章末コラム「コンピュータ 小史」**参照）。コンピュータを構成する部品・素子の観点では，当初の歯車の機械式（これは現代の“電子計算機”の意味ではコンピュータとは言えませんね）から始まり，真空管式，トランジスタ式，IC，LSI・VLSI式と変わってきています。サイズの点で分けてみると，大型コンピュータ，ミニコンピュータ（ミニコン），パーソナルコンピュータ（パソコン，PC），タブレット端末，スマートフォン（スマホ），マイクロコンピュータ（マイコン）などとなります。

また，コンピュータ内部での処理方式の違いで，**プログラム内蔵方式**（stored-program type）の**ノイマン型コンピュータ**（von Neumann type computer）と**非ノイマン型コンピュータ**（non-von Neumann type computer）に分けることもできます。

一方，使用形態で分けると，大型コンピュータに多数の端末をつないで**バッチ処理**（batch processing，ジョブの順次処理）や**タイムシェアリング処理**（time sharing processing，時分割）による**集中処理方式**（concentrate processing）のもの，複数のコンピュータをネット接続して処理の分散・統合により高性能化する**分散処理方式**（distributed processing）のもの，単独個別使用の**スタンドアロン**（stand-alone），といった具合です。

さらには接続の形態で見ると，役割分担形式の**クライアント - サーバ方式**（client-server type）と，接続されているコンピュータ同士が対等の立場で利用し合う**ピアツーピア方式**（Peer-to-Peer（**P2P**）type）に分けることもできます。

. . . . . . . . . . . . . . . . . . . . . . . . . . . . . . . . . . . . . . . . . . . . . . . . . . . . . . . . . . . . . . . . . . . . . . . . . . . . . . . . . . . . . . . . . . . . . . . . . . . . . . . . . . . . . . . . . . . . . . . . . . . . . . . . . . . . . . . . . . . . . . . . . . . . . . . . . . . . . . . . . . . . . . . . . . . . . . . . . . . . . . . . . . . . . . . . . . . . . . . . . . . . . . . . . . . . . . . . . . . . . . . . . . . . . . . . . . . . . . . . . . . . . . . . . . . . . . . . . . . . . . . . . . . . .

**（1）**メインフレーム（mainframe）：大規模の企業や銀行などでの情報処理に用いられているコンピュータ。

**（2）**スーパーコンピュータ（supercomputer）：超高速処理が必要な，科学・工学の高度な研究や気象のシミュレーションなどに使われているコンピュータ。

**（3）**量子コンピュータ（quantum computer）：量子力学での「量子ビット」に基づき，将来，スーパーコンピュータに代わるとされる次世代の超高速・超高性能コンピュータ。

**（4）**パーソナルコンピュータ（personal computer）：一般の人が個人的に使用する身近なコンピュータ。

**（5）**デスクトップコンピュータ（desktop computer）：据え置き型のパーソナルコンピュータ。

**（6）**ノートパソコン（note PC / laptop computer）：手軽に持ち運び可能で，ディスプレイやキーボードなどが一体化されたパーソナルコンピュータ。

**（7）**スマートフォン（smart phone）：携帯電話の発展形で，電話機能をはじめ，カメラ・マイク・スピーカーなどを備え，PCと同等にインターネット接続もできる高機能小型携帯コンピュータ。

**（8）**タブレット端末（tablet）：1枚の板状になった，スマートフォンと同様に各種の入出力装置が画面と共用するようになっているコンピュータ。

**（9）**ワークステーション（workstation）：一般のPCよりも特別な処理が可能な専門家用の小型コンピュータ。

**（10）**組込みコンピュータ（embedded computer）／マイクロコンピュータ（microcomputer，マイコン）：家電やクルマ，自販機，スマートフォンなどに内装されている制御用のチップ状コンピュータ。

**（11）**サーバ（server）：インターネット上の個々のコンピュータユーザ（クライアント）からの要求に応じて適切に応答するコンピュータ。

**問題**

problem

以下に示す（1）〜（6）の一連の文章は，いろいろなソフトウェアの分類について説明しています。それぞれの文章の角括弧の中に適合する言葉を，下の（a）〜（f）から選びなさい。

（1） ソフトウェアは，[　　　]に対比される用語で，コンピュータを有効に動作させるプログラム群と，ユーザの目的を果たすためのプログラム群との総称である。

（2） つまり，ソフトウェアは二つに大別することができ，その一つは[　　　]を主とする，各種の制御プログラムの総体としての基本ソフトウェアである。

（3） もう一つは，ユーザが目的とする実務上の作業・仕事を実現してくれる[　　　]である。

（4） 基本ソフトウェアには他に，コンピュータプログラムを機械語に変換する[　　　]がある。

（5） さらに，キーボードやマウス，プリンタなどの周辺装置を制御して正常に動作させるための[　　　]がある。

（6） また，基本ソフトウェアと応用ソフトウェアの中立ちとして，応用ソフトウェアの制御を行ったり機能を補助したりする[　　　]がある。

---

（a）応用ソフトウェア　　（b）オペレーティングシステム（OS）　　（c）（言語）処理系
（d）デバイスドライバ　　（e）ハードウェア　　（f）ミドルウェア

よく「コンピュータ，ソフトがなければただの箱」と言われます。現代の超高性能なハードウェアを
もってしても，それを生かすソフトウェアがなければ何も起こらない——というわけです。それだけ，
ソフトウェアの重要性は計り知れませんね。

その第1番目は**基本ソフトウェア**（basic software / system software）です。近年は，基本ソフト
ウェアのことを**オペレーティングシステム**（Operating System: **OS**）と言っている傾向があります。
OSは，ハードウェアの制御や応用ソフトウェアを動作させるための，コンピュータにはなくてはなら
ないソフトウェアです。

**（言語）処理系**（(language) processing system）は，略して**処理系**と呼ばれることが多く，基本
ソフトウェアの一つに位置づけられることもあります。

また，**デバイスドライバ**（device driver）は，キーボードやマウス，プリンタなどの周辺入出力装
置のインタフェース制御・管理を担うソフトウェアです。これは，標準的な機能はあらかじめOSに
ありますが，新たに**インストール**（install，ソフトウェアの取込み）しなければならないものもあり
ますので，注意してください。

**ミドルウェア**（middleware）は，OSと応用ソフトウェアの間にあって，特定のアプリケーション
に対する複雑な処理・サービス機能を提供するものですが，これも基本ソフトウェアの一つとされる
ことがあります。

**応用ソフトウェア**は**アプリケーションソフトウェア**（application software）とも呼ばれて，一般
のユーザには最も身近なソフトウェアですね。次々に興味深いものが開発されて市販されてきていて，
すでに，さまざまなものが取り揃えられていますので，それぞれを有効に活用しましょう。

なお，**ソフトウェア工学**（software engineering）という，ソフトウェアの開発・運用・保守・管
理について，体系的に研究する分野があります。ソフトウェアの設計開発，その信頼性や保守・管理
などを探究するもので，わが国には専門の学会として「日本ソフトウェア科学会」があり，活発に研
究活動を展開しています。

............................................................................
............................................................................
............................................................................
............................................................................
............................................................................
............................................................................

**(1)**（e）ハードウェア
**(2)**（b）オペレーティングシステム（OS）
**(3)**（a）応用ソフトウェア
**(4)**（c）（言語）処理系
**(5)**（d）デバイスドライバ
**(6)**（f）ミドルウェア

# 13 オペレーティングシステム（OS）の役割

**問題**
problem

以下に示す **（1）**～**（2）** の文章は，オペレーティングシステムの主な機能について述べたものです。それぞれの内容に適合する言葉を，下の **（a）**～**（g）** から選びなさい。

**（1）** オペレーティングシステム（OS）は，ハードウェアと応用ソフトウェアの［　　　］を担うソフトウェアである。

**（2）** その主な機能は以下のとおりである：

（ⅰ）プログラムに書かれている実行命令をCPUへ適切に割り当てる［　　　］。

（ⅱ）補助記憶装置にあるデータ類（ファイル）の読出し・書込み・保存・削除などを行う［　　　］。

（ⅲ）それぞれの応用ソフトウェアに応じて，主記憶装置へメモリ領域の割当てを行う［　　　］。

（ⅳ）周辺装置と補助記憶装置での入力・出力を適切に行う［　　　］。

（ⅴ）コンピュータが複数の処理（タスク）を並行して実行できるようにする［　　　］。

（ⅵ）インターネットにつながっている他のコンピュータとやり取りを行えるようにする［　　　］。

---

**（a）**タスク管理　　**（b）**仲介　　**（c）**入出力管理　　**（d）**ネットワーク通信管理
**（e）**ファイル管理　　**（f）**プロセス管理　　**（g）**メモリ管理

---

第3章

みなさんの身の回りにあるパーソナルコンピュータ，タブレット端末，スマートフォンなどには購入時にあらかじめオペレーティングシステム（OS）がインストールされている場合がほとんどですので，あまり意識しないで使っている人も多いことでしょう。しかし，本問題で確認したとおり，**オペレーティングシステム**（Operating System: **OS**）は，**プロセス管理**（process management），**ファイル管理**（file management），**メモリ管理**（memory management），**入出力管理**（input / output management），**タスク管理**（task management），**ネットワーク通信管理**（network communication management）といった，コンピュータを正常に動作させて有効な結果を導き出す大変重要な機能を装備していて，コンピュータには不可欠な役割を担っているのです。いわば"陰（かげ）の主役"ですね。

　パーソナルコンピュータやタブレット端末・スマートフォン，それにワークステーションやサーバなどに用いられているOSの具体例を確認してみましょう：
　　・パーソナルコンピュータ：Windows，MacOS，Linux，Chrome OS
　　・タブレット端末・スマートフォン：iOS，Android
　　・ワークステーション・サーバ：UNIX, Linux
ここで，LinuxとAndroidは**オープンソース**（open source：入手・利用・改変・再配布が自由とされるソフトウェア）として提供されていて，日々改良が進められています。OSというソフトウェアはすべて，どんどん技術革新が進むコンピュータハードウェアの要請に即して，絶え間なく改良され，機能の拡張・強化が必要であるという"宿命"の下にあるのです。

　一方，**第1章**の**章末コラム「コンピュータ 小史」**の末尾に記しましたが，情報機器にインストールされる一般的なOSとは別に，あらかじめ機器に実装されている**組込み型OS**（embedded OS）というものがあります。産業機器や家電製品，ゲーム機器などに使用されていて，実はIoTの陰の主役と言ってもよいほど重要なものです。その代表的なものに，我が国の研究者である坂村 健氏が開発したITRON（あいとろん）があります。

..................................................................................................
..................................................................................................
..................................................................................................
..................................................................................................
..................................................................................................
..................................................................................................
..................................................................................................
..................................................................................................
..................................................................................................
..................................................................................................

**(1)**（b）仲介
**(2)**（ⅰ)-(f）プロセス管理　　（ⅱ)-(e）ファイル管理　　（ⅲ)-(g）メモリ管理
　　（ⅳ)-(c）入出力管理　　（ⅴ)-(a）タスク管理　　（ⅵ)-(d）ネットワーク通信管理

以下に示す**（1）**〜**（6）**の一連の文章は，（言語）処理系に関して述べています。それぞれの文章の角括弧の中に適合する言葉を，下の**（a）**〜**（h）**から選びなさい。

**（1）** コンピュータは，ビット表現された［①　　　］によるプログラムしか実行できない。

**（2）** ①を英数字に置き換えて，プログラムの内容が人間に連想できるようにしたプログラミング言語を［②　　　］と言う。

**（3）** ①と②を合わせて［③　　　］と言う。

**（4）** 一方，人間の言葉に近い表現でプログラムを書くことができるようにしたプログラミング言語を［④　　　］と言う。

**（5）** （言語）処理系は，［⑤　　　］を①に変換（翻訳）するソフトウェアである。

**（6）** その（言語）処理系には，主に次の三つがある：

（ⅰ）プログラム全体を一括して①に変換して実行する方式のもので［⑥　　　］と言う。

（ⅱ）プログラムを1行ずつ順番に逐次①に変換して実行する方式のもので［⑦　　　］と言う。

（ⅲ）②を①に変換するもので［⑧　　　］と言う。

---

**（a）** アセンブラ　　**（b）** アセンブリ言語　　**（c）** インタプリタ　　**（d）** 機械語
**（e）** 高水準言語　　**（f）** コンパイラ　　**（g）** 低水準言語　　**（h）** プログラミング言語

---

（言語）処理系（(language) processing system）は，略して処理系（processing system）と呼ばれることが多く，また言語プロセッサ（language processor）とも言われています。これは本章の【問題12　ソフトウェアの分類】の【注釈】で見たように，基本ソフトウェアの一つとされることもあります。

　コンピュータは，0と1を組み合わせたビット形式の機械語でしか解釈・実行ができませんから，人間にとって分かりやすいものとして，さまざまなプログラミング言語が開発されてきました。そうすると当然，それらで書かれたプログラムを機械語に変換（あるいは翻訳）しなければなりません。そこで活躍するのが（言語）処理系です。

　本問題で見たとおり，（言語）処理系には，それぞれのコンピュータ言語に応じて，コンパイラ（compiler），インタプリタ（interpreter），アセンブラ（assembler）がそれぞれ用意されています。ちなみに，コンパイラのことを，その処理の仕方が一括変換（batch conversion）であることから「翻訳系」あるいは「編集系」と呼ぶことがあります。また，コンパイラで機械語に変換することをコンパイル（compile）する，と言うことがあります。

　なお，処理系であるアセンブラで処理するためのコンピュータ言語のことを「アセンブラ言語」としてしまっているものを見かけることがありますが，正しくは「アセンブリ言語」ですので，注意してください。

　一方，インタプリタを，その処理の仕方がプログラムの命令文を一つずつ機械語に変換しながら実行するという，逐次変換（successive conversion）であることから，「通訳系」「解釈実行系」「直接実行系」などと呼ぶことがあります。

　また，これら，コンパイラとインタプリタにはそれぞれメリットとデメリットがあります：インタプリタ方式はデバッグのしやすさなど，プログラムの保守・管理に優れていますが，実行速度が遅いことは否めません。一方，コンパイラ方式では，その逆となります。これらそれぞれに応じたプログラミング言語があり，代表的なものとしては，コンパイラ型ではFortran，C，Javaなど，インタプリタ型にはBASIC，JavaScript，R，Pythonなどがあります。なお，コンパイラとインタプリタの両方の機能を備えたプログラミング言語も登場しており，その境界が不鮮明になってきています。

........................................................................
........................................................................
........................................................................
........................................................................
........................................................................
........................................................................

**(1)** -①（d）機械語
**(2)** -②（b）アセンブリ言語
**(3)** -③（g）低水準言語
**(4)** -④（e）高水準言語
**(5)** -⑤（h）プログラミング言語
**(6)** （ⅰ）-⑥（f）コンパイラ　　（ⅱ）-⑦（c）インタプリタ　（ⅲ）-⑧（a）アセンブラ

# 15 | 応用ソフトウェアとは

**問題** **problem**

以下に示す（1）〜（3）の一連の文章は，応用ソフトウェアに関することを述べています。それぞれの文章の角括弧の中に適合する言葉を，下の（a）〜（f）から選びなさい。

**（1）** 応用ソフトウェアは，［　　　］の上で動作するソフトウェアである。

**（2）** また，応用ソフトウェアは［　　　］の目的のためにユーザが直接扱うソフトウェアである。

**（3）** 応用ソフトウェアには多種多様のものがあるが，大きく分けると次のようなものがあげられる：

（ⅰ）さまざまな実務に［　　　］するもの。

（ⅱ）特定の実務や趣味など，［　　　］に対応するもの。

（ⅲ）科学・工学的な学習や研究などの［　　　］に使用されるもの。

（ⅳ）コンピュータシステムの［　　　］を確保するもの。

---

**（a）** 教育・学術　　**（b）** 基本ソフトウェア　　**（c）** 共通　　**（d）** 個別　　**（e）** セキュリティ
**（f）** 特定

---

応用ソフトウェアは，アプリケーションソフトウェア（application software）あるいはアプリケーションプログラム（application program），さらにはシンプルにアプリとも呼ばれます。

実務・業務に共通したソフトウェアとしては，文章作成用，表作成・計算用，プレゼンテーション資料作成用，メール用などがあり，個別の特定目的のものとしては，財務管理用，人事管理用，日程（スケジュール）管理用，画像処理・編集用，そして各種のゲームやスポーツトレーニング用のものなどがあります。セキュリティソフトウェアは，サイバー攻撃に対する防御や耐性の保持，不正アクセスや情報漏洩の防止などを目的とします。それらの個別の製品についてはお馴染みのものがたくさんありますので，みなさんが各自に調べてみてください。

また，科学・工学の学習・研究のための教育・学術目的としては，数値計算用，数式処理用，流体解析用など，やはりたくさんあり，数式や図表，コンピュータプログラムなどを含むレポートや論文の作成に用いられるものもあります。こちらは，次の問題で調べましょう。

なお，応用ソフトウェアで注意しなければならない点が主に3点ありますので記しておきます：
・互換性（コンパチビリティ／コンパチ（compatibility）：コンピュータを入れ替えても使えるかどうか）
・移植性（ポータビリティ（portability）：他のコンピュータ環境でも動作するかどうか）
・適応性（adaptability：バージョンアップ（version-upgrade）によって性能や機能が改良されて変わっても，元のものが同じ環境で引き続き使えるかどうか）

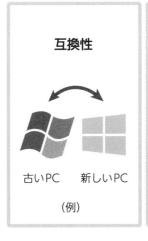

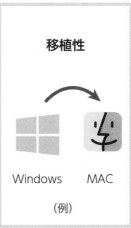

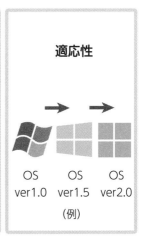

........................................................................

........................................................................

........................................................................

........................................................................

........................................................................

**（1）**（b）基本ソフトウェア
**（2）**（f）特定
**（3）**（ i ）-（ c ）共通　　（ii)-（d）個別　　（iii)-（a）教育・学術　　（iv)-（e）セキュリティ

# 16　主なアプリケーションソフトウェア

**問題**
problem

アプリケーション（応用）ソフトウェアには，その目的によっていろいろなものが開発されて利用されています。それらの主なものを五つ以上，専門書やネット検索などで調べて，その名称と呼称，そして使用目的を書きなさい。

**メモ**
memorandum

Microsoft社の **Word**（わーど）, **Excel**（えくせる）, **PowerPoint**（ぱわーぽいんと）の三つは, パーソナルコンピュータに標準で装備されていることが多いので, すでにお使いの方もいることでしょう。これらは合わせて "統合ビジネスソフトウェア" Microsoft-OFFICEとして提供されてもいます。

**Maple**（めいぷる）は, 1982年に初版が出た数式処理ソフトウェアの老舗で, カナダのWaterloo Maple Inc. で開発されたものです。数式処理のアプリケーションやソフトウェア開発はもちろん, 数学教育のツールとしても定評があり, 現在も多方面で活用されています。

**Mathematica**（ませまてぃか）は, 1988年に初版が出た数式処理ソフトウェアで, Wolfram Research社で開発されました。その後はいくども改良が加えられてきて, 最新バージョンは巨大な高性能システムとなっています。長年にわたりMapleのライバルとして, 広い分野で活用されています。

**MATLAB**（まとらぶ／まとらぼ）は, 1970年代に開発され, その後, 米国のMathWorks社が開発・サポートしている数値解析ソフトウェアです。当初は制御工学で利用され始めましたが, 現在は他の工学分野, 理学, また経済学分野など幅広い分野で活用されていて, サイトライセンスを取得している大学も数多くなっています。また, 『世界標準MIT教科書　ストラング：線形代数イントロダクション』（近代科学社, 2015）をはじめ, MATLABに即して展開している書籍がたくさんありますので, 教育用ツールとしても重宝されています。

**Maxima**（まきしま）は, 1980年代初期にMITで開発された数式処理システムで, その後GNUプロジェクトのフリーソフトウェアとなり, 現在も開発が継続されています。他の著名な商用システムにも劣らない性能を持ち, 多くのファンがいます。

**LaTeX**（らてふ／らてっく）は, 米国の**Donald E. Knuth**（どなるど・くぬーす, 1938-）が1978年に開発した**TeX**（てふ／てっく）を, 当時DEC社に在籍していた**Leslie Lamport**（れすりー・らんぽーと, 1941-）が, 一般のユーザにも使いやすいように改良・開発した文書作成システムです（初版1984年）。現在でも, 数式やプログラム, 図版などを含む文書（レポートや論文, 書籍）作成には不可欠のシステムとして活用されています。基本的にフリーソフトウェアですが, 個別のOSに対応した**ディストリビューション**（distribution, 配布形態）がありますので, インストール時には注意してください。ちなみに, 二人とも, "情報分野のノーベル賞" と言われる「チューリング賞」の受賞者です（Knuth 1974年, Lamport 2013年）。

他にも有用なソフトウェアシステムがありますので, 興味のある方は調べてみてください。また, これらには, それぞれ多種多様な書籍がたくさん出版されていますので, 詳細はそちらに譲ります。

**答の例**

examples
of answer

**（1）**（Microsoft）Word（（まいくろそふと）わーど）：文書作成用のフトウェアシステム
**（2）** Excel（えくせる）：表計算ソフトウェアシステム
**（3）** PowerPoint（ぱわーぽいんと）：プレゼンテーション用ソフトウェアシステム
**（4）** Maple（めいぷる）：数式処理やグラフ作成のフトウェアシステム
**（5）** Mathematica（ませまてぃか）：科学技術計算の数式処理システム
**（6）** MATLAB（まとらぶ／まとらぼ）：行列処理形式に基づく数値解析システム
**（7）** Maxima（まきしま）：高性能でフリーソフトウェアの数式処理システム
**（8）** LaTeX（らてふ／らてっく）：レポート, 論文作成のための組版処理システム

**問題**
problem

以下に示す（1）～（5）の文章は，コンピュータで扱うソフトウェアについて，それぞれの利用形態や配布方法での分類を述べています。それぞれの文章の角括弧の中に適合する言葉を，下の（a）～（e）から選びなさい。

（1）　販売店やネット経由で購入する［　　　］。

（2）　ネット上で流通している，無料で使用できる［　　　］。

（3）　プログラムの著作権者が権利放棄しているか，権利が消滅している［　　　］。

（4）　入手・利用・修正・再配布が自由である［　　　］。

（5）　一定期間は無料で，その後は有料となる［　　　］。

---

（a）オープンソースソフトウェア　　（b）市販ソフトウェア　　（c）シェアウェア
（d）パブリックドメインソフトウェア　　（e）フリーソフトウェア

市販ソフトウェアは**パッケージソフトウェア**（packaged software）とも呼ばれます。その入手には，買切り型（たとえばMicrosoft Office）と利用期間限定の支払い型（たとえばMicrosoft 365）があります。また，市販ソフトウェアには，直接購入とは別に，**サイトライセンス**（site license）という，学校などの組織でまとめて契約し，組織内の利用者が自由に使用できる形態があります。

　これらの市販の商用ソフトウェアに対抗して，ソフトウェアの利用・改変・再配布はすべてフリーとすべきだという概念／理念があります。**GNU Emacs**（ぐぬ／ぐにゅー・いーまっくす）など，**UNIX**（ゆにっくす）互換ソフトウェアの開発で知られる米国のハッカー（卓越したスーパープログラマー）で活動家の**Richard M. Stallman**（りちゃーど・すとーるまん，1953-）が提唱する**コピーレフト**（copyleft）がそれです。これはソフトウェアの著作権を基本的にフリーにせよということですので，copyrightをもじって"copyleft"と表記しています。ちなみに，GNUは"GNU's Not Unix"の再帰的な略語で，フリーソフトウェアであることを強調しての命名です。また，gnu（ぬー）はアフリカに棲む牛に似た動物の名称でもあるので，GNU関連の書籍などには，その絵が添えられているものが多いわけです。ただし，**フリーソフトウェア**（free software）は，ソースコードが非公開で再配布も認められないケースもありますので，その脆弱性や不正内容の懸念といったリスクを伴う場合があります。その利用にあたっては，十分に注意をしてください。

　一方，フリーソフトウェアとは区別して，**パブリックドメインソフトウェア**（Public Domain Software: **PDS**）があります。これは，著作権が発生していない（権利所有者の権利放棄），または著作権が消滅したものを言い，これに該当するソフトウェアは誰でも自由に利用することができます。

　**オープンソースソフトウェア**（Open Source Software: **OSS**）は，フリーソフトウェアとは違ってソースコードが公開されていて，フリーなものを指します。微妙な違いですが，"フリー"は思想的な意味合いで，"オープン"のほうはビジネス的な視点での言葉です。

　**シェアウェア**（shareware）という名前は，ソフトウェアの開発者とその利用者とが，開発技術と開発費用を分担（シェア）する，ということに由来しています。

　なお，自分の目的に合ったプログラムを自作して，応用ソフトウェアとして使用する場合ももちろんありますが，さらに，フリーやオープンになっているソフトウェアを入手して，それに手を加えてカスタマイズすることで，新たなソフトウェアを作成して使用する，というケースもあります。

．．．．．．．．．．．．．．．．．．．．．．．．．．．．．．．．．．．．．．．．．．．．．．．．．．．．．．．．．．．．．．．．．．．．．．．．．．．．．．．．．．．．．．．．．．
．．．．．．．．．．．．．．．．．．．．．．．．．．．．．．．．．．．．．．．．．．．．．．．．．．．．．．．．．．．．．．．．．．．．．．．．．．．．．．．．．．．．．．．．．．
．．．．．．．．．．．．．．．．．．．．．．．．．．．．．．．．．．．．．．．．．．．．．．．．．．．．．．．．．．．．．．．．．．．．．．．．．．．．．．．．．．．．．．．．．．
．．．．．．．．．．．．．．．．．．．．．．．．．．．．．．．．．．．．．．．．．．．．．．．．．．．．．．．．．．．．．．．．．．．．．．．．．．．．．．．．．．．．．．．．．．
．．．．．．．．．．．．．．．．．．．．．．．．．．．．．．．．．．．．．．．．．．．．．．．．．．．．．．．．．．．．．．．．．．．．．．．．．．．．．．．．．．．．．．．．．．
．．．．．．．．．．．．．．．．．．．．．．．．．．．．．．．．．．．．．．．．．．．．．．．．．．．．．．．．．．．．．．．．．．．．．．．．．．．．．．．．．．．．．．．．．．

**（1）**（b）市販ソフトウェア
**（2）**（e）フリーソフトウェア
**（3）**（d）パブリックドメインソフトウェア
**（4）**（a）オープンソースソフトウェア
**（5）**（c）シェアウェア

# 18 アルゴリズムとは

以下に示す（1）～（4）の文章は，コンピュータプログラミングのために重要なアルゴリズムに関して述べています。それぞれの文章の角括弧の中に適合する言葉を，下の（a）～（f）から選びなさい。

（1）アルゴリズムとは，問題解決のための処理の［　　　］である。

（2）コンピュータが実行できるように，アルゴリズムをプログラミング言語によって書いて形にしたものが［　　　］である。

（3）アルゴリズムは，フローチャートやアクティビティ図，状態遷移図などで［　　　］することができ，設計のときに利用される。

（4）アルゴリズムには，次の三つの基本的な制御構造がある：

（ⅰ）最初から順番に次々に処理を行う構造で，［　　　］と言う。

（ⅱ）特定の条件に対して，処理を選んで（分かれて）行う構造で，［　　　］と言う。

（ⅲ）ある条件が満たされている間は処理を繰り返し行う構造で，［　　　］と言う。

（a）コンピュータプログラム　　（b）順次構造　　（c）図解表現　　（d）選択構造／分岐構造
（e）手順　　（f）反復構造／繰返し構造

**注釈**
comment

フローチャート（flow chart）は流れ図とも呼ばれ，JIS X 0121で規定されている，各種の記号を用いてアルゴリズムの流れを図示するものです。また，アクティビティ図（activity diagram）は処理の流れと状態の変化を図示するもので，並行処理も併せて表現できることが特徴です。そして状態遷移図（state transition diagram）は，機器の状態の変化状況（状態遷移）を図解表現（illustrative representation）するものです。

　基本的な制御構造のうちの順次構造（serial / sequential construct）は，先頭から順番に処理を進めるという，コンピュータの処理手順に共通する基本的なものです。選択構造／分岐構造（selective construct）では，条件にyes（真）あるいはno（偽）で答えられる方向に進んで処理を実行します。そして，反復構造／繰返し構造（iterative construct）は，指定された回数まで処理を繰り返すもの（for ループ（loop））と，条件が満たされなくなるまで処理を繰り返すもの（while ループ（loop））があります（for ループとwhile ループを「for 文」「while 文」としていることもありますので，注意してください）。

　アルゴリズム（algorithm）は，算法とも呼ぶことがありますが，コンピュータプログラムで示す処理の手順（procedure / process）です。プログラムの効率化・高性能化とともに，プログラミングの作業を標準化して，誰もが同等レベルで作業に当たることを実現してくれる，大変重要なものですので，この点を十分認識してください。

　なお，アルゴリズムの設計を行うときなどで，擬似コード（pseudo code）として表現することがよく行われます。これは，アルゴリズムを特定のプログラミング言語によらずに，汎用性のあるスタイルで記述するためのものです。

　また，アルゴリズムには形がなくて，いろいろな問題の解決に向けた思考を順序よく整理する，いわばアイディア（idea）のことです。ですので，なにもアルゴリズムはコンピュータプログラミングに限ったものではなく，私たちの身の回りには多くのアルゴリズムの対象となる事象があります。たとえば，美味しい料理を作る場合，自宅から目的地へ行くためのルート・所要時間・総運賃を総合的に考えて決定するとき，マニュアルや取扱い説明書，組立て説明書などに書かれている文章を読み解くとき——といった具合です。みなさんも，アルゴリズムの対象となる事象にはどんなものがあるかを考えてみてください。日々の生活の中でアルゴリズムを意識して行動すると，いかに利便性が高まり，楽しく，面白く過ごせるかが実感できることでしょう。

　ちなみに，よく聞かれる「アルゴリズム的思考」という言葉は，世の中一般の問題を効率よく解決するために，その手順・道筋を決める思考のこと，と解釈できますね。

**メモ**
memorandum

..........................................................................................................................
..........................................................................................................................
..........................................................................................................................
..........................................................................................................................

**答**
answer

**(1)**（e）手順
**(2)**（a）コンピュータプログラム
**(3)**（c）図解表現
**(4)**（ⅰ）-（b）順次構造　　（ⅱ）-（d）選択構造／分岐構造　　（ⅲ）-（f）反復構造／繰返し構造

以下に示す（1）～（5）は，アルゴリズムの代表的なものの名称です。それぞれの内容をインターネットの検索エンジンや専門の書籍などで調べて要点をまとめなさい。

（1） 探索アルゴリズム

（2） 整列（ソート）アルゴリズム

（3） 暗号アルゴリズム

（4） 機械学習アルゴリズム

（5） 遺伝的アルゴリズム

**注釈**
comment

アルゴリズムはプログラミングをする上での要（かなめ）です。本問題で見たアルゴリズムの例を参考にして，さらにアルゴリズムに関する広い知見を得てください。

アルゴリズムという言葉は，9世紀ごろに活躍したイスラムの数学者al-Khwarizmi（ある・ふわりずみー）の名前に由来するそうです。彼は，インドで発見されたゼロ（零）を持ち込んで，アラビア数字による記数法を確立したことで知られています。0と1のビットで表現するデジタル式コンピュータの世界へ導いた人物の一人ですね。ラテン語での彼の名は*Algorismi*（あるごりすみ）で，彼のラテン語訳手稿の中に*Algorismi*が出ていることから，それが英語のalgorithmとなりました（『カッツ数学の歴史』（共立出版，2005），p.275「アラビアの数学用語」より）。

なお，アルゴリズムと対照的な言葉に**ヒューリスティクス**（heuristics）があります。これは，経験や，いわゆる "勘" に頼ることでの問題解決手段のことを言い，**発見法**あるいは**発見的手法**（heuristic method）とも呼ばれます。この特徴は，一般的にはアルゴリズムによるよりも時間がかからないことと，ときには大きな間違いを引き起こす可能性があることです。世の中では，アルゴリズムによる方法とヒューリスティクスによる手段の両方を適宜に選択したり組み合わせたりして，さまざまな問題に対処しているのです。より詳しくは名著『いかにして問題をとくか』（丸善，1975）他のG.ポリアによる著訳書を参照してください。

また，この考え方を用いているのが**近似アルゴリズム**（approximation algorithm）というものです。実際に，厳密な解でなくても近似解で済むケースが多くありますので，計算時間コストとの兼ね合いから，近似アルゴリズムが有用となります。ですので，これはアルゴリズム理論の重要なテーマとして，活発に研究が進められています。

**答の例**
examples
of answer

**(1)** **探索アルゴリズム**（search algorithm）は，特定の値や条件に合うものを探し出すためのもので，線形探索アルゴリズムと二分探索アルゴリズムが代表的なものである。**線形探索／順次探索**（linear search）は，データ列の先頭から順々に探索をしていって一致するものを探し出す，というものである。一方，**二分探索**（binary search）は，問題対象を半分（二分）に分けて，探索しているデータが含まれているかを調べ，さらに，含まれているほうのデータ群を半分に分けて調べる，という手順を繰り返すものである。これは線形探索のアルゴリズムと比べると，探索に要する実行時間が短いという特徴がある。

**(2)** **整列**（**ソート**，sort）**アルゴリズム**（sort algorithm）は，大小関係のあるデータの順番を大きい順／小さい順といった意図のとおりに入れ換えて整理させる（**ソーティング**（sorting））ためのもので，選択ソートとバブルソートがその代表である。**選択ソート**（selection sort）は，先頭の数字から順に調べていって大きいものを選んで前に移動し，すべての数字を何度も参照しながら，大きい数字を見つけていくものである。一方，**バブルソート**（bubble sort）は，隣どうしのデータの大きさを比較して，どちらか大きいほうのデータを左側に移す——この操作を繰り返していき，入換えの必要がなくなったところで終了する，というものである。

**(3)** **暗号アルゴリズム**（cipher／cryptography algorithm）は，元データに何らかの処理をして全く別のデータに変換するもの，そして逆に，元データに戻すものである。情報セキュリティで用いられ，主なものに**公開鍵暗号系**（public-key cryptosystem）と**共通鍵暗号系**（common-key cryptosystem）がある。公開鍵暗号系は，**公開鍵**（public-key，データの暗号化のための鍵）と**秘密鍵**（private／secret-key，暗号化されたデータを元に戻す（復号）ための鍵）を設定し，公開鍵によって暗号化したデータを，秘密鍵を用いて復号化するものである。復号化が可能なのは秘密鍵を持つ受信者だけで，その秘密鍵は送信の必要もないことから，セキュリティ性の高い安全な方式である。一方，共通鍵暗号系は，一つの**共通鍵**（common-key）によって暗号化と復号を行う方式である。公開鍵暗号方式に比べてシンプルなために処理が高速ではあるが，共通鍵の扱いによっては安全性を損なうリスクが大きい。

**(4)** **機械学習アルゴリズム**（machine learning algorithm）は，**人工知能**（**AI**）の分野で用いられているもので，大量のデータを集めてコンピュータに学習させておき，データの特徴を法則化して，当該の問題に対して，その中から重要な知識を引き出して組み合わせ，その解決法を導き出させる，というものである。主には，**教師なし学習**（unsupervised learning），**教師あり学習**（supervised learning），**強化学習**（reinforcement learning），**深層学習**（**ディープラーニング**（deep learning））がある。

**(5)** **遺伝的アルゴリズム**（Genetic Algorithm: **GA**）は，生物学の遺伝に関する知見（交配や突然変異など）に倣ったもので，**進化論的計算**（Evolutionary Computation: **EC**）の中でも最も研究と応用が進んでいて，高速に良好な近似解が得られるものとして，注目されている。

**問題**
problem

以下に示す（**1**）～（**8**）の一連の文章は，コンピュータプログラムついて述べています。それぞれの文章の角括弧の中に適合する言葉を，下の（**a**）～（**h**）から選びなさい。

（**1**）　プログラムとは，コンピュータが当該の問題解決を果たすように，一連の処理命令を記述したコンピュータへの［　　　］である。

（**2**）　プログラムは，コンピュータが実行する処理手順をまとめた［　　　］に基づいて記述される。

（**3**）　各種のプログラムは通常，［　　　］と呼ばれるコンピュータ言語によって書かれる。

（**4**）　それによって作成されたプログラムを［　　　］と言う。

（**5**）　また，そのプログラムは［　　　］によって，コンピュータが理解できるように変換（翻訳）される。

（**6**）　その変換（翻訳）されたプログラムは［　　　］と呼ばれる。

（**7**）　これは，コンピュータが直接実行できる［　　　］になっている。

（**8**）　応用プログラムと，それを制御・管理してコンピュータを効率よく動作させるためのソフトウェアが［　　　］である。

---

（**a**）アルゴリズム　　（**b**）オブジェクトプログラム　　（**c**）オペレーティングシステム（OS）
（**d**）機械語　　（**e**）（言語）処理系　　（**f**）高水準言語　　（**g**）指示書
（**h**）ソースプログラム

コンピュータの**プログラム**（program）は，**算譜**と呼ばれることがあります。ソフトウェアの実態であり，オペレーティングシステム（OS）を構成するものから，さまざまな応用ソフトウェアのプログラムまでを指す，広い概念です。これはまた，**コード**（code）とも呼ばれますので，本問題で見た**ソースプログラム**（source program）と**オブジェクトプログラム**（object program）はそれぞれ，**ソースコード**（source code），**オブジェクトコード**（object code）とも呼ばれています。

なお，プログラムの中で，単独では動作せずに，他のプログラム手続きから呼び出されて特別な機能を働かせるものを**ライブラリ**（library）と言います。多くのプログラムで共通する処理をライブラリとして利用することで，プログラミングの効率とプログラムの処理効率とを格段に高めることができます。いわば，プログラムの一部を再利用する"部品"ですね。いま人気のプログラム言語Python（ぱいそん）でも，「モジュール」と呼ぶライブラリが豊富に用意されていて活用されています。

また，同じ趣旨のものに**サブルーチン**（subroutine）がありますが，そのサブルーチンを多数集めてまとめた，ファイルの集まりがライブラリです。

ところで，**思考ゲーム**（thinking game）に，人はずっと魅了されてきていますね。その中でも，チェス，将棋，囲碁は，コンピュータのハード・ソフト両方の開発との関連に大変強いものがあります。松原 仁著『将棋とコンピュータ』（共立出版，1994）によると，実際に，クロード・シャノン（Claude E. Shannon），アラン・チューリング（Alan M. Turing），アレン・ニューウェル（Allen Newell），ハーバート・サイモン（Herbert A. Simon），ジョン・マッカーシー（John McCarthy）らも強い関心を示していたそうです。このメンバーを見ると，やはりコンピュータ，とくに人工知能の発展にゲームは無縁ではなさそうです。ご承知のとおり，将棋ソフトウェアはすでに人間を超えてしまっていますが，破竹の勢いでタイトルを獲得してきている藤井聡太棋士はコンピュータ将棋をよく研究しているとのことです。また，囲碁も，2016年にAIプログラムのAlphaGo（あるふぁーご）が人間の世界チャンピオンであったイ・セドル氏に勝利して，大きな話題になりました。しかし，将棋も囲碁も，一般愛好者の間で，その人気に衰えは全く見られません。

......................................................................................................
......................................................................................................
......................................................................................................
......................................................................................................
......................................................................................................
......................................................................................................
......................................................................................................

**（1）**（g）指示書
**（2）**（a）アルゴリズム
**（3）**（f）高水準言語
**（4）**（h）ソースプログラム
**（5）**（e）（言語）処理系
**（6）**（b）オブジェクトプログラム
**（7）**（d）機械語
**（8）**（c）オペレーティングシステム（OS）

以下に示す（1）～（4）の文章は，コンピュータプログラムに共通する代表的な構成要素について述べています。それぞれの文章の角括弧の中に適合する言葉を，下の（a）～（d）から選びなさい。

**（1）** データに何らかの名前を付ける［　　　］。そこに値や文字などを付与することを代入と言う。

**（2）** 数式に従って数値を計算する［　　　］。その主なものには次のようなものがある：

（ⅰ）四則演算：加算・減算・乗算・除算。

（ⅱ）代入演算：変数へ値を付与する演算。

（ⅲ）比較演算：二つの値や数式の大小，同等性を比較して，真／偽の値を返す演算。

（ⅳ）論理演算：真と偽の2値での真理値を判定する演算。

**（3）** プログラム上のデータの性質（数か文字か文字列か，など）とその扱い方を定義する［　　　］。

**（4）** プログラム中の一部分の処理をひとまとめにして名前を付けて扱う［　　　］。

---

（a）演算　　（b）関数　　（c）データ型　　（d）変数

---

................................................

................................................

................................................

................................................

................................................

................................................

プログラムの中で変数（variable）に数値を代入（assignment）することを表すには，通常イコール "=" を用います。ここで，皆さんが数学で学習した "=" は「等号」と言って，左右の項が "等しい" ことを意味するものでした。しかしプログラムでの "=" は，本問題で見たとおり代入であって，"あてはめる" ことですので，注意してください。

演算（operation）での四則演算（four (arithmetic) operations）は，数学のものと同様です。ただし記号が少し違っていて，乗算は "×" でなく "＊（あすたりすく）"，除算は "÷" でなく "/（すらっしゅ）" を用います。

比較演算（comparison operation）は，ある条件（大きいか，小さいか：記号は ">" "<" ／以上か，以下か："> =" "< =" ／等しいか："="）に合うかどうかの判定をするものです。なお，ここでの記号も数学のそれと少し違っていますね。"="（言語によっては，イコールを二つ重ねて ＝＝ と書きます）は代入ではなく，「等号」として扱います。

論理演算（logical operation）には AND 演算，OR 演算，NOT 演算の三つがあり，真か偽かの2進数1ビット，つまり0と1だけが対象です（真（true）を1で，偽（false）を0で表すのが真理値（truth value））。コンピュータは，これらの組合せでさまざまな演算を実行しています。ここで，AND（あんど）は論理積と呼ばれ，"かつ／共に" の意味です。OR（おあ）は論理和と呼ばれ，"または／どちらか" の意味です。NOT（のっと）は論理否定と呼ばれ，値を反転します。また，それらを組み合わせた XOR（えっくすおあ，排他的論理和：eXclusive OR），NAND（なんど，否定論理積：AND と NOT の組合せ），NOR（のあ，否定論理和：OR と NOT の組合せ）もあります。

これらを回路にしたものが論理回路（logic circuit）で，その電子回路を論理ゲート（logic gate）と言います（これらには専用の記号が ANSI や JIS で定められていて，回路設計をする際の図表現に利用されています。それらの実物は，各自で調べてみてください）。それらがみな，CPU の中で活躍しているのです。

ちなみに，AND ゲートは入力が共に1のとき1を出力し，それ以外は0を出力；OR ゲートは少なくとも入力のどちらかが1のとき1，どちらも0のとき0；NOT ゲートは入力が1なら0，入力が0なら1；XOR ゲートは入力が異なっているとき1，同じものなら0；NAND ゲートは入力が共に1のとき0，それ以外はすべて1；NOR ゲートは入力が共に0のとき1，それ以外はすべて0を出力します。

なお，実物としての論理ゲートは論理素子（logic element / device）と呼ばれ，当初は真空管で，それが半導体トランジスタに代わり，今は IC / LSI となって進化しています。

データ型（data type）は，型（type）と略されることも多く，変数を使用するときに適応するもの（型）を宣言するのに必要となります（たとえば，整数 integer，値なし null，文字 character，文字列 string，日付 date など）。

関数（function）は，すでに数学で出てきていますね。そこでは数値に関したものでした。しかしプログラムでの関数は，数値だけでなく，文字や文字列なども扱います。関数はそれらの引数（ひきすう，argument）の入力を受けて戻り値（もどりち，return value）の出力を返す手続きです。プログラムの一部分を関数として扱うことで，コンピュータがプログラム中で効率よく計算することができるのです。

答<br>answer

**（1）**（d）変数　　　**（2）**（a）演算
**（3）**（c）データ型　　**（4）**（b）関数

# 22 データ構造とは

以下に示す（1）～（3）の一連の文章は，プログラムのデータを整理するデータ構造について述べています。それぞれの文章の角括弧の中に適合する言葉を，下の（a）～（g）から選びなさい。

（1）プログラムは，アルゴリズムに基づいて［　　　　］を処理することで動作する。

（2）それを，プログラムで効率よく扱えるように工夫したものを［　　　　］と言い，その形式に当てはめて整理し，記憶装置に格納される。

（3）その代表的なものには次のようなものがある：

（ⅰ）同じ種類のデータに添え字を付けた変数を並べた［　　　　］。

（ⅱ）次のデータの位置情報を備えて並べられた［　　　　］。

（ⅲ）後から入ってきたデータを先に処理する［　　　　］。

（ⅳ）先に入ってきたデータから順番に処理する［　　　　］。

（ⅴ）一つの要素が複数の子供の要素を持ち，さらに各子供要素がそれぞれ複数の孫要素を持ち，…というように枝分れしていく［　　　　］。

---

（a）キュー　　（b）スタック　　（c）ツリー　　（d）データ　　（e）データ構造
（f）配列　　（g）リスト

---

**注釈**
comment

**配列**（array）の**添え字**は**インデックス**（index）とも呼ばれます。また，**リスト**（list）は配列と同義に扱われることもあります。

　**リスト**（list）での位置情報は**ポインタ**（pointer）と言います。

　**スタック**（stack）は**LIFO**（りふぉー，Last In First Out，**後入れ先出し**）として知られています。また，**キュー**（queue）は**FIFO**（ふぁいふぉー，First In First Out，**先入れ先出し**）です。

　**ツリー**（tree）は**木**とも呼ばれ，そのときは「木構造」と言います。

　適用するアルゴリズムにおいて，これらの**データ構造**（data structure）を工夫することによって，データを整理して記憶装置に格納することができ，より効率の良いプログラムを作成することができるのです。つまり，データ構造は，データを蓄積して，それを組織化することであり，コンピュータがプログラムのデータを上手に効率的に扱えるようにするための“カタチづくり”のことですね。そのために導入するデータ間の関係性が，本問題で取り上げた配列・リスト・スタック・キュー・ツリーなどで表されるわけです。

　したがって，このデータ構造の選択によって，コンピュータの処理／実行時間が大きく左右されることになります。ときには，桁が違うほどの差が出ることがあるのです。**本章の【問題10　コンピュータ内部での一連の処理動作】**の**【注釈】**で，ハードウェアからの実行時間について記しましたが，この，データ構造とアルゴリズムというソフトウェアからの対処法によっても，コンピュータの処理速度／効率が大きく変わることを覚えておいてください。

　なお，プログラムにデータ構造などの構成要素を組み込むことを**実装**あるいは**インプリメント**（implement）と言います。また，「実装」はハードウェアの装置を組み込んで加えることを意味することもあります。

**メモ**
memorandum

..............................................................................................................
..............................................................................................................
..............................................................................................................
..............................................................................................................
..............................................................................................................
..............................................................................................................
..............................................................................................................
..............................................................................................................
..............................................................................................................

**答**
answer

**(1)**（d）データ
**(2)**（e）データ構造
**(3)**（ⅰ)-（f）配列　　（ⅱ)-（g）リスト　　（ⅲ)-（b）スタック　　（ⅳ)-（a）キュー
　　　（ⅴ)-（c）ツリー

# 23 プログラミング言語の分類

**問題**
problem

以下に示す（**1**）〜（**4**）の一連の文章は，プログラミング言語について述べています。それぞれの文章の角括弧の中に適合する言葉を，下の（**a**）〜（**g**）から選びなさい。

（**1**）　コンピュータを動作させるプログラムは [　　　] で記述される。

（**2**）　コンピュータが直接理解できるのは [　　　] によるプログラムである。

（**3**）　それは人間には扱いにくいので，通常は自然言語に近い [　　　] によってプログラムを作成する。

（**4**）　それらは，計算の方法やプログラムの構造などの違いによって，主に次のように分類することができる：

（ⅰ）変数への代入で処理手順を表現・構成し，書かれた順番に実行していく [　　　]。

（ⅱ）プログラムでの処理を関数（計算の規則）の集まりとして構成する [　　　]。

（ⅲ）三段論法のような論理学のプロセスに基づいて構成する [　　　]。

（ⅳ）データと，そのデータ機能と処理とをまとめて構成する [　　　]。

---

（**a**）オブジェクト指向型言語　　（**b**）関数型言語　　（**c**）機械語　　（**d**）高水準言語
（**e**）人工言語　　（**f**）手続き型言語　　（**g**）論理型言語

注釈
comment

手続き型言語（procedural programming language）には，**Fortran**（ふぉーとらん，1956年），**Algol**（あるごる），**Cobol**（こぼる，1959年），**PL／1**（ぴーえるわん，1965年），**BASIC**（べいしっく，1964年），**Pascal**（ぱすかる，1970年），**C**（しー，1972年）といった伝統的なものから，特にAIの分野で活用されている**Python**（ぱいそん，1990年）などがあり，最もオーソドックスなタイプです。

関数型言語（functional programming language）には，**Haskell**（はすける，1990年），**Lisp**（りすぷ，1958年），**ML**（えむえる，1973年），**Scheme**（すきーむ，1975年）などがあって，プログラムの内容が比較的わかりやすい，という特徴があります。論理型言語（logical programming language）には，**KL1**（けいえるわん，1987年），そして我が国の第5世代コンピュータプロジェクトで有名になった**Prolog**（ぷろろぐ，1972年）と，それをベースにした**ESP**（いーえすぴー，1985年）があります。オブジェクト指向型言語（object-oriented programming language）には，元祖の**Smalltalk**（すもーるとーく，1980年），**Java**（じゃば，1995年），**C++**（しーぷらすぷらす，1983年），**Swift**（スウィフト，2014年；オープンソース）などがあります。

なお，コンピュータ言語は多種多様なものが開発されていて，それぞれの目的に応じて利用されています。ですので，それらはさまざまな観点によって，いろいろに分類することができます。したがって，本問題で見た分類のほかにも，いくつかの分類が可能となります。その一つは，すでに【問題14 （言語）処理系とは】の【注釈】で見たとおり，プログラミング言語をコンパイラ方式とインタプリタ方式とで分類することです。

さらには，汎用言語と特定目的用言語とで分けることもできます：CやPythonは汎用ですが，Lisp（AI用プログラミング言語），**R**（あーる，1993年；S言語から進化して，フリーウェアになっている統計解析用プログラミング言語），**Julia**（じゅりあ，2012年；汎用ではあるが，統計処理や機械学習に強い，オープンソースの言語），**LOGO**（ろご，1967年）や**Scratch**（すくらっち，2006年）は共に教育用のビジュアルプログラミング言語ですので，それぞれの特定目的用です。

また，スクリプト言語（scripting language）というカテゴリー（category）で区分けすることもできます。scriptとは，元は "台本・脚本，原稿，手書き" などを意味しますが，情報の世界では，"プログラムをすぐ実行できて高い可読性を持った簡易なもの" ということです。主なものとしては，Python，**Ruby**（るびー，1995年；日本製で，まつもとゆきひろ（1965－）氏が開発した実用性も高い言語），**JavaScript**（じゃばすくりぷと，1995年；高い汎用性と手軽さで，Microsoftの Explorer3.0に搭載されたことで急速に普及。Javaとは全く別物なので，注意），**PHP**（ぴーえちぴー，1995年；仕様や文法がシンプルで理解しやすいため，初心者の学習やWebアプリの開発向き）などがあります。

近年のプログラミング言語には，オブジェクト指向型と関数型の両方の特徴を持った**Scala**（すから）ほか，以上で見たいろいろなタイプの特徴を併せ持つ高機能なものがあります。

メ モ
memorandum

................................................................................

................................................................................

................................................................................

答
answer

**(1)**（e）人工言語
**(2)**（c）機械語
**(3)**（d）高水準言語
**(4)**（ⅰ)-( f）手続き型言語　　（ⅱ)-( b）関数型言語　　（ⅲ)-( g）論理型言語
　　（ⅳ)-( a）オブジェクト指向型言語

# 24 プログラミングとは

**問題**
problem

以下に示す一連の文章は，コンピュータプログラムを作成するプログラミングについて述べています。それぞれの**（1）**～**（6）**の文章の角括弧の中に適合する言葉を，下の**（a）**～**（f）**から選びなさい。

**（1）** プログラミングは，コンピュータが処理するプログラムを ［　　　　］ に沿って書くことである。

**（2）** プログラミングは，［　　　　］ に則って行われる。

**（3）** それには通常，［　　　　］ と呼ばれるソフトウェアを用いる。

**（4）** また，それによって作成されたものを ［　　　　］ と言う。

**（5）** プログラミングでは，アルゴリズムの三つの基本的な ［　　　　］ の組合せで表現されたものを書いていく。

**（6）** さらに，プログラミングでは，プログラムの基本的な ［　　　　］ を用いて実践していく。

---

**（a）** アルゴリズム　　**（b）** エディタ　　**（c）** 構成要素　　**（d）** 制御構造
**（e）** ソースプログラム／ソースコード　　**（f）** プログラミング言語

---

第3章

**メモ**
memorandum

**プログラミング**（programming）は**作譜**と呼ぶことがあります。すでに記してきたとおり，プログラムが「算譜」，アルゴリズムが「算法」と，それぞれ，なかなか味のある名称ですね。先人の苦労がしのばれます。また，その実務作業のことを**コーディング**（coding）と言うことがあります。

　**エディタ**（editor）には，テキストエディタ，バイナリエディタ，グラフィックエディタほか，いくつかありますが，単に"エディタ"と言ったときには**テキストエディタ**（text editor，テキストファイル作成専用のエディタ）を指すことが多いようです。

　プログラミングは，当該の問題に対して，まずアルゴリズムの制御構造（**【問題18　アルゴリズムとは】**参照）に即して**設計**（design）を行い，それをプログラミング言語の仕様に沿って**コード化／コーディング**（coding）し，それを**テスト**（test）する——というプロセスで行われます。しかし通常はテストで不都合が見つかることがよくあります。そのときには，再び同じプロセスを繰り返します。これも，**第1章【問題11　問題解決のプロセス】**の**【注釈】**で見たPDCAサイクルの一種ですね。

　コンピュータプログラムは，いわば融通の利かない"正直者"です：大文字と小文字，１（いち）とｌ（える），ハイフンとマイナス，ピリオドとカンマなどの区別を厳密にして処理します。それらを混同したりミスタッチしただけで，ユーザの意図とはまったく別の処理をしたり，誤動作を起こしたりするわけです。もちろん，論理上の誤りや文法上の記述の間違いでも同様の事態を招いてしまいます。それらの厄介者は，プログラムの**虫／バグ**（bug）と呼ばれます。そこで，プログラムが完成しても，その修正がけっこう必要となるわけです。その作業を**虫取り／デバッグ**（debug）と言います。またその後も，プログラムが正常に動くのか，テストを繰り返すことが一般的です。

　なお，プログラムの基本的な構成要素（**【問題21　プログラムの基本的な構成要素】**参照）の一つである「関数」の概念をプログラムへ拡張したものが**サブルーチン**（subroutine）と呼ばれるものです。これは文字どおり"決まりきった作業"を意味し，**サブプログラム**（sub-program）あるいは**副プログラム**とも言います。プログラム（**メインプログラム**（main program））の中で繰り返し現れる，内容が共通している作業をひとまとまりの小さなプログラムにしたもので，メインプログラムの中で必要なたびに呼び出して全体の処理を効率よくします。それに，記憶容量の節約やデバッグがしやすくもなりますので，一般のプログラミングで多用されています。

　また，同様の目的のために予め作成されているプログラム（サブルーチン）の集まりのことを**ライブラリ**（library）と言います。規模の大きなプログラムを作成する場合に，このライブラリを読み込んでプログラミングに利用します。プログラミング言語**Python**や**R**などには多くの有用なライブラリが用意されています。

　一方，OSと連携して，アプリケーションプログラムのプログラミングを行ったり，外部にある他のソフトウェアの機能を利用したりする**インタフェース**（つなげて利用するためのルールと仕組み）を**API**（えーぴーあい，Application Programming Interface）と呼びます。そして，Web上に公開されていて，それを呼び出して利用する**WebAPI**というものがあります。天気予報，乗換案内，観光，地図などの情報を得るために活用されている方も多いことでしょうが，それらはWebAPIを利用しているのです。

**（1）**（a）アルゴリズム　　**（2）**（f）プログラミング言語　　**（3）**（b）エディタ
**（4）**（e）ソースプログラム／ソースコード　　**（5）**（d）制御構造　　**（6）**（c）構成要素

**問題** problem

以下に示す文章は，プログラミング言語Pythonの特徴について述べています。(1)〜(4)のそれぞれの内容に適合するものを，下の(a)〜(d)から選びなさい。

**(1)** Pythonは，AIやデータサイエンス分野をはじめ，さまざまな分野で活用されている[　　　]である。

**(2)** Pythonは，[　　　]の手続き型高水準プログラミング言語である。

**(3)** Pythonは，便利な"モジュール"と呼ぶ[　　　]を豊富に備えている。

**(4)** Pythonは，[　　　]で配布されているので，フリーで入手・利用することができる。

---

(a) インタプリタ型　　(b) オープンソース　　(c) 汎用プログラミング言語
(d) ライブラリ

**注釈**
comment

"Python" を『小学館 プログレッシブ英和中辞典』で調べてみると，「霊」「悪魔」，それに「ニシキヘビ」といった訳語が出ています。一方，J.V. Guttag 著・久保幹雄監訳『世界標準 MIT 教科書　Python 言語によるプログラミングイントロダクション 第2版──データサイエンスとアプリケーション』（近代科学社，2017）によると，Python 言語の "Python" の由来は，英国の風刺コメディ番組 *Monty Python's Flying Circus*（日本の吹き替え版では『空飛ぶモンティ・パイソン』）だそうです。Python の解説書のカバーには，ヘビの絵が使われているものがありますね。

　また，Python 言語は，やはり上に掲げた書によると，オランダ人で米国在住の **Guido van Rossum**（ぐいど・ばん・ろっさむ，1956-）により1990年に開発されたそうで，いま最も人気の高いプログラミング言語です。AI（人工知能）やデータサイエンスのほか，Web アプリの開発など，広く活用されています。

　これまではプログラミング言語の学習にはCやJavaを対象としている場合が多かったのですが，このところ急速にPythonへ移行するところが増えています。その主な理由は次のとおりです：
　・他の言語と比べて，とても短くシンプルなコードで書くことができるので，初心者が覚えやすい。
　・学習時間，プログラミングに要する時間が短くて済む。
　・インタプリタ型なので，コンピュータの動作の確認が容易である。
　・エラー箇所（バグ）を見つけやすいので，修正（デバッグ）が素早く行える。
　・豊富な（モジュール（module）と呼ぶ）ライブラリ（library）が利用でき，多方面の問題に対して強力な言語である。
　いま話題の対話型生成システムChatGPTもPythonで開発されているそうです。このことからもお分かりのように，PythonはAI，IoTに欠かせない存在となっています。ですので，情報に関与する人々にとって，このPythonを学習して身に着け，活用できるようになることが，いまや必須となっている状況です。このPythonでのプログラミングの詳細については，上記の書籍をはじめ，すでに多くの解説書が出版されていますので，そちらで学習してください。

　なお，このPythonはオープンソースなので，今後も開発・改良が続けられる "生きている" 言語であることに注意してください。そのため，バージョンによっては多少の違いがあるのです。その利用の際には，バージョンの確認をぜひ行ってください。

**メモ**
memorandum

......................................................................
......................................................................
......................................................................
......................................................................
......................................................................
......................................................................
......................................................................

**答**
answer

**(1)**（c）汎用プログラミング言語
**(2)**（a）インタプリタ型
**(3)**（d）ライブラリ
**(4)**（b）オープンソース

問題
problem
以下に示す一連の文章は，コンピュータによるシミュレーションに関連した言葉について述べています。それぞれの（1）～（6）の文章の角括弧の中に適合する言葉を，下の（a）～（f）から選びなさい。

（1） 実物や実際の現象など，対象とするものの本質的な部分を取り出し，他の部分を省略して単純化・抽象化・一般化したものを［　　　］と言う。

（2） そして，それを作成する作業を［　　　］と言う。

（3） また，コンピュータを用いて処理できるように，対象とする現象を数学的に表現したものを［　　　］と言う。

（4） それをコンピュータで描写し，条件を変化させながら試行実験を繰り返す手法を［　　　］と言う。

（5） それを，乱数を用いて行うことで，近似的推定値を確率的に求める手法のことを総称して，［　　　］と言う。

（6） その代表的な例として［　　　］のシミュレーションがあり，サービスを受ける者の列と対応する者の状況をモデル化し，いろいろな条件を付与して，その変化を調べる。

---

（a）シミュレーション　（b）数理モデル　（c）待ち行列　（d）モデル　（e）モデル化
（f）モンテカルロ法

第3章

モデル（model）という言葉が付くものには，プラモデルやファッションモデルなど，なじみ深いものがありますね。モデルには，このような**実物（物理）モデル**（real model）と，何かの現象や出来事などの**論理モデル**（logical model）があります。

　本問題で見たとおり，モデルは対象を単純化して，かなりの部分をそぎ落としますので，実物との違いが出てしまうことは否めません。この誤差は，単純化の度合いに応じて大小が変わってくる，つまり**トレードオフ**（trade-off）がありますので，この点に注意が必要です。

　なお，モデルは，他の視点でもいくつかに分類することができます：連続と離散，線形と非線形，確率と確定，動的と静的といった，表現対象の特性に応じた分け方があります。**モデル化**は**モデリング**（modeling）とも呼ばれていて，いろいろな現象や出来事，つまり「問題」をコンピュータが処理できるように**形式化**（formalization）することです。**数理モデル**（mathematical model）は論理モデルの一つで，問題を，コンピュータが処理できる数式の形に変換したものです。

　実物や現実の現象を実験対象とすることは，その状況や規模，要する経費・時間，危険性などのために困難な場合が多くあります。そこで，コンピュータによる**シミュレーション**（simulation）が活躍するわけです。それにより，原因の追究や結果の予測などが可能となります。天気予報（数値予報），地震・津波や火山・山火事などの災害予測，都市計画作成，道路の渋滞状況，新車開発，パイロットの訓練（フライトシミュレータ）などなど，適用例には枚挙にいとまがありません。

　**モンテカルロ法**（Monte Carlo method / MC）は，**乱数**（random number：規則性がなく，等確率で出る数の並び）を用いて試行を繰り返すことで近似的な解を求める手法のことです。オンライン辞典『ウィキペディア』（2023年，6月）によると，これは，モナコ公国の四つの地区の一つであるモンテカルロがカジノ（とカーレース）で有名なことから，かのJ. von Neumann（ふぉん・のいまん）が命名に関与したそうです。昨今の機械学習ブーム，とくに強化学習という分野でも活用されています。

　**待ち行列**（queue）のモデル対象は，商店での買い物や精算待ちの列，銀行での手続き待ちの列，病院での診察待ち患者の列などなど，やはりたくさんあります。お客と対応者，患者と医師やナースなどの関係性を，それぞれに起こりうる条件を付与してシミュレーションを行います。そして，それらに規則性がなくて，偶然の要素から起こる現象の場合には，乱数が使われるのです。

　この待ち行列を理論的に扱う**待ち行列の理論**（queue/queuing theory）は**オペレーションズリサーチ**（Operations Research: **OR**，おーあーる）の重要な研究分野です。ちなみに，待ち行列の英語 "queue" は，**本章の【問題22　データ構造とは】**で見たキューの英語 "queue" と同じですね。しかし，ここでの**待ち行列**（queue）は，次の4通りの入出順序の総称であることに注意してください：①先入れ先出し（FIFO），②後入れ先出し（LIFO），③ランダム（乱数の使用），④優先度付き。なお，これら，何らかのサービス／仕事（**ジョブ**（job），**タスク**（task））を受けるために並んでいるものの単位を**トランザクション（データ）**（transaction (data)）と言います。

........................................................................................
........................................................................................
........................................................................................

**(1)**（d）モデル　　**(2)**（e）モデル化　　**(3)**（b）数理モデル
**(4)**（a）シミュレーション　　**(5)**（f）モンテカルロ法　　**(6)**（c）待ち行列

# 人工知能 小史

## ◆「人工知能」研究の胎動

第1章の章末コラム「コンピュータ 小史」で述べたとおり，**Alan M. Turing**（あらん・ちゅーりんぐ）は，1936年に発表した論文「計算可能な数について，その決定問題への応用」（1936年）の中で，チューリング機械（Turing machine）と呼ばれている，現代のコンピュータの基本原理を提示しましたが，その14年後の1950年には「計算機械と知能（"Computing Machinery and Intelligence", *Mind*, vol.59, No.236, pp.433-460, Oxford University Press）」と題する記念碑的な論文を発表します。

この論文の中で，彼は**チューリングテスト**（Turing test）と呼ばれる，機械の能力が人間の知的活動と同等，もしくは区別することができるかどうかを試すテストを提案しました。そしてこれを**模倣ゲーム**（imitation game）と呼んで，一つの部屋に人間のふりをする機械を置き，別の部屋に人間を配置して，外部にいる人間の質問者が両者とテレタイプで交信して質疑応答を繰り返し，その結果，質問者は，どちらが人間でどちらが機械なのかを識別できるかどうかをテストする——という "ゲームの形式" で記述したのです。

この論文の書き出しは「機械は考えることができるか？」で始まっています。Turingは，「考える」⇒「思考する」⇒「知能を持つ」として，この提唱を，「機械は，人間としての要素の "知能" を持てるのか？」に換言したのです。これは，その後の「人工知能」研究の明確な目標となりました。

## ◆「人工知能」の誕生

コンピュータ科学での正規の研究分野としての人工知能の始まりは**ダートマス会議**（The Research Project on Artificial Intelligence / Dartmouth Conference，1956年の夏にダートマス大学で開催された研究集会）でした。そこで初めて，**Artificial Intelligence**（人工知能）という言葉が具体的に提示されています。

その参加メンバーたるやまことに豪華な面々で，共同提案者の4名：**John McCarthy**（じょん・まっかーしー，1927-2011；LISPの開発者，人工知能の本質的な問題であるフレーム問題（frame problem, 1969）の提起，また「タイムシェアリングシステム」技術の開発で，その後のインターネット発展へ寄与，1971年にチューリング賞受賞），**Marvin L. Minsky**（まーびん・みんすきー，1927-2016；LOGOの開発者，フレーム理論（frame theory, 1974）の提唱者，1969年にチューリング賞受賞），**Nathaniel Rochester**（なさにえる・ろちぇすたー，1919-2001；IBM 701の設計者），**Claude E. Shannon**（くろーど・しゃのん，1916-2001；情報理論の創設者）と，それに**Herbert A. Simon**（はーばーと・さいもん，1916-2001；**GPS**（General Problem Solver）の開発者の一人，意思決定の研究者，1975年チューリング賞・1978年ノーベル経済学賞受賞），**Allen Newell**（あれん・にゅーうぇる，1927-1992；世界初の人工知能プログラムLogic Theoristを**John Clifford Shaw**（じょん・くりふぉーど／くりふ・しょう，1922-1991；GPSの開発者の一人）と共同開発，GPSの開発者の一人，1975年チューリング賞受賞），**Oliver Selfridge**（おりばー・せるふりっじ，1926-2008；機械知覚（machine perception）の研究者，人工知能の古典的論文Pandemonium（1959）の著者），**Ray Solomonoff**（れい・そろものふ，1926-2009；アルゴリズム情報理論の創設者の一人。また，algorithmic probability（アルゴリズム的確率）を考案し，機械学習と予測・確率による分野を開拓），**Arthur L. Samuel**（あーさー・さみゅえる，1901-1990；世界初の学習型コンピュータチェッカープログラムSamuel Checkers-playing Programの開発者）ほかの11名ほどでした。

人数は少ないものの，いずれもビッグネームとなっているこのメンバーらによって，熱いディープな議論が交わされたであろう，文字どおり "歴史的な会議" でした。

この会議で，人工知能（Artificial Intelligence: AI）が，「人間の高度な機能である学習・記憶・推論・判断といった知的能力を，コンピュータという機械によって実現することを目指して研究する学問分野」として確立されたのです。

## ◆人工知能研究の夏と冬

ダートマス会議を契機として人工知能の研究が認知されてゆき，その勢いが増していきました。しかし，その後，人工知能研究は何度かの浮き沈みを経験することとなります。

・**第1次ブームの夏の時代**：1950年代後半～1970年代前半で，**探索**（search：ゴールの答を，解き方のパターンを場合分けして探す手法）と**推論**（reasoning / inference：人間が行っている思考過程を，記号で表現すること

により実行する手法）による知能探究が活発に行われました。そして，J. McCarthyが1958年に開発したLISPがAIの主要言語となり，M. Minskyが"Steps Towards Artificial Intelligence"と題するAI研究の課題と方向性を示す論文を1961年に発表します。また，**Frank Rosenblatt**（ふらんく・ろーぜんぶらっと，1928-1971）が1958年に**ニューラルネットワーク**（Neural Network: **NN**，**神経網**）の一種である**パーセプトロン**（Perceptron）と呼ばれる理論を発表して話題になります。しかしそれは，J. McCarthyと**Seymour Papert**（しーもあ・ぱぱーと，1928-2016；教育用プログラミング言語LOGOの設計者の一人）による著書*Perceptrons*（MIT Press, 1969）によって，その学習限界が指摘されたことにより停滞してしまいます（その後，パーセプトロンは1980年代に**バックプロパゲーション**（backpropagation，**誤差逆伝播**）という学習アルゴリズムと，**David E. Rumelhart**（でびっど・らめるはーと，1942-2011）と**James L. McClelland**（じぇーむず・まくれらんど，1948-）らが提唱した**PDPモデル**およびその著書*Parallel distributed processing*（1986）によって復活を果たしますが，長くは続かずに1990年代に入ると再び停滞します。しかし，2000年代の後半になって**多層ニューラルネットワーク**（Deep Neural Network: **DNN**）の研究が進展するとともに，コンピュータ性能の大幅アップとインターネットによる学習データの流通が活発になり，今日も続く**深層学習**の隆盛に至ります）。

そして，J. McCarthyと**Patric J. Hayes**（ぱとりっく・へいず，1944-）が1969年に発表した"Some philosophical problems from the standpoint of artificial intelligence"と題した論文の中で**フレーム問題**（frame problem）を提示して，人工知能の根本的な問題を指摘します。この問題の概要は，人間が持つ知識や規則などを人工知能が扱えるようにするには，そのための記述量と推論量が指数関数的に増大して爆発してしまって，現実には不可能ではないか？——ということです。さらには，その記述や推論を完全に正しく行うことはできないのではないか？——という内容に変容して，現在でも議論が続いています。

一方，人工知能の現実問題への適用が始まりましたが，単純なものにしか扱うことしかできないことが次々に明らかにされ，また1965年には機械翻訳の実用性を否定した**ALPAC**（あるぱっく）**報告**書（ALPAC report）が出されたことなどもあり，とうとう冬の時代に入ってしまいます。

しかし，1970年代では，コンピュータに特定分野での専門家並みの能力を埋め込むことを目指す**エキスパートシステム**（expert system）が開発されてきて，「知識」重視の次の夏となる第2次ブームへのプロローグとなります。

・**第2次ブームの夏の時代**：1980年代初頭～1990年代前半で，理論的には**知識表現**（Knowledge Representation: **KR**）が牽引しました。この知識型システムとして多数のエキスパートシステムが開発され，商品化されました。

しかし当時，コンピュータに供給できる知識の量は限定的で，現実問題への適用と解決にまでは至らなかったので，その能力に疑問符が付けられていきました。

さらに，哲学者の**Hubert Dreyfus**（ひゅーばーと・どれいふぁす，1929-2017），**John R. Searle**（じょん・さーる，1932-），物理学者でもある（2020年のノーベル物理学賞受賞）**Roger Penrose**（ろじゃー・ぺんろーず，1932-）らが相次いで人工知能の限界を指摘したために，この第2次ブームも終焉を迎え，再び冬の時代へと入ります。

そのような中でも，1997年には，IBMが開発したチェス専用スーパーコンピュータ**Deep Blue**（でぃーぷ・ぶるー）がチェス世界チャンピオンだったGarry K. Kasparov（がるり・かすぱろふ，1963-）に勝利して世間を騒がせます。

なお，同時期の1982～1992年まで続けられた日本の国家プロジェクトであった「第五世代コンピュータ」は，一時期，世界を（特に米国を）震撼させました。

・**第3次ブームの夏の時代**：2000年代初頭から今日も続く，**機械学習**（machine learning）の時代です。そして，**ビッグデータ**（big-data）との関連で，知識の獲得と出力が格段に進歩し，ことに，2006年に登場した**深層学習**（ディープラーニング，deep learning）がこのブームを決定づけました。

2015年からは，この深層学習を利用したAI囲碁プログラムの**AlphaGo**（あるふぁご，Google DeepMindが開発）がプロ囲碁棋士に勝利していきます。その結果を受けて，AlphaGoは2017年に"引退"してしまいます。また，2015年の10月11日，情報処理学会は長年続けられていたコンピュータ将棋の実力がトッププロ棋士に追いついたとして，「コンピュータ将棋プロジェクト」の終結を宣言しています。

そして，ChatGPT（ちゃっとじーぴーてぃー，Chat Generative Pre-trained Transformer）と称する対話型生成AIシステムが2022年に登場しました。それは，**LLM**（Large Language Models，**大規模言語モデル**）に対話機能（Chat）のUI（ユーザインタフェース）を付けたものです。Microsoft社系のOpenAIが開発し公開して，またたく間に世界に広がりました。その驚異的な性能のために，多方面での活用が進められていますが，一方で，人権の侵害，芸術作品の模造などの著作権侵害，個人情報・機密情報の保護への不安，教育・研究上の疑問，将来の

雇用への不安，人間の思考力低下の疑念などが浮上して，大きな社会問題となってもいます。

　・**次のブーム**：現在すでに，人工知能の社会への影響は多大なものとなっており，その技術はさまざまなところに根づいています。また，以前のブームで指摘された理論的な可能性と実現性との乖離も問題視されなくなっています。したがって，人工知能はこれまでとは全く違った"AI活用の時代"という**フェーズ**（phase）に入っていると言えますので，"夏と冬"という区分けをすることはできなくなると思われます。

　なお，**Raymond Kurzweil**（れいもんど・かーつわいる，1948-）が著書 *The Singularity Is Near: When Humans Transcend Biology*（Viking, 2005）の中で，「2045年ごろには**シンギュラリティ**（singularity, **技術的特異点**）がきて，コンピュータが人間の持つ思考能力の限界を超えてしまう」と書いています。はたして，今後，そして2045年にはどうなっているのか，まことに興味ぶかいですね。

## ◆我が国の人工知能研究

　・**第五世代コンピュータ**：英語表記はFifth Generation Computer System：**FGCS**です。1982～1992年に，通商産業省（現在の経済産業省）管轄下にあった**新世代コンピュータ技術開発機構**（**ICOT**，あいこっと）が進めた国家プロジェクトで，総額約540億円の予算が投じられました。プロジェクトを率いたのは**渕 一博**（ふち・かずひろ）氏で，「並列推論」をキーワードとした開発上のメインテーマは，人工知能における，非ノイマン型コンピュータ，知識処理用ソフトウェア，並行論理型プログラミング言語でした。

　「第五世代」という名称は，真空管の第一世代，トランジスタの第二世代，ICの第三世代，LSI・VLSIの第四世代，そしてその先に続くもの，として命名されました。

　11年間にわたるプロジェクト活動を通じては，技術開発と人材育成には一定の成果を上げましたが，時代を画する応用や相応のソフトウェアの具体的な開発には不発だったことは否めませんので，結果的には世界に強い影響を与えるまでには至りませんでした。

　・**AIUEO**：1977～2019年の長きにわたって，発会当時の若手研究者が自発的に集まって開いた人工知能に関する勉強会で，"あいうえお"と読む名称はArtificial Intelligence Ultra-Eccentric Organization から取ったものとされています。呼びかけ人は斉藤康己氏で，片桐恭弘・白井英俊・中島秀之の三氏が呼応して始まりました。

　当初は，AIに関する論文を*AI journal*やIJCAI（いちかい，人工知能の最も重要な国際会議）関連資料などから選定して輪読することを2～3週間に1回ほどの頻度で開催されたそうで，1984年までの7年間で合計130回の開催実績があったとのこと。また，1979年からはAIの書籍の輪読，1980年夏からは輪講合宿も開催され，最盛期には100名前後のメンバー数であったようです。一貫して，AIの本質的な問題について議論をしていたことが注目されます。そのメンバーのほとんどは今，AI，認知科学の研究・教育の指導的立場におられ，変わらずに，AIに対する熱い思いを持ち続けています。

　なお，より詳しくは，参考文献［14］を参照してください。

　・**グランドチャレンジ**：1992年10月に，当時ほとんどが30歳代前半で，それぞれの所属組織を越えて集まった人工知能の若手研究者の精鋭20名ほどが，ソニーコンピュータサイエンス研究所（Sony CSL）に集結しました（AIUEOのメンバーも複数人が参加した）。それは，その後の我が国の人工知能研究へ大きな方向づけとなったワークショップである

　　Workshop on Grand Challenge AI Applications
　　（人工知能の大いなる挑戦に関するワークショップ）

のためだったのです（Grand Challenge（グランドチャレンジ）とは，きわめて野心的な挑戦といった言葉だが，ここではより具体的に，"非常にインパクトのある応用を見出す"ということを意味していた）。

　その目的は，本ワークショップの呼びかけ人であった北野宏明氏によれば，"「人工知能の科学的・工学的に重要な応用として，何をグランドチャレンジとするべきか？」を議論し，その意義，技術的課題を洗い出そう"というものでした。

　このワークショップの動機づけと時代背景としては次の3点があげられるでしょう：同年2月に米国で同様の趣旨のワークショップが開かれたものの，具体的な成果があまり得られなかったこと；日本の第五世代プロジェクトが不発に終わったことからの反省；米国の人工知能学会であるAAAI（とりぷるえーあい，米国にある人工知能の学会）-92でのパネルセッションで，"ほとんどの日本の研究は，米国の追随"と断言されたこと。

　本ワークショップは，AIの応用に視点を定めるという，きわめて先見性のあるユニークなもので，これを契機として多くの研究が進展しましたが，よく知られているものに，コンピュータ将棋・コンピュータ囲碁の研究があげられます。また，いま話題のメタバース（meta-verse）につながる分身／化身に関する議論もされています。そして，自律移動型ヒューマノイド（人間型）ロボットの競技会であるRoboCup／ロボカップが生まれることとな

り，今も活発に，国際的な活動が続けられていることは特筆に値します。

なお，この "日本版ダートマス会議" とも言うべきワークショップの内容は，書籍として参考文献［15］にまとめられています。

## ◆人工知能（AI）研究の現状と他分野への波及

人工知能（AI）の研究上立場は，大きく二つに分けられます。それは，米国の哲学者 **John R. Searle**（じょん・さーる，1932-）が提起した「強い AI と「弱い AI」です。

**強い AI**（strong AI）とは，人間の心と思考を解明し，ソフトウェアによって精確に実装することにより，コンピュータを人間としての知能を持った "考えることができる機械" として実現しよう，という立場です。これは，A. Turing（ちゅーりんぐ）以来，人工知能（AI）研究が誕生した当初からの究極の目標です。我が国の漫画家である手塚治虫氏が描いた『鉄腕アトム』（光文社，1952-1968）を連想すれば分かりやすいことでしょう。しかし，現時点では，その具体的な成果はまだ出ていません。

一方の**弱い AI**（weak AI）は，人間の知能を分析・解明する研究を通して得た知見を基に，より知的な活動・振舞いをすることができるようなソフトウェアを作成し，その実装によって，コンピュータを "知的な支援ツール" にしよう，という立場です。いわば「応用人工知能」ですね。こちらもマンガで例えれば，藤子 F. 不二雄氏による『ドラえもん』（小学館，1969-1997）がよいでしょう。およそ100年後の未来からやってきた，擬人化されたネコ型ロボットが数々の「ひみつ道具」を駆使することにより，人間の従来の活動の変革や新しいライフスタイルの実現のために奮闘するというストーリーでしたが，今後の未来社会構築のために，多くのヒントを与えてくれました。こちらのほうは，現在でもすでに広い分野で興味ぶかい多くの成果が上がっていて，私たちの生活をより豊かなものにし，社会貢献に寄与しています。

そこで，ここでは，これまでの（弱い AI としての）人工知能（AI）研究で得られている成果が，他のいろいろな分野で，どういったことに活用されているかを概観してみましょう：

- ・文学——俳句・小説の自動創作
- ・芸術——絵画創作，自動作曲・編曲，演奏・演技のスキル解析・適用
- ・法学——判例 DB，判決推論などによる裁判支援
- ・社会科学——災害・交通・物流の解析・予測・対策立案
- ・工学——生産計画・製造プロセスの最適化・自動化，自動運転制御
- ・医学・医療——画像診断，手術支援，介護支援
- ・薬学——創薬・医薬品開発
- ・生命科学——ゲノム解析，生命現象の新発見
- ・栄養学——食生活改善，栄養管理
- ・地学——地質調査，資源開発，地球現象解析
- ・農学——収穫予測，農作業支援
- ・水産学——栽培漁業・養殖漁業の展開，漁業支援
- ・スポーツ——スキル解析・適用，観戦でのデータ提供
- ・ゲーム・パズル——戦略・攻略法の新発見
- ・軍事——自立型兵器システム開発

以上は，今やほんの一例に過ぎないかもしれません。それほど，人工知能（AI）の研究から得られた諸技術は多方面に活用されて浸透しています。

なお，現代の AI は，「深層学習（ディープラーニング）」とほぼ同義に語られています。それは，大量の知識データ（訓練データの集合体）を統計的に機械学習へかける（統計的教師あり学習を行う）ことによって，「特徴抽出」をし，「分類」し，「予測」を行い，「結果」を出力する，というプロセスを経ます。今後も，この技術を中心として，さらにさまざまな成果が出てくることでしょう。また，いつの日か，知識と知恵，そして感情を持ち，身体性をも備えた（鉄腕アトムのような）強い AI の実現が成されるかもしれません。

## ◆参考文献

［1］伊藤和行（編）・佐野勝彦・杉本　舞（訳・解説），『コンピュータ理論の起源［第1巻］チューリング』，（株）近代科学社，2014。

［2］人工知能学会（編），『人工知能学事典』，共立出版（株），2005。

［3］土屋　俊・中島秀之・中川裕志・橋田浩一・松原　仁（編），『AI 事典』，（株）ユー・ピー・ユー，1988。

[4] 土屋 俊・中島秀之・中川裕志・橋田浩一・松原 仁・大澤幸生・髙間康史（編），『AI事典 第2版』，共立出版(株)，2003。

[5] 中島秀之・浅田 稔・橋田浩一・松原 仁・山川 宏・松尾 豊（編），『AI事典 第3版』，(株)近代科学社，2019。

[6] S.Russell・P. Norvig（著），古川康一（監訳），『エージェントアプローチ 人工知能』，共立出版(株)，1997。

[7] 中島秀之，『知能の物語』，公立はこだて未来大学出版会・(株)近代科学社，2015。

[8] 人工知能学会（監修）・松尾 豊（編著），『人工知能とは』，(株)近代科学社，2016。

[9] 中島秀之・丸山 宏（編），『人工知能──その到達点と未来～』，(株)小学館，2018。

[10] 人工知能学会（監修）・神嶌敏弘（編），『深層学習』，(株)近代科学社，2015。

[11] 上野晴樹，『一般教養としての 人工知能入門』，(株)近代科学社，2022。

[12] 瀧 和男（編），第五世代コンピュータの並列処理，bit別冊，共立出版(株)，1993。

[13] 田中穂積・黒川利明・太田耕三・古川康一・岡田久雄（編著），『渕 一博──その人とコンピュータサイエンス』，(株)近代科学社，2010。

[14] 斉藤康己・中島秀之・片桐恭弘・松原 仁，AIUEOのはじまりからおわりまで，人工知能学会誌，35巻，2号，2020年3月。

[15] 北野宏明（編著），『グランドチャレンジ──人工知能の大いなる挑戦』，共立出版(株)，1993。

[16] オンライン辞典『ウィキペディア』，2023，6月。

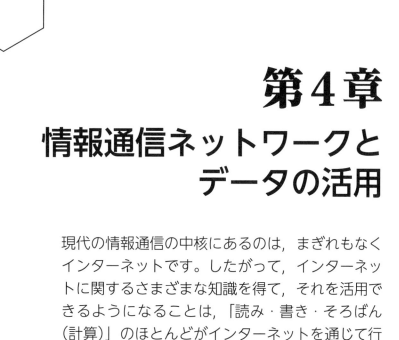

# 第4章
# 情報通信ネットワークとデータの活用

現代の情報通信の中核にあるのは，まぎれもなくインターネットです。したがって，インターネットに関するさまざまな知識を得て，それを活用できるようになることは，「読み・書き・そろばん（計算）」のほとんどがインターネットを通じて行われている今，"現代のリテラシー"の獲得である，と言っても過言ではないでしょう。

また，「データサイエンス」という，情報の科学技術と密接に関連した分野が注目されていますが，その基礎となるデータに関しての，きちんとした知識が求められています。

本章で，それらに精通するように頑張りましょう!!

# 1 情報通信ネットワーク，情報セキュリティ，およびデータに関連する主なキーワード

**問題** problem

以下に示す各用語に対応する英語を書きなさい。略語のものはフルスペルを書きなさい。なお，答となる英語で略語が流通しているものについては，フルスペルの英語のところに略語を形成しているアルファベットの部分を大文字にして，その略語とともに記しなさい。

（A）
1 インターネット　　　　　　［　　　　　　　　　　　　　　　　　　　　　　］
2 ローカルエリアネットワーク　［　　　　　　　　　　　　　　　　　　　　　］
3 広域ネットワーク　　　　　　［　　　　　　　　　　　　　　　　　　　　　］
4 イーサネット　　　　　　　　［　　　　　　　　　　　　　　　　　　　　　］
5 ルータ　　　　　　　　　　　［　　　　　　　　　　　　　　　　　　　　　］
6 ハブ　　　　　　　　　　　　［　　　　　　　　　　　　　　　　　　　　　］
7 アクセスポイント・　　　　　［　　　　　　　　　　　　　　　　　　　　　］
8 通信プロトコル　　　　　　　［　　　　　　　　　　　　　　　　　　　　　］
9 モバイル通信　　　　　　　　［　　　　　　　　　　　　　　　　　　　　　］
10 アーカイブ　　　　　　　　　［　　　　　　　　　　　　　　　　　　　　　］

（B）
1 情報セキュリティ　　　　　　［　　　　　　　　　　　　　　　　　　　　　］
2 IPアドレス　　　　　　　　　［　　　　　　　　　　　　　　　　　　　　　］
3 ドメイン名　　　　　　　　　［　　　　　　　　　　　　　　　　　　　　　］
4 ユーザID　　　　　　　　　　［　　　　　　　　　　　　　　　　　　　　　］
5 パスワード　　　　　　　　　［　　　　　　　　　　　　　　　　　　　　　］
6 個人識別番号　　　　　　　　［　　　　　　　　　　　　　　　　　　　　　］
7 暗号　　　　　　　　　　　　［　　　　　　　　　　　　　　　　　　　　　］
8 認証　　　　　　　　　　　　［　　　　　　　　　　　　　　　　　　　　　］
9 ファイアウォール　　　　　　［　　　　　　　　　　　　　　　　　　　　　］
10 ウイルス対策ソフトウェア　　［　　　　　　　　　　　　　　　　　　　　　］

（C）
1 データ　　　　　　　　　　　［　　　　　　　　　　　　　　　　　　　　　］
2 ビッグデータ　　　　　　　　［　　　　　　　　　　　　　　　　　　　　　］
3 オープンデータ　　　　　　　［　　　　　　　　　　　　　　　　　　　　　］
4 データベース　　　　　　　　［　　　　　　　　　　　　　　　　　　　　　］
5 データマイニング　　　　　　［　　　　　　　　　　　　　　　　　　　　　］
6 データ分析　　　　　　　　　［　　　　　　　　　　　　　　　　　　　　　］
7 欠損値　　　　　　　　　　　［　　　　　　　　　　　　　　　　　　　　　］
8 異常値　　　　　　　　　　　［　　　　　　　　　　　　　　　　　　　　　］
9 外れ値　　　　　　　　　　　［　　　　　　　　　　　　　　　　　　　　　］
10 極値　　　　　　　　　　　　［　　　　　　　　　　　　　　　　　　　　　］

第1章の【問題1　情報に関連する主なキーワード】の【注釈】の中ですでに述べたとおり，**インターネット**の英語での正式表記は **the Internet** と，定冠詞の "the" が付いていますが，インターネットの重要性と国際性が強調されているように思います。また頭文字のアイは大文字にしますが，一般用語のinternetと区別・差別化するためでしょう。

　ちなみに，楽曲を通して世界に愛と平和を訴えた英国・リバプール出身のロックグループ「ビートルズ」の正式表記は "THE BEATLS" で，やはり定冠詞theを付けていますね（まだインターネットがない時代の1967年6月25〜26日に，『OUR WORLD―われらの世界―』と題して世界を結んだ初の多元衛星中継生放送テレビ番組で，ビートルズは英国代表として *All you need is love*（日本題『愛こそはすべて』）のレコーディング風景を披露しています）。ビートルズのレコードデビューは1962年で，*Love me do* と *P.S. I love you* の2曲をカップリングしたシングル盤でした。それはちょうど，インターネットの開発が始まった時期と合致しますので，共に世界を変えたところに縁を感じます。

　"data" は複数形です。単数形は "datum" ですが，通常は複数形のほうの "data" が用いられます。そして，"data" は物質名詞として単数扱いにされることもあります。

　ここで，"big-data" "open-data" に付いている記号 "-" は**ハイフン**（hyphen）あるいは**ダッシュ／ダーシ**（dash）と呼びます。また，**4分ハイフン**（quarter-hyphen）とも言い，4分の1字分の幅で，やや太め，真ん中より少し下に位置されます。これは「つなぎ記号」の一つで，左の語と右の語の関係性が強いことを強調するために，それらの間に入れられます。また，英文の文章中での改行時に単語が切れてしまうときに**音節／シラブル**（syllable）の切れ目の箇所に付けて，次の行の冒頭にある語につながっていることを表す場合にも使われます。なくてもかまわないのですが，いわば，"念のために" と確認する記号ですね。また，このハイフンよりも少し長くて細いものを**エヌダッシュ**（en-dash）とか**2分／半角ダッシュ**（half-dash）と言い，"そして（and / &）" の意味や，年数やページ数の "範囲（range / bounds）" を表すときに用います。さらに長い倍角（全角）のものを**エムダッシュ**（em-dash）と呼び，英語での挿入句や説明文を加えるときに用います。ただし，日本語の場合は通常，さらに長い2字分（全角の2倍）のものが用いられますので，注意してください。

　ちなみに，"database" は，当初は "data base" と，二語に分かれて書かれていました。それが "data-base" とハイフンを用いて書かれるようになり，今では "database" と，一語で書かれるように変わっています。データサイエンスのdata scienceも，data-science やdatasc ienceとも書かれてきています。言葉はいわば "生き物" ですので，このように表記の仕方が変わりながら定着していく用語があります。

........................................................................................................

........................................................................................................

........................................................................................................

**(A)** 1　the Internet　　2　Local Area Network: LAN　　3　Wide Area Network: WAN
　　　4　Ethernet　　5　router　　6　hub　　7　access point　　8　communication protocol
　　　9　mobile communication　　10　archive

**(B)** 1　information security　　2　Internet Protocol address　　3　domain name
　　　4　user IDentification　　5　password　　6　Personal Identification Number: PIN
　　　7　cipher / code / cryptograph　　8　authentication / certification　　9　firewall
　　　10　anti-virus software

**(C)** 1　data　　2　big-data　　3　open-data　　4　database　　5　data mining
　　　6　data analysis　　7　missing value　　8　outlier / abnormal value　　9　outlier
　　　10　extremum / extreme value

問題
problem

以下に示す略語，簡略語について，それぞれの読み方を平仮名で書き，続けて英語でのフルスペルを書きなさい。

1　LAN　　　　　[　　　　　　　　] [　　　　　　　　　　　　　　]

2　WAN　　　　　[　　　　　　　　] [　　　　　　　　　　　　　　]

3　Wi-Fi　　　　[　　　　　　　　] [　　　　　　　　　　　　　　]

4　WWW　　　　　[　　　　　　　　] [　　　　　　　　　　　　　　]

5　URL　　　　　[　　　　　　　　] [　　　　　　　　　　　　　　]

6　bps　　　　　[　　　　　　　　] [　　　　　　　　　　　　　　]

7　ETC　　　　　[　　　　　　　　] [　　　　　　　　　　　　　　]

8　GPS　　　　　[　　　　　　　　] [　　　　　　　　　　　　　　]

9　ITS　　　　　[　　　　　　　　] [　　　　　　　　　　　　　　]

10　ATM　　　　　[　　　　　　　　] [　　　　　　　　　　　　　　]

11　POS　　　　　[　　　　　　　　] [　　　　　　　　　　　　　　]

12　P2P　　　　　[　　　　　　　　] [　　　　　　　　　　　　　　]

13　PDF　　　　　[　　　　　　　　] [　　　　　　　　　　　　　　]

14　CSV　　　　　[　　　　　　　　] [　　　　　　　　　　　　　　]

15　TSV　　　　　[　　　　　　　　] [　　　　　　　　　　　　　　]

16　XML　　　　　[　　　　　　　　] [　　　　　　　　　　　　　　]

17　HTTP　　　　[　　　　　　　　] [　　　　　　　　　　　　　　]

18　HTTPS　　　[　　　　　　　　] [　　　　　　　　　　　　　　]

19　TCP/IP　　　[　　　　　　　　] [　　　　　　　　　　　　　　]

20　ID　　　　　 [　　　　　　　　] [　　　　　　　　　　　　　　]

21　PIN　　　　　[　　　　　　　　] [　　　　　　　　　　　　　　]

22　PKI　　　　　[　　　　　　　　] [　　　　　　　　　　　　　　]

23　CA　　　　　 [　　　　　　　　] [　　　　　　　　　　　　　　]

24　DBMS　　　　[　　　　　　　　] [　　　　　　　　　　　　　　]

第4章

インターネットを利用するには，一般のデスクトップ型のパーソナルコンピュータ，ノートパソコン，スマートフォン，タブレット端末，ゲーム機など，単体の機器がありますが，いろいろな装備品としてインターネットを利用しているものもあります。たとえば，クルマに搭載されている高度道路交通システムのETC（Electronic Toll Collection system，いーてぃーしー；電子料金収受システム）です。また，GPS（Global Positioning System，じーぴーえす；全地球測位システム）機能をスマートフォンやタブレット端末により地図情報システムとして活用している方も多いことでしょう。

また，銀行のATM（Automatic Teller Machine，えーてぃーえむ；現金自動預け払い機）や，スーパーマーケットやコンビニに装備されているPOS（Point Of Sales system，ぽす；販売時点情報管理）などもネットワークを利用している情報機器として，私たちの生活に定着しています。他にも，鉄道の乗車券や航空機の搭乗券，スポーツや観劇などのチケット，宿泊施設や飲食店の予約などでは，QRコードの利用も併せて，スマートフォンやパーソナルコンピュータなどを利用することで行えますので，すっかり一般的になっていますね。

さらに，IoT（Internet of Things）ということで，家庭の中にある家電製品にもインターネットにつなぐことができるものがたくさんあります。テレビ，掃除機，照明器具，エアコン，洗濯機，冷蔵庫ほか，人工知能（AI）の機能を備えた製品がインターネットにつながれることで，家庭内にいるときはもちろん，外出先からスマートフォンやタブレット端末などのモバイル機器を用いてそれらをコントロールしたり，さまざまな関連情報を取得して，生活に役立たせることができています。

なお，これらには，それぞれに特化されたソフトウェアがインストールされているからこそ，それぞれの機器が，多様な役に立つ，素晴らしい機能を発揮してくれていることも忘れないでください。

:::::::::::::::::::::::::::::::::::::::::::::::::::::::::::::::::::::::::::::::::
:::::::::::::::::::::::::::::::::::::::::::::::::::::::::::::::::::::::::::::::::
:::::::::::::::::::::::::::::::::::::::::::::::::::::::::::::::::::::::::::::::::
:::::::::::::::::::::::::::::::::::::::::::::::::::::::::::::::::::::::::::::::::
:::::::::::::::::::::::::::::::::::::::::::::::::::::::::::::::::::::::::::::::::
:::::::::::::::::::::::::::::::::::::::::::::::::::::::::::::::::::::::::::::::::
:::::::::::::::::::::::::::::::::::::::::::::::::::::::::::::::::::::::::::::::::
:::::::::::::::::::::::::::::::::::::::::::::::::::::::::::::::::::::::::::::::::

**1** らん Local Area Network　　**2** わん Wide Area Network　　**3** わいふぁい Wireless Fidelity
**4** だぶりゅーだぶりゅーだぶりゅー World Wide Web　　**5** ゆーあーるえる Uniform Resource Locator
**6** びーぴーえす bit per second　　**7** いーてぃーしー Electronic Toll Collection system
**8** じーぴーえす Global Positioning System　　**9** あいてぃーえす Intelligent Transport Systems
**10** えいてぃーえむ Automatic Teller Machine　　**11** ぽす Point Of Sales system
**12** ぴーつーぴー／ぴあつーぴあ Peer to Peer　　**13** ぴーでぃーえふ Portable Document Format
**14** しーえすぶい Comma-Separated Values　　**15** てぃーえすぶい Tab Separated Values
**16** えっくすえむえる eXtensible Markup Language
**17** えいちてぃーてぃーぴー Hyper Text Transfer Protocol
**18** えいちてぃーてぃーぴーえす Hyper Text Transfer Protocol Secure
**19** てぃーしーぴーあいぴー Transmission Control Protocol / Internet Protocol
**20** あいでぃー IDentification　　**21** ぴん Personal Identification Number
**22** ぴーけいあい Public Key Infrastructure　　**23** しーえい Certification Authority
**24** でぃーびーえむえす DataBase Management System

問題
problem

以下に示す用語に対するカタカナ表記と，それに対応する英語を書きなさい。

1　通信網　　　　　　　[　　　　　　　　　] [　　　　　　　　　　　　　]

2　検索エンジン　　　　[　　　　　　　　　] [　　　　　　　　　　　　　]

3　無線　　　　　　　　[　　　　　　　　　] [　　　　　　　　　　　　　]

4　遠隔　　　　　　　　[　　　　　　　　　] [　　　　　　　　　　　　　]

5　移動体　　　　　　　[　　　　　　　　　] [　　　　　　　　　　　　　]

6　規約　　　　　　　　[　　　　　　　　　] [　　　　　　　　　　　　　]

7　関係データベース　　[　　　　　　　　　] [　　　　　　　　　　　　　]

8　生体認証　　　　　　[　　　　　　　　　] [　　　　　　　　　　　　　]

9　資料　　　　　　　　[　　　　　　　　　] [　　　　　　　　　　　　　]

10　データ分析　　　　　[　　　　　　　　　] [　　　　　　　　　　　　　]

11　標本　　　　　　　　[　　　　　　　　　] [　　　　　　　　　　　　　]

12　標本収集　　　　　　[　　　　　　　　　] [　　　　　　　　　　　　　]

13　中央値　　　　　　　[　　　　　　　　　] [　　　　　　　　　　　　　]

14　最頻値　　　　　　　[　　　　　　　　　] [　　　　　　　　　　　　　]

15. データ科学　　　　　[　　　　　　　　　] [　　　　　　　　　　　　　]

コンピュータが身近なものになり，とくにパーソナルコンピュータやスマートフォンの急速な普及によって，情報ネットワークや情報セキュリティに関する用語には，とてもなじみ深いものがすでにたくさんありますね。生体認証またはバイオメトリクス（biometrics / biometric authentication）は，もう日常的に接していることでしょう。また，データに関する用語も，このところのデータサイエンスとAIブームのおかげで，随分と見聞きするようになりました。

データ（data）とは，当該の事象について何らかの調査を行って得た，量的あるいは質的な"資料"のことで，文字や数値，記号などで表されたものです。もとは統計学の基本的な学術用語で，分析・推論の根拠となるものです。その統計学（statistics）は，対象とする集団／集合の特徴・性質・傾向などについて一定の仮説を立てて，当該データを数理的に分析／解析することで量的・質的な結論を出し，その検証を行う――という学問分野です。

統計学は，わが国ではなぜか不遇で，ずっと数学の一分野として扱われてきていて，久しく専門的に教育・研究する大学や学部が設置されていませんでした。しかし，最近は「データサイエンス」という言葉に"進化"し，その名を冠した学部・学科が次々と生まれてきていて，独自の地位を獲得しています。

これまで，各章の冒頭の数題で，情報に関するキーワードとなっているさまざまな多数の用語を取り上げて，日本語としての漢字表現・カタカナ表現・略語・簡略語といった，いろいろな形で確認してきました。そして，それぞれの用語に対応する英語表現も併せて勉強してきました。

それら各章の用語の問題では，あえて重複するものも取り上げることで，より深く印象づけて馴染めるように努めました。さらに，その上で，それぞれの具体的な内容について，その後のいろいろな【問題】と【注釈】とでフォローしてきました。

読者のみなさんが，各用語の多様な表現の関係性と，その英語表記，そして，それらの基礎的で本質的な内容について理解できるようになることを切に願っています。

..........................................................................
..........................................................................
..........................................................................
..........................................................................
..........................................................................
..........................................................................
..........................................................................
..........................................................................
..........................................................................

1 ネットワーク network　　2 サーチエンジン search engine　　3 ワイヤレス wireless
4 リモート remote　　5 モバイル mobile　　6 プロトコル protocol
7 リレーショナルデータベース relational database
8 バイオメトリクス biometrics / biometric authentication　　9 データ data
10 データアナリシス data analysis　　11 サンプル sample　　12 sampling
13 メディアン median　　14 モード mode　　15 データサイエンス data science

**問題 problem**

以下の（1）〜（10）に示す対義語で，それぞれの角括弧の中に入る適切な言葉を下の（a）〜（j）の中から選びなさい。

（1）　WANと［　　　］

（2）　ネットワーク接続と［　　　］

（3）　オンラインと［　　　］

（4）　インプットと［　　　］

（5）　ログインと［　　　］

（6）　アップロードと［　　　］

（7）　ダイレクトと［　　　］

（8）　P2Pと［　　　］

（9）　暗号化と［　　　］

（10）　クローズドデータと［　　　］

---

（a）アウトプット　　（b）オフライン　　（c）オープンデータ　　（d）クライアントサーバ
（e）スタンドアロン　　（f）ダウンロード　　（g）復号化　　（h）リモート
（i）ログアウト　　（j）LAN

**WAN**（わん，Wide Area Network）は**広域ネットワーク**，**LAN**（らん，Local Area Network）は**ローカルエリアネットワーク**の略称です。

　**ネットワーク接続**（network connection / networking）はコンピュータがネットワークにつながった状態であり，**スタンドアロン**（stand-alone）のほうはコンピュータが単独稼働していて，ネットワークに接続されていない状態です。

　**オンライン**（on-line）はコンピュータがネットワークに接続されていて利用可能な状態にあること，**オフライン**（off-line）はコンピュータがネットワークにつながっておらずに利用できない状態にあることです。

　**インプット**（input）はデータ類をコンピュータに**入力**すること，**アウトプット**（output）はコンピュータの処理結果を**出力**することです。

　**ログイン**（log in）はコンピュータをネットワークに接続してアカウントのユーザIDとパスワードを入力し，サービスを受けられる状態になることで，**ログアウト**（log out）はそのサービスを終了して出ることです。

　**アップロード**（upload）はネットワークを介して自分のコンピュータから他のコンピュータへデータ類を送信／転送すること，**ダウンロード**（download）はネットワーク経由で他のコンピュータからデータ類をコピーし，自分のコンピュータへ保存することです。

　**ダイレクト**（direct）は**直接**あるいは**リアル**ということで，**リモート**（remote）は地理的に離れている**遠隔**という意味です。

　**P2P**（ぴーつーぴー／ぴあつーぴあ，Peer to Peer）はネットワーク接続された複数のコンピュータが対等の立場で通信し合う方式のことで，**クライアント - サーバ**（client-server）はサービス提供側のサーバと利用者側のクライアントとが分離した通信方式です。つまり，**サーバ**（server）とは，ネットワーク上で他のコンピュータからの要求を受けて情報処理を行うコンピュータのことです。

　**暗号化**（encryption / encoding）はデータ類の内容を第三者には解らないようにする操作で，**復号化**（decryption / decoding）は暗号化されたデータ類を元に戻す操作のことです。

　**クローズドデータ**（closed data）は当該の関係者だけに公開されて使用できるデータです。**オープンデータ**（open data）のほうは基本的に誰でも制限なく利用できるデータのことで，著作権のないものや，行政機関が公開しているものなどがあります。

......................................................................................................
......................................................................................................
......................................................................................................

**(1)**（j）LAN　　**(2)**（e）スタンドアロン　　**(3)**（b）オフライン　　**(4)**（a）アウトプット
**(5)**（i）ログアウト　　**(6)**（f）ダウンロード　　**(7)**（h）リモート
**(8)**（d）クライアントサーバ　　**(9)**（g）復号化　　**(10)**（c）オープンデータ

# 5 インターネットとは

問題
problem

以下に示す（1）～（6）の一連の文章は，インターネットに関する基本的な事柄について説明しています。文中の角括弧の中に入る適切な言葉を下の（a）～（f）の中から選びなさい。

（1）パーソナルコンピュータ，スマートフォン，タブレット端末ほか，いろいろな情報機器をつなげた通信システムを［　　　］と言う。

（2）それには，家や学校，会社など，限定的な範囲をカバーするローカルエリアネットワーク（LAN）と，それらを広い範囲でつなげた［　　　］がある。

（3）この後者が世界規模に発展して，［　　　］となっているのがインターネットである。

（4）インターネットは全地球規模（グローバル）での［　　　］の道具である。

（5）そして今や，インターネットはほとんどの全地球人の生活や仕事に欠かせない［　　　］となっている。

（6）したがって，その利用・運用には，法律で定められたルールを遵守すること，そして法律では縛りきれない事柄についての［　　　］を身に着けておくことが求められる。

---

（a）広域ネットワーク（WAN）　　（b）国際的なネットワーク　　（c）コミュニケーション
（d）社会基盤（インフラ）　　（e）情報通信ネットワーク　　（f）情報モラル（倫理）

LAN（らん，Local Area Network）はローカルエリアネットワークの略称，WAN（わん，Wide Area Network）は広域ネットワークの略称でしたね。

インターネット（the Internet）は，草の根的なボランティアによる，いわゆる「性善説」に基づいて開発されてきました。しかし，残念なことに，第1章のいくつかの問題で見てきたとおり，その楽観論では済まない，いろいろな難問が生じているのが現実です。

それに対応すべく，さまざまな情報セキュリティ技術が開発されて実用に供されてはいますが，それらの技術では対応しきれない新たなタイプの問題が発生して，…，という繰返しの連鎖（イタチごっこ）が続いており，まことに深刻な状況です。

すでに**第1章【問題14　情報（化）社会でのモラルとマナー】**の**【注釈】**で述べたとおり，情報（化）社会の中での行動の根幹は，情報モラル（information moral）／情報倫理（information ethics）にあります。それに基づいて自らの行動を律することによって，インターネットの有効性を認識することができ，情報（化）社会を享受することができるのです。インターネットの基本的な精神を大事にしたいものです。

インターネットはコミュニケーションの道具ですから，コミュニケーションの相手，つまり受信者の立場，考え方，目的などを的確にとらえて交信することが肝要です。国内はもちろん，世界中をつなぐインターネットでは，発信者と受信者の文化が大きく異なっている場合がほとんどであり，当然のこととして，言語習慣やユーモアセンスなどは全く違うものと考えなければなりません。とくに，心情・感情や信条の内容を伴う事柄，商取引を行うものなどについては十分に注意を払うことが必要です。

インターネットの重要性をあらためて述べるまでもないかもしれませんが，あえて記すならば，誰一人として制約がなくつなげることができるという，"自由で開かれた"通信手段である，ということでしょう。ここで「自由」とは，勝手気ままに何でもしてよいということではありませんね。そこでは，自主的にマナーやルールを守り，かつ他人のプライバシーを守って相手を尊重する，という精神が不可欠です。そして，"開かれた"とは，誰でも分け隔てなく参加できる，ということですので，たいへん崇高な思想です。ぜひとも大切にしてゆきましょう。

なお，『iINTERNET magazine』（いんたーねっとまがじん）という，わが国にインターネットの技術を理解させ，その普及を図る，という目的で，インプレス社が1994年に創刊した月刊誌がありました（2006年に休刊）。

メモ
memorandum

・・・・・・・・・・・・・・・・・・・・・・・・・・・・・・・・・・・・・・・・・・・・・・・・・・・・・・・・・・・・・・・・・・・・・・・・・・・・・・・・・・・・・・・・・・・・・・・・・・・・

・・・・・・・・・・・・・・・・・・・・・・・・・・・・・・・・・・・・・・・・・・・・・・・・・・・・・・・・・・・・・・・・・・・・・・・・・・・・・・・・・・・・・・・・・・・・・・・・・・・・

・・・・・・・・・・・・・・・・・・・・・・・・・・・・・・・・・・・・・・・・・・・・・・・・・・・・・・・・・・・・・・・・・・・・・・・・・・・・・・・・・・・・・・・・・・・・・・・・・・・・

答
answer

**（1）**（e）情報通信ネットワーク
**（2）**（a）広域ネットワーク（WAN）
**（3）**（b）国際的なネットワーク
**（4）**（c）コミュニケーション
**（5）**（d）社会基盤（インフラ）
**（6）**（f）情報モラル（倫理）

以下に示す（**1**）～（**10**）の一連の文章は，情報ネットワークの基本的な構成について述べたものです。それぞれの内容に適合するものを，下の（**a**）～（**j**）から選びなさい。

（**1**）　さまざまな多数のLANを相互接続した複合ネットワークを［　　　］と言う。

（**2**）　それが世界規模に拡大したものが［　　　］である。

（**3**）　ネットワークの接続上の規約をプロトコルと言うが，インターネットでは［　　　］と呼ばれるプロトコル群が使われている。

（**4**）　LANとLANの間を中継して情報の出入り口となる機器・機能を総称して［　　　］と呼ぶ。

（**5**）　その一つで，インターネットのIPアドレスに基づいて中継するのが［　　　］である。

（**6**）　LANのコンピュータをインターネットに接続する形態の一つは［　　　］である。

（**7**）　その標準的な規格は［　　　］と呼ばれるものである。

（**8**）　一方，もう一つの接続形態は［　　　］である。

（**9**）　その規格は［　　　］というものである。

（**10**）　これをベースにして一般に普及しているのが［　　　］である。

---

（**a**）インターネット　　（**b**）ゲートウェイ　　（**c**）無線LAN　　（**d**）有線LAN
（**e**）ルータ　　（**f**）Ethernet（イーサネット）　　（**g**）IEEE 802.11　　（**h**）TCP/IP
（**i**）WAN　　（**j**）Wi-Fi

ここでいう**プロトコル**（protocol）とは，情報通信を行う上での"取決め"もしくは"約束事"です。人間同士の直接のコミュニケーションでも，相互理解のためには，いろいろな事柄が暗黙裡に基本としてありますよね。インターネットでは，**TCP / IP**（てぃーしーぴーあいぴー，Transmission Control Protocol / Internet Protocol）に基づいて情報の送受信を行っています。

　インターネットのプロトコルは，①ネットワークインタフェース層（機器の接続，データ送受信の制御・管理）-②インターネット層（情報経路の制御・管理）-③トランスポート層（通信上の制御・管理）-④アプリケーション層（さまざまなアプリケーションでのやり取りの制御・管理）という4層から成っています。この中の③がTCPで，②がIPですが，この二つが中心となって用いられるために，全体をTCP / IPと呼んでいます。

　**ゲートウェイ**（gateway）は，その名のとおりLANどうしの中継をする出入り口としての"門"ですが，その具象物としての機器をいう場合と，中継の機能をさす場合があります。

　**ルータ**（router）は，インターネットの世界に私たちを導いてくれるとても大切な機器です。

　**Ethernet**（イーサネット）は有線LANの通信規格で，IEEE 802.3で規定されているものですが，もともとはゼロックス社が開発したLANでした。その名の由来は光の媒体として考えられたEther（エーテル）で，頭文字のイーを大文字にするのが慣習です。かつてインターネットの研究段階であった1980〜90年代の情報系大学の研究室では，Ethernetの黄色い**同軸ケーブル**（coaxial cable）が，たくさんのマンガ本が積まれている中に張り巡らされていた光景が思い出されます。

　ちなみに，Ethernetケーブルには，他に**ツイストペアケーブル**（twisted pair cable）と**光ファイバケーブル**（optical fiber cable）が使われています。

　**有線（ワイヤ）LAN**（wired LAN）は通信の高速性・安定性に優れていますが，上記のとおり配線が邪魔になり，大がかりな配線工事が必要で，コストもかかってしまうところが難点です。一方，**無線（ワイヤレス）LAN**の場合は電波を利用して接続しますので，配線がなくスッキリとしていますが，有線に比べて高速性・安定性には劣ります。

　そして**Wi-Fi**（Wireless Fidelity，わいふぁい）は，もうすっかりお馴染みだと思います。その名は，音響機器の**Hi-Fi**（High Fidelity）をもじって付けられました。なお，同じ無線LANの規格に**Bluetooth**（ぶるーとぅーす）があります（この名の由来は，オンライン辞典『語源由来辞典』（2023年，6月）によれば，10世紀のデンマーク国王，Harald Blåtand（はーらる・ぶらたん）がデンマークとノルウェーを無血統合したことにちなみ，無線LANの規格をきちんと統合したということと，Blåtandが"青い歯"も意味して，またそれが王のニックネームでもあったことによるそうです）。これはWi-Fiとは違って機器を一対一で接続するもので，イヤホンやスーピーカーなどで使用している方も多いことでしょう。なお，Wi-Fiの利用可能範囲は構内レベルの数十メートル，Bluetoothは10メートル以内であることを覚えておいてください。

．．．．．．．．．．．．．．．．．．．．．．．．．．．．．．．．．．．．．．．．．．．．．．．．．．．．．．．．．．．．．．．．．．．．．．．．．．．．．．．．
．．．．．．．．．．．．．．．．．．．．．．．．．．．．．．．．．．．．．．．．．．．．．．．．．．．．．．．．．．．．．．．．．．．．．．．．．．．．．．．．
．．．．．．．．．．．．．．．．．．．．．．．．．．．．．．．．．．．．．．．．．．．．．．．．．．．．．．．．．．．．．．．．．．．．．．．．．．．．．．．．

**(1)**（i）WAN　　**(2)**（a）インターネット　　**(3)**（h）TCP / IP　　**(4)**（b）ゲートウェイ
**(5)**（e）ルータ　　**(6)**（d）有線LAN　　**(7)**（f）Ethernet（イーサネット）
**(8)**（c）無線LAN　　**(9)**（g）IEEE 802.11　　**(10)**（j）Wi-Fi

**問題** problem　以下に示す（**1**）～（**6**）の一連の文章は，自分のコンピュータをインターネットにつないで利用できるように設定する，大まかな手順を述べたものです。それぞれの内容に適合する言葉を，下の（**a**）～（**f**）から選びなさい。

（**1**）　自分のパーソナルコンピュータなどの ［　　　］ を用意する。

（**2**）　インターネット接続業者の ［　　　］ に連絡して，接続の契約をする。

（**3**）　契約が結ばれると，選択した通信回線に適合した ［　　　］ である回線終端装置・ルータ・ハブ・Ethernetケーブル・設定マニュアルなどが送られてくる。

（**4**）　その回線終端装置・ルータ・ハブの電源を入れ，有線では，マニュアルの指示に従ってEthernetケーブルの ［　　　］ をそれぞれの端子（ポート）に差し込んで接続する。

（**5**）　無線の場合は，［　　　］ の接続設定項目に沿ってコンピュータを設定調整する。

（**6**）　外出先での無線接続は，Wi-Fiの ［　　　］ を確認して，設定手続きを行う。

---

（**a**）アクセスポイント　　（**b**）コネクタ　　（**c**）情報通信機器　　（**d**）ネットワーク接続機器類
（**e**）プロバイダ（ISP）　　（**f**）無線ルータ

いまや，各家庭で複数台のコンピュータを使っている例は少なくないことでしょう。そこでは，LANが構成されます。そのような状況で，インターネットの接続をするための，およその手順を示したのが本問題です。

　　プロバイダ（provider）は，正式にはISP（あいえすぴー，Internet Service Provider）です。すでに多くの業者がサービスを提供していますので，ご自宅の回線やお手持ちのコンピュータなどの環境に合わせて選定して連絡してください。

　　インターネットに接続する回線は，以前はアナログの電話回線を使ったDSL（Digital Subscriber Line，でぃーえすえる）が主流でした。そのため，アナログ信号をデジタル信号に変換する装置のモデム（MODEM: MOdulator DEModulator）が必要でした。しかし現在は，光回線のFTTH（Fiber To The Home，えふてぃーてぃーえいち）とケーブルテレビ網のCATV（しーえいてぃーぶい，Common/Community Antenna TeleVision）が多くなっています。光回線ではモデムではなく，光信号を電気信号に変換するためのONU（おーえぬゆー，Optical Network Unit）が用いられます。これらを総称して回線終端装置（line terminating equipment）と言いますが，複数の情報機器につなげるためのハブ（hub），スイッチングハブ／スイッチ（switching hub / switch），それにLANをつなげるためのルータ（router）も含めて，近年は一体化した製品も出てきていて，どんどん進化しています。

　　ここで，接続部品のペアであるコネクタ（connector）と端子（ポート（port））は，規格に応じて形が違いますので，注意してください。ちなみに，portは，もとは"港"を意味する言葉です。

　　よく耳にされると思いますが，Wi-Fiでの（無線）アクセスポイント（(wireless) access point）は，電波を介してインターネットに接続するための中継機器のことです。

　　有線で接続する（つなげる）のと，無線でつなげるのとは，それぞれに一長一短があります。有線ならば，大容量のデータにも対応でき，セキュリティの点でも安心感があります。しかし，物理的なケーブルが必要ですから，設置箇所の周りが混雑し，移動上の制約も伴いますので，それらの煩わしさがあることは否めません。一方の，無線では，その動的な制約はなくて便利ではありますが，通信上の不安定さとデータ容量の制限，セキュリティ上の不安感が，どうしてもありますね。各自の，その時々の環境に適合する，安心して使用できる方式を選ぶことが肝要です。

　　なお，これまで出てきたTCP / IPやEthernet，PDFなどは，デファクトスタンダード（de facto standard）といって，IEEEやISOなどでの国際標準規格ではないが，"事実上の標準"となっているものです。ここで，*de facto*はラテン語で，"事実上"とか"実際には"という意味です。

・・・・・・・・・・・・・・・・・・・・・・・・・・・・・・・・・・・・・・・・・・・・・・・・・・・・・・・・・・・・・・・・・・・・・・・・・・・・・・・・・・・・・・・・・・・・・・・・

・・・・・・・・・・・・・・・・・・・・・・・・・・・・・・・・・・・・・・・・・・・・・・・・・・・・・・・・・・・・・・・・・・・・・・・・・・・・・・・・・・・・・・・・・・・・・・・・

・・・・・・・・・・・・・・・・・・・・・・・・・・・・・・・・・・・・・・・・・・・・・・・・・・・・・・・・・・・・・・・・・・・・・・・・・・・・・・・・・・・・・・・・・・・・・・・・

**（1）**（c）情報通信機器
**（2）**（e）プロバイダ（ISP）
**（3）**（d）ネットワーク接続機器類
**（4）**（b）コネクタ
**（5）**（f）無線ルータ
**（6）**（a）アクセスポイント

# 8 電子メールの仕組み

**問題**
**problem**

以下に示す（1）〜（8）の一連の文章は，インターネットでの情報のやり取りと，電子メールの仕組みについて説明しています。それぞれの文章の内容に適合するものを，下の（a）〜（i）から選びなさい。

（1） インターネットでは，通信データをTCP/IPのTCPが［① 　　　］と呼ばれる小さな単位に分割して，IPに渡すことで流通させる。

（2） ①を受け取ったIPは，インターネットに接続した各コンピュータに割り当てられた［② 　　　］によって決められた宛先へ，①を送り出す。

（3） ただし，②は利用者には分かりにくいものなので，もっと具体的で分かりやすい［③ 　　　］に付け替えて使われている。

（4） ③は順序づいた［④ 　　　］になっており，「コンピュータ名.組織名.組織の種別.国名」というように，それぞれを "." で区切ったものである。

（5） インターネットで特定人物と情報を交換するコミュニケーションシステムを［⑤ 　　　］と言う。

（6） ⑤を出すときは，送信先の宛先である［⑥ 　　　］を指定する。

（7） ⑥は，利用者名に［⑦ 　　　］を付けて，その後に宛先の③を付加することで構成される。

（8） 電子メールの送受信は，［⑧ 　　　］というソフトウェアと［⑨ 　　　］というコンピュータを通して行われる。

---

（a）アットマーク "@"　　（b）階層構造　　（c）電子メール　　（d）ドメイン名
（e）パケット　　（f）メーラ　　（g）メールアドレス　　（h）メールサーバ
（i）IPアドレス

パケット（packet）は "小荷物" という意味で，情報をこの多数のパケットに分割して送受信するということが，インターネット開発の端緒となったアイディアです。このパケットは，データと，その先頭に，ヘッダ（header）と呼ばれる宛先などの制御情報を付加したものから成っています。

IPアドレス（IP address）は，現在はIPv4（あいぴーぶいふぉー，Internet Protocol version 4）という規格で決められていて，それは32ビットの2進数によって構成されています。しかし，インターネットの利用者が爆発的に増えている関係で，現在その不足が懸念されていて，128ビットのIPv6（あいぴーぶいしっくす，Internet Protocol version 6）への移行計画が進められています。そうなれば，当分は安心のはずです。

また，わかりにくい2進数のIPアドレスをドメイン名（domain name）に代えることよって，右側の後ろから順番に，どの国の，どの組織の，どの部署なのかが分かるようになっています。その区切り記号 "." は文章末に付けるピリオドと同じ形ですが，ここでは "どっと" と読みましょう。

なお，ドメイン名とIPアドレスを相互に変換する仕組みをDNS（でぃーえぬえす，Domain Name System）と言い，それを自動的に行って管理するコンピュータをDNSサーバ（DNS server）と言います。

電子メール（Electronic mail / E-mail）が使えるようになって，相手が世界中のどこにいても，いつでも，自由に連絡が取り合えるようになりました。そのメールアドレス（mail address）のドメイン名はプロバイダなどによって決められますが，利用者名の部分は自分で決めることができます。そして，利用者名とドメイン名を分けるアットマーク "@" は，本来は会計の単価記号ですが，インターネットのおかげで，すっかり身近なものとなりましたね。

メーラ（mailer）とメールサーバ（mail server）は，電子メールの送受信に欠くことのできない重要なものです。

ここで，電子メールの送受信をTCP / IPの4層で簡潔に説明しましょう：まず第4層のアプリケーション層にあるSMTP（えすえむてぃーぴー，Simple Mail Transfer Protocol）が電子メールを送り出し，第3層のトランスポート層にあるTCPがそれをパケットに分割してヘッダを付け，第2層のIPへ渡します。そしてIPは送り先の経路を決めて送り出します。それを第1層のネットワークインタフェース層にあるEthernetあるいはWi-Fiを通して信号の変換が行われて，受信先に届けられます。その後は，これまでの逆順で進み，第1層⇒第2層⇒第3層と来て情報を整理し，受信者は，第4層にあるPOP（ぽっぷ，Post Office Protocol）あるいはIMAP（あいまっぷ，Internet Message Access Protocol）を用いることで電子メールを読むことができます。

...................................................................
...................................................................
...................................................................
...................................................................

**（1）**①-（e）パケット　　**（2）**②-（i）IPアドレス　　**（3）**③-（d）ドメイン名
**（4）**④-（b）階層構造　　**（5）**⑤-（c）電子メール　　**（6）**⑥-（g）メールアドレス
**（7）**⑦-（a）アットマーク "@"　　**（8）**⑧-（f）メーラ　　⑨-（h）メールサーバ

# 9 Webの仕組み

**問題**
**problem**

以下に示す（1）～（5）の一連の文章は，Webの仕組みについて説明しています。それぞれの文章の内容に適合するものを，下の（a）～（e）から選びなさい。

（1）インターネット上で情報を発信するシステムを［　　　］と言い，通常はWebと略称される。

（2）これにより，文字，画像，音声，動画などの情報をまとめてある［　　　］を閲覧することができる。

（3）それを表示するためのソフトウェアを［　　　］と言う。

（4）利用者は，それに［　　　］を入力することによって，所望の情報を閲覧することができる。

（5）これはWeb内の［　　　］のことで，「プロトコル名（スキーム）://ドメイン名/ファイル名（パス名）」で構成される文字列である。

---

（a）住所　　（b）ワールドワイドウェブ（WWW）　　（c）URL　　（d）Webページ
（e）（Web）ブラウザ

---

Web＝クモの巣

Web（ウェブ）は "クモの巣" のことですから，ワールドワイドウェブ（WWW: World Wide Web, だぶりゅーだぶりゅーだぶりゅー）は "世界中に張り巡らされたクモの巣" というわけです。これは読むには冗長ですから，通常はWebと略称されています。

　Webページ（Web page）は，Webを構成する基本単位のことで，ある意味を持ったものを表示する "ページ" です。また，それらを蓄積してまとめたもの，あるいはその場所のことをWebサイト（Web site）または短縮してサイト（site）と言います。このWebサイトの中では，ハイパーリンク（hyperlink），あるいは単にリンク（link）と言って，別々の離れた場所にあるWebページを関係づけて結び付けることが，URLによって可能となっています。つまり，そこへ "飛んでいける" のです。まことに便利なものです。

　ちなみに，Webサイトのことをホームページ（home page）と呼んでいることも多いですね。ただ，ホームページはWebサイトの最初のページを指している場合もありますので，注意してください。Webページを見るためのソフトウェアであるブラウザ（browser）は，正式にはWebブラウザです。

　URL（Uniform Resource Locator）は，Webを使う上でいつもご厄介になっているものですが，その代表的なプロトコル名（スキーム（scheme），URLの先頭に小文字で表示）がHTTP（えいちてぃーてぃーぴー，HyperText Transfer Protocol）という，所望のWebページを取り出して表示するためのプロトコルです。これは，TCP/IPの第4層であるアプリケーション層にあるものです。ただし，URLで表記するときには小文字でhttpとします。URLの中のドメイン名は，メールアドレスの一部にあるドメイン名と同じものです。そして，前問で見たとおり，IPアドレスに対応しています。

　なお，URLはRFC 1738で規定されています。ここで，RFC（あーるえふしー）とは，Request For Commentsを略したもので，直訳すれば "意見を求む" というわけですが，インターネットプロトコルに関する規格についての議論・提案などに，それぞれ番号を振って，受け付け順にまとめた公開文書のことです。それは，米国にあるIETF（Internet Engineering Task Force）という団体が管理していますが，インターネット上で公開されていて，誰でも自由に閲覧することができます。このやり方は，いかにもインターネットならではという，"文化" を感じます。ちなみに，URLのRFC 1738のほかには，TCPがRFC 793，IPがRFC 791，IPv6はRFC 2460という番号になっています。現在もどんどん増えていて，まさに，壮大なデータベースになっています。

......................................................................................
......................................................................................
......................................................................................
......................................................................................
......................................................................................

**(1)** （b）ワールドワイドウェブ（WWW）
**(2)** （d）Webページ
**(3)** （e）（Web）ブラウザ
**(4)** （c）URL
**(5)** （a）住所

インターネットを介して情報やデータを収集・伝達する情報システムが社会に定着しているが，以下の（1）～（6）ではその主なものを挙げています。それぞれの具体例を三つ以上書きなさい。

**（1）　交通情報システム**

**（2）　防災情報システム**

**（3）　予約システム**

**（4）　電子商取引システム**

**（5）　社会運用・管理システム**

**（6）　教育資料・学術文献検索システム**

本問題で見たとおり，インターネットによる**情報システム**（information system）にはすでに多くのものがあり，私たちの生活に活用されています。

交通情報**システム**（traffic information system）としては，他にも身近な「乗換案内」や，「マップ」アプリをナビゲーションとして使っている人も多いことでしょう。

また，我が国は地震国でもありますので，地震の直後に震源地・震度・マグニチュードなどを**防災情報システム**（disaster prevention information system）で知ることができるのは，ありがたいことです。

**予約システム**（reservation system）のおかげで，私たちの生活は大変便利で豊かになっていますね。スマートフォンで2次元バーコード（QRコード）を使えば，いろいろなことが可能になっています。大いに活用しましょう。

**電子商取引システム**（electronic commerce system）で，買い物の仕方がすっかり変わりました（そのために，リアルのお店の経営が苦しくなっているところが多くなっているのは難しい問題ですね）。また，各種の電子マネーの広がりによって，現金を持ち歩くことが少なくなりました。

**社会運用・管理システム**（social operations & control system）には，まず**マイナンバー制度**（my/ individual number system）があげられますが、これは，正式には**社会保障・税番号制度**（social security and tax number system）です。いろいろな問題点が指摘されていますが，早期に解決して国民の不安を取り除き，有効に機能してほしいものです。

過日，**Ｊアラート**（J-Alert）で近隣国からのミサイル／ロケット発射を知って，大いに驚かれたことをご記憶でしょう。外交による平和の維持を切に望むところです。

**教育資料・学術文献検索システム**（search systems on educational materials & academic literature）は，教育にかかわる人々と学術研究に携わる人々にとって，その活動の支援のためには欠かすことのできない重要なツールです。

なお，これらのシステムにはすべて，大量のデータ（**ビッグデータ**（big-data））を保存して管理する**データベース**（database）が構築されているのです。

........................................................................................................
........................................................................................................
........................................................................................................
........................................................................................................

**（1）** 高度道路交通システム ITS，全地球測位システム GPS，自動料金収受システム ETC
**（2）** 緊急地震速報の受信，気象情報の受信，災害情報システム DiMAPS
**（3）** 交通機関の座席，音楽・映画・演劇・スポーツなどのチケット，飲食店・宿泊施設の決定・スケジューリング
**（4）** ネットショッピング，ネットオークション，インターネットバンキング，電子マネー決済
**（5）** マイナンバー制度，販売時点情報管理システム POS マーケティング，全国瞬時警報システム J-Alert
**（6）** 教育文献資料検索システム EDMARS，国立情報学研究所文献検索システム CiNii，科学技術文献検索システム JDream III，国立国会図書館サーチ NDL Search

問題
problem

インターネットを活用することで，さまざまな活動を効率的に，迅速に，確実に行うことができるようになっています。その事例を五つ以上あげなさい。

[　　　　　　　　　　　　　　　　　　　　　　　　　　　　　　　　　　　　]

[　　　　　　　　　　　　　　　　　　　　　　　　　　　　　　　　　　　　]

[　　　　　　　　　　　　　　　　　　　　　　　　　　　　　　　　　　　　]

[　　　　　　　　　　　　　　　　　　　　　　　　　　　　　　　　　　　　]

[　　　　　　　　　　　　　　　　　　　　　　　　　　　　　　　　　　　　]

[　　　　　　　　　　　　　　　　　　　　　　　　　　　　　　　　　　　　]

[　　　　　　　　　　　　　　　　　　　　　　　　　　　　　　　　　　　　]

メモ
memorandum

インターネット活用の例にはこれらのほかにも，たくさんありますね。

なお，ここで注意すべき共通の事柄がいくつかあります：

・セキュリティに十分注意すること――当該情報の信頼性確認，個人情報の保護，ID・パスワードの管理などは，今や常識です。
・コミュニケーション上のトラブルに注意すること――情報モラル（倫理）に配慮するとともに，交信相手の立場に立って考え，振る舞うことが肝要です。
・著作権侵害とプライバシー保護に留意すること――知らず知らずのうちに，うっかりしてしまうことが少なくありません。いつも心に留め置いてください。
・コンピュータウイルスなどの対策を万全にしておくこと――世の中にはいろいろな人がいます。あなたの大切な資料・資産・財産などを守るように気をつけてください。
・コンピュータ依存症に注意すること――ついつい長時間使ってしまって，コンピュータに触っていないと強い不安に襲われてしまう事例が増えています。心身の健康が，何よりも大切です。

　第3章の【問題2　コンピュータとプログラミングに関連する主な略語】の【注釈】で「ムーアの法則」という，ICの集積率の経年増加（ひいては，その性能向上）についての法則を記しましたが，ここでは，「メトカーフの法則」と呼ばれる，"ネットワーク通信の価値"についての主張を説明しましょう。

　メトカーフの法則（Metcalfe's law）とは，「ネットワーク通信による価値は，そこに接続されているシステムのユーザ数（$n$）の2乗（$n^2$）に比例する」というものです。米国の電気電子工学者で，Ethernet（いーさーねっと）の共同開発者，また2022年のチューリング賞受賞者でもあるRobert M. Metcalfe（ろばーと・めとかーふ，1946-）に由来しています。

　ここで，"価値"という抽象的概念に計数を当てているのはやや無理がありますが，その趣旨はインターネットにとって重大な意味を持っており，容易に理解できるものと思います。たとえば，ここでの"価値"を，インターネットを通じた活動と広告宣伝効果が生み出す「売上金額」，あるいは，それを活用した会社の「株価」などに置き換えてみればよいでしょう。
　また，"ユーザ数の2乗に比例する"ということは，指数関数的に，あるいはネズミ算的に，爆発的に増大する――という意味ですね。GAFA（がーふぁ）の総売上高が，ゆうに多くの国の国家予算を上回る金額となっていることを思えば，このメトカーフの法則の正当性がお分かりのことと思います。インターネットのパワーとインパクトを，あらためて認識することができますね。

（1）Webサイトの閲覧
（2）検索エンジンでの情報検索
（3）取得した情報ファイルの保存
（4）電子メール，SNS，チャットなどでのコミュニケーション
（5）ホームページ（Webサイト）の作成
（6）ホームページやブログからの情報発信
（7）各種のチケットの取得・購入，飲食店・ホテルなどの予約
（8）ネットショップ，オークションでの物品購入・販売
（9）リモート会議や遠隔医療など，場所・地域に限定されない社会活動
（10）音楽・動画などの再生・視聴
（11）ネットゲームのプレイ
（12）e-ラーニングの教育利用
（13）論文・文献検索などの学術利用
（14）コンピュータシミュレーションなどによる研究活動支援

# 12 データファイルの形式

**問題**
problem

以下に示す（1）〜（7）の一連の文章は，いろいろなデータファイルの分類や形式について説明しています。それぞれの文章の中の角括弧に適合する言葉を，下の（a）〜（g）から選びなさい。

（1） 文字・画像・動画・音声など，さまざまな情報をコンピュータとネットワークで扱うために，それらのデータの集まりをデジタルデータに変換した［　　　］にしておく。

（2） それを整理してコンピュータに収納・保存するものを［　　　］と言う。

（3） また，その大きさを表すには，バイトに基づいた［　　　］が用いられる。

（4） 文字情報の場合には，それは［　　　］と呼ばれる。

（5） 写真などの画像情報や動画の場合はデータ量が大きいので，通常は［　　　］するファイル形式を利用して処理をする。

（6） また，音声の情報も，その［　　　］に合った形式のものが用意されているので，それらを利用する。

（7） それらには［　　　］という文字列が割り当てられるので，これを見ることで確認することができる。

---

（a）圧縮　　（b）拡張子　　（c）テキストファイル　　（d）データ量の単位
（e）特性　　（f）ファイル　　（g）フォルダ

ファイル（file）は，いろいろな情報をまとまったデジタルデータにしたものです。それを整理して収納・保存する，抽象的な入れ物がフォルダ（folder）ですが，これは書類整理の「紙挟み」から来ていて，ディレクトリ（directory）と呼ばれることもあります。ファイルが複雑なもののときは，階層化して整理することもできます。

また，多数のファイルをまとめて，相応の見出しを付けた大規模なファイルあるいはその保管施設をアーカイブ（ズ）（archive(s)）と言い，書庫とも呼ばれます。

データ量（amount of data／data quantity／data volume）は，しばしば「情報量」とされていますが，情報・通信の数学的理論として確立しているClaude E. Shannon（くろーど・しゃのん）の情報理論（information theory）という分野で定着している概念の情報量（amount of information）とは異なりますので，厳密には「情報のデータ量」といったように区別したほうがよいでしょう。

すでに**第2章**の**【問題15　ビットとバイト】**の**【注釈】**のところで見ていますが，情報のデータ量を表すときに単位の前に付ける接頭語／辞（prefix）はとても大切でよく出合う記号ですので，復習しておきましょう。ファイルのデータ量を表す単位（unit）には，バイト［B］を基準として，順番に1000倍ずつしていくキロバイト［KB］，メガバイト［MB］，ギガバイト［GB］，テラバイト［TB］，ペタバイト［PB］などがあります。ここで，キロバイトのKが大文字になっていますが，情報の単位は2進法ですので，正確にはキロは1024倍なので，あえて大文字にして明確にし，また"けい"と読む場合もあります。

文字・画像・動画・音声の情報表現については，**第2章**の**【問題17　文字のデジタル表現】**〜**【問題20　音声のデジタル表現】**に詳しいので，そちらを参照してください。また，情報の圧縮の具体的な内容については，やはり**第2章**の**【問題21　デジタル情報の圧縮】**の**【注記】**を見てください。

なお，電子メールにファイルを添付することが多いことと思います。その場合には，当該のファイルが送信相手の環境で表示可能な形式のものかどうか，そしてデータ量が許容範囲内のものであるかどうかに，とくにラスター形式の画像の場合は格段にデータ量が大きくなりますので，注意してください。限度量を超える場合には，圧縮をかけたり，共有ファイルとする方法があります。

拡張子（extension）については，こちらも**第2章**の**【問題21　デジタル情報の圧縮】**の**【注釈】**に記しましたので，そちらを参照してください。

......................................................................................................
......................................................................................................
......................................................................................................
......................................................................................................

**（1）**（f）ファイル
**（2）**（g）フォルダ
**（3）**（d）データ量の単位
**（4）**（c）テキストファイル
**（5）**（a）圧縮
**（6）**（e）特性
**（7）**（b）拡張子

問題
problem
以下に示す（1）～（7）の一連の文章は，情報セキュリティ技術の一つである暗号について述べたものです。それぞれの内容に適合する言葉を，下の（a）～（g）から選びなさい。

（1） 大切な情報データを，そのままでは読み取れないように変換することを ［　　　］ と言う。

（2） それを元の情報データに戻す操作を ［　　　］ と言う。

（3） 元の情報データは ［　　　］ と呼ぶ。

（4） これら二つの変換操作を行うための手順やデータを ［　　　］ と呼ぶ。

（5） これを，送信者と受信者が同一のものを使う暗号方式を ［　　　］ と言う。

（6） 一方，二つの変換操作に，別々のものを設定して使う暗号方式を ［　　　］ と言う。

（7） それには，発信者はネットワーク上に公開した公開鍵を使用し，片方の受信者は，第三者に秘密にしておく必要がある ［　　　］ を使う。

---

（a）暗号化　　（b）鍵　　（c）共通鍵暗号　　（d）公開鍵暗号　　（e）秘密鍵
（f）復号　　（g）平文

---

暗号（cryptography／cypher）は，暗号化（encryption）と復号（decryption）の二つの操作を行う情報セキュリティ技術です。

平文（plaintext）は"ひらぶん"と読みます。判読不能の暗号文（cipher-text）の対義語で，理解可能な普通の文章のことです。鍵（key）は，まさにすべての暗号技術の"キーポイント"で，形のあるものではありません。

共通鍵暗号（common-key cryptography）の方式は，対称鍵暗号（symmetric-key cryptography）とも呼ばれています。これは歴史が古く長く使われましたが，処理速度が速いというメリットはあるものの，盗聴リスクが高く，鍵が複製されてしまうリスクや各受信者に個別の鍵を設定しなければならないので，鍵管理が大変で注意を要するために，現在は主流ではありません。

一方の公開鍵暗号（public-key cryptography）方式は，非対称鍵暗号（asymmetric-key cryptography）とも呼ばれています。安全性が高く，鍵の管理も，一つの公開鍵（public-key）で暗号化するだけで，復号化する受信者は対応する秘密鍵（private-key／secret-key）を一つ持てばよいために，たいへん楽ですので，広く利用されています。これは，1976年にWhitfield Diffie（ほいっとふぃーるど・でぃふぃー，1944-）とMartin E. Hellman（まーてぃん・へるまん，1945‐）が開発しましたが，現代暗号理論（modern cryptography theory）と呼ばれる研究分野の創始となりました（土居範久監修『情報セキュリティ事典』（共立出版，2003年）より）。両氏は2015年のチューリング賞を受賞しました。

その翌年の1977年に開発された，この方式の代表的な例が，RSA暗号（RSA cryptography）と言われているものです。これは，数学の分野で有名な「フェルマーの小定理」に基づいて開発されました。RSAは，この方式の開発者の3者：Ronald. L. Rivest（ろなるど・りべすと，1947-），Adi Shamir（あでぃ・しゃみあ，1952-），Leonard. M. Adleman（れおなるど・えーでるまん，1945-）の姓の頭文字をつなげたものです。この3名も，その功績により，2002年のチューリング賞を授与されています。これは今のところ大変強靭な暗号ですが，量子コンピュータ（quantum computer）が実用化された暁には，効力を失ってしまうと懸念されています。そのため，量子暗号（quantum cryptography）の研究が鋭意進められています。

暗号は，じつは人間は紀元前から使っており，有名なものとしては，かの古代ローマの指導者であるJulius Caesar（じゅりあす・しーざー）の名を冠したシーザー暗号（Caesar cipher）があります。これはシンプルな共通鍵暗号の一種で，アルファベットの文字を一定の文字分（シーザー暗号は3文字分）だけずらしていく（換字法（substitution cipher method）），というものでした。また，「チューリング賞」で有名なAlan M. Turingは，第二次世界大戦中にナチス・ドイツの暗号エニグマ（Enigma）を解読しました。これが大きな契機となって戦況が大きく変わった，と言われています。

第1章の【問題19　情報セキュリティとその区分け】と【問題23　情報セキュリティの対策技術】で見たとおり，情報セキュリティ上の3大要素の一つである機密性／守秘性（confidentiality）のためには，暗号技術が大活躍しています。暗号と言うと，とかく"暗い"イメージを持ちがちですが，情報（化）社会ではセキュリティがとても大事ですから，暗号は多くの身近な機器・システムに欠くことのできない重要な技術なのです。

答

answer

**(1)**（a）暗号化　　**(2)**（f）復号　　**(3)**（g）平文　　**(4)**（b）鍵
**(5)**（c）共通鍵暗号　　**(6)**（d）公開鍵暗号　　**(7)**（e）秘密鍵

# 14 認証の技術

**問題**
problem

以下に示す（1）～（5）の一連の文章は，利用者を確認する認証技術に関して述べています。それぞれの角括弧の中に適合する言葉を，下の（a）～（h）から選びなさい。

（1） 本人しか知りえない情報の要素，あるいは本人しか持ちえない情報の要素によって，本人であるかどうかを確認することを ［　　　］ と言う。

（2） それは，［　　　］ と ［　　　］ による方法に大別される。

（3） これらの方法での要素には，［　　　］［　　　］［　　　］ の三つがある。

（4） いろいろな情報機器やインターネットの利用に際しては，それは ［　　　］ の提示によることが多い。

（5） しかし，セキュリティの強化のために，二つ以上の要素を組み合わせて行う ［　　　］ も用いられている。

---

（a）アカウント　　（b）識別　　（c）照合　　（d）所持要素　　（e）生体要素
（f）多要素認証　　（g）知識要素　　（h）認証

第4章

みなさんも，いくつかの**認証**（authentication / certification）技術に，ほぼ毎日，接触されていることでしょう。**識別**（identification）には，まずユーザID・パスワードがあります。一方の**照合**（verification / collation）には，電話番号，指紋や顔などですね。

　**知識要素**（knowledge factor）というカテゴリーでは，ユーザID・パスワードやパスコード，暗証番号（PIN），電話番号，生年月日，秘密の質問などがあります。盗難の心配がなく，簡易であることはよいのですが，忘却の恐れ，パスワードが盗用されるなどの危険性があります。**所持要素**（possessed factor）のほうは，PCやスマートフォンなどのデバイス，ICカード，運転免許証，健康保険証などがあります。携帯や操作の容易性がありますが，紛失，盗難や偽造のリスクが高いのが難点です。**生体要素**（biological factor）は，指紋，顔，虹彩，声紋などの本人の身体的個人特性です。「生体認証」の技術要素として，すでにお馴染みですね。本人にとっては利便性が高いのですが，その実施には専用の装置やソフトウェアなどに相当なコストを必要とします。

　**アカウント**（account）は，ユーザIDとパスワードの組合せでしたね。なお，**ユーザID**（user IDentification）は，個人の名前の代わりなので変更することはできませんし，一般に公開されます。一方，**パスワード**（password）は認証をするための "仮り" のものですので，セキュリティ保護のためには，ときどき変更することが推奨されます。また絶対に公開してはいけません。**パスコード**（passcode）もパスワードと同じ役割で，アプリを開くときに入力するものですが，4あるいは6個の**数字の列**で表すものでしたね。

　**多要素認証**（multi-factor authentication）にも出合う機会が多いことでしょう。ここで，**2段階認証**（two-step authentication）と**2要素認証**（two-factor authentication）がその例として同じものとされることがありますが，厳密には異なるものです。2段階認証は同じ要素を組み合わせる方式で，たとえばパスワードの入力を2回求めるとか，パスワードを入力後に事前設定の秘密の質問に答えさせる，などです。一方の2要素認証は，異なる要素による認証を二つ組み合わせる方式のことで，パスワードの入力後に電子メールで秘密コードが送信されてきて，それを改めて入力させることで認証する，といったものです。

　**第1章**の【**問題19　情報セキュリティとその区分け**】と【**問題23　情報セキュリティの対策技術**】で見たとおり，前問での暗号と並んで，情報セキュリティ上の3大要素の一つである機密性／守秘性のためには，認証技術がたいへん有効となります。

　なお，**マイナンバーカード**（my / individual number card）はマイナンバーが記載された，本人の顔写真が貼られているICカードですね。本人の認証のための身分証明書や健康保険証の代わりとなり，遠からず運転免許証の代わりともなりますし，また自治体のサービスや税金のための申請書，パスポートの申請・更新など，いろいろなサービスに利用されつつあります。

　しかし，このマイナンバーカード制度が一つの社会問題となってしまっていることは残念に思います。紛失や盗難，破損のリスクと共に，行政上のトラブルやミスが多数発覚して報告されたことで，一般市民に不安感が広がっています。デジタル庁の主導の下，早期に解決していただき，どんどん有効に使えるようになってほしいものです。

．．．．．．．．．．．．．．．．．．．．．．．．．．．．．．．．．．．．．．．．．．．．．．．．．．．．．．．．．．．．．．．．．．．．．．．．．．．．．．．．．．

．．．．．．．．．．．．．．．．．．．．．．．．．．．．．．．．．．．．．．．．．．．．．．．．．．．．．．．．．．．．．．．．．．．．．．．．．．．．．．．．．．

．．．．．．．．．．．．．．．．．．．．．．．．．．．．．．．．．．．．．．．．．．．．．．．．．．．．．．．．．．．．．．．．．．．．．．．．．．．．．．．．．．

．．．．．．．．．．．．．．．．．．．．．．．．．．．．．．．．．．．．．．．．．．．．．．．．．．．．．．．．．．．．．．．．．．．．．．．．．．．．．．．．．．

**（1）**（h）認証
**（2）**（b）識別　　（c）照合　［順序逆可］
**（3）**（g）知識要素　　（d）所持要素　　（e）生体要素　［順不同可］
**（4）**（a）アカウント
**（5）**（f）多要素認証

以下に示す（1）～（6）の一連の文章は，電子メールの送受信やインターネット上のサービスで，送信者が本人であるかどうかを検証する技術に関して述べています。それぞれの文章の角括弧の中に適合する言葉を，下の（a）～（f）から選びなさい。

（1） 公開鍵暗号方式とは逆に，送信者が自分の秘密鍵で暗号化して送信し，受信者が，そのペアである公開鍵で復号する，という技術を［　　　］と言う。

（2） その公開鍵が間違いなく受信者のものであることを証明するものを［　　　］と言う。

（3） それは，あらかじめ［　　　］に登録されている公開鍵が誰のものであるかを証明するものである。

（4） インターネットのWeb上で情報を暗号化して，盗聴や改ざんの検知，認証の機能を提供する技術に［　　　］がある。

（5） これを利用したWebは［　　　］というプロトコルが用いられ，そのことがブラウザ上に"鍵マーク"で表示される。

（6） 以上の仕組み全体を［　　　］と言い，インターネット上での安全性確保のインフラとなっている。

---

（a）デジタル署名　　（b）電子証明書　　（c）認証局／認証機関　　（d）HTTPS
（e）PKI　　（f）SSL

デジタル／電子署名（digital/electronic signature）は，公開鍵暗号方式での公開鍵と秘密鍵のどちらでも暗号化することができる，という性質を利用したものです。

デジタル署名（digital/electronic signature）と電子証明書（digital/electronic certificate）の関係は，ちょうど，印鑑と印鑑証明（印鑑の印影が真正であることを証明するもの）の関係と同じです。

認証局／認証機関（Certificate Authority: CA）は，公開鍵の登録・保管，電子証明書の発行・管理を統括している第三者機関（Trusted Third Party: TTP）の組織です。

SSL（Secure Socket Layer）は，これをさらに安全性を高めたTLS（Transport Layer Security）と合わせて，SSL/TLS，あるいは一括してSSLと表記されることが多いようです。
　また，SSL/TLSによって交信しているときは，プロトコル名はHTTPS（HyperText Transfer Protocol Secure）が使われます。ですので，URL上には"http://"ではなくて，"https://"で始まって表示されますので，こちらにも注目してみてください。

PKI（Public Key Infrastructure）は公開鍵基盤とも呼ばれ，通信上の完全性，認証，デジタル署名，データ秘匿・管理といった基本サービスを総合したものです。言わば，インターネット時代の社会制度ですね。

なお，印鑑は古代メソポタミア文明からの発祥で，我が国には中国から伝来しました。しかし当の中国では，今ではほとんど欧米流のサインに替わっているそうで，印鑑文化が残っているのは世界で唯一，我が日本だけのようです。

これまで我が国では，さまざまな重要書類に印鑑を捺印／押印することで証明・認証をすることが当たり前に行われてきました。そのため，生活上，多数の印鑑を所持することとなり，それらがどの事象に対応させていたのかを失念して混乱したり，そのうちのどれかを紛失したり破損するなどといった問題がありました。

またここ数年のテレワークの広がりで，一つの障害となったのが，この印鑑の存在でした。印鑑を押すためにだけに出社を余儀なくされたわけです。そして，印鑑文化そのものが，さまざまな業務を遅滞させる要因となっている，という指摘もずいぶん前からされてきています。

しかし，今後デジタル署名と電子認証が普及すれば，これらの問題は解決されるはずです。また同時に，ペーパーレス化にもなって，業務形態が変革され，効率化されていくと思われます。ただし，印鑑には長い歴史がありますので，その社会的な役割とは別に，芸術的な文化としての価値があることも忘れてはなりません。たとえば，神社仏閣から発行される「御朱印」に押される印章には，やはり威厳を感じます。

．．．．．．．．．．．．．．．．．．．．．．．．．．．．．．．．．．．．．．．．．．．．．．．．．．．．．．．．．．．．．．．．．．．．．．．．．．．．．．．．

．．．．．．．．．．．．．．．．．．．．．．．．．．．．．．．．．．．．．．．．．．．．．．．．．．．．．．．．．．．．．．．．．．．．．．．．．．．．．．．．

．．．．．．．．．．．．．．．．．．．．．．．．．．．．．．．．．．．．．．．．．．．．．．．．．．．．．．．．．．．．．．．．．．．．．．．．．．．．．．．．

**(1)**（a）デジタル署名　　**(2)**（b）電子証明書　　**(3)**（c）認証局／認証機関
**(4)**（f）SSL　　**(5)**（d）HTTPS　　**(6)**（e）PKI

# 16 アクセス制御

以下に示す（1）～（7）の一連の文章は，ネットワーク上のセキュリティで重要なアクセス制御に関することを述べています。それぞれの文章の角括弧の中に適合する言葉を，下の（a）～（g）から選びなさい。

**（1）** コンピュータを実際に起動して使用することや，情報データを読み出したり書き込んだり変更する，といった操作を［　　　］と言う。

**（2）** それを行うことができる権利のことを［　　　］と言う。

**（3）** その付与や一定の制限を課すことを［　　　］と言う。

**（4）** ネットワーク上でのこれらの管理は［　　　］によって行われる。

**（5）** 利用許可を持っていないものからの通信や，悪意を持ってネットワークから侵入してくることを［　　　］と言う。

**（6）** これは，［　　　］によって規制されている。

**（7）** LANのセキュリティ確保のために，インターネットとLANの間のゲートウェイ（結節ポイント）に設置する装置とソフトウェアを［　　　］と言う。

---

（a）アクセス 　　（b）アクセス権 　　（c）アクセス制御 　　（d）アドミニストレータ
（e）ファイアウォール 　　（f）不正アクセス 　　（g）不正アクセス禁止法

アクセス（access）は，通常は"近づく"方法や手段のことですが，ここではコンピュータやネットワークを使用しようとする行為や基本的な操作のことを指します。

それを行う権利である**アクセス権**（access privilege / capability）は，管理を行う**アドミニストレータ**（administrator，**管理者**）によって与えられ，さらに各利用者に対して適切な制限を課します。それを**アクセス制御**（access control）と言っています。

つまり，アクセス制御とは，暗号技術や認証技術を用いて正規の利用者（ユーザ）かどうかを「判定」し，さらにアドミニストレータがその利用者が行うことができる操作範囲を「限定」し，かつ不正な操作を行っていないかなどを「監視」する，という総合的な技術なのです。

具体例としては，「判定」として，ユーザIDとパスワード（アカウント）や暗証番号（PIN）を入力させて認証した上でアクセスを許可する，もしくは指紋や顔などによる生体認証システムを用いて本人確認ができた上でアクセス許可を与える，といったことがあります。また「限定」としては，書込み・上書き・削除の禁止，操作時間の指定などがあります。そして「監視」としては，アクセス履歴を分析して確認する，といったことがあります。

**不正アクセス**（unauthorized access）は，個人データの盗難や破損はもちろんのこと，情報漏洩のリスクや，LAN内にコンピュータウイルスなどのマルウェアの侵入・感染をもたらし，それによって重大な被害を被ることがあります。そのため，**不正アクセス禁止法**（unauthorized computer access law）が定められています（情報関連の法律に関しては**第1章**の**【問題15　情報（化）社会を支える法律】**参照）。

また，**ファイアウォール**（firewall）は，外部からの侵入を防ぐための"防火壁"ですが，内部から外部への好ましくない通信を制御・管理する機能もあります。不幸にもLAN内にマルウェアが侵入してしまった場合に，その活動を抑えてくれます。なお，今のパーソナルコンピュータのOSには，ファイアウォール機能が標準装備されているものも多いようです。しかし，セキュリティ強度を一層高めるために，いろいろなセキュリティアプリがありますので，それぞれの環境と使い方などに応じて適切に対処してください。

**第1章**の**【問題19　情報セキュリティとその区分け】**と**【問題23　情報セキュリティの対策技術】**で見たとおり，前々問と前問での暗号，認証と並んで，情報セキュリティ上の3大要素の一つである機密性／守秘性のためには，特定ユーザのみが当該のコンピュータあるいはコンピュータシステム，インターネットを利用することができるように制限する技術である，いろいろなアクセス制御が必要なのです。

..........................................................................................................................
..........................................................................................................................
..........................................................................................................................
..........................................................................................................................

**（1）**（a）アクセス
**（2）**（b）アクセス権
**（3）**（c）アクセス制御
**（4）**（d）アドミニストレータ
**（5）**（f）不正アクセス
**（6）**（g）不正アクセス禁止法
**（7）**（e）ファイアウォール

**問題**
problem

生体認証は，すでにいろいろな情報機器に用いられていて，また大規模なシステムとなっているものもあります。さらに，認証の利便性と精度向上のためにいろいろなものが開発されて利用されてきています。その対象の主なものを五つ以上あげなさい。

[          ]

[          ]

[          ]

[          ]

[          ]

[          ]

[          ]

「十人十色」と言いますが，十人はおろか，人間の身体的な特徴は一人ひとり皆，違っています。たとえ双子であっても，よーく見ると，意外と違いがあるものです。

　生体認証では，当人には何らの物理的なモノを必要としませんから，紛失や破損，盗難などのリスクがありません。また，その製造者や運営者，提供者も再発行などの手間やコストがかかる心配がありませんから，やはりメリットがあります。一方，認証する側としては，専用の設備，施設が必要となりますので，コストと要員の問題があります。

　また，人間は生きていますので，経年変化で成長したり老化しますね。当然，それに伴って身体的特徴に変化が起こります。そのため精度を完全にすることが難しく，誤認証の危険性があることは否めません。また，顔や声などは個人情報ですので，それらを登録する場合などではプライバシーの問題が出てきます。

　認証の技術は生体認証をはじめ，いろいろなものが開発されて実用に供されてはいますが，まだ決定的なものはないのが現状です。いまでも，さまざまな観点からの認証技術が提案され，開発されつつあります。

　なお，生体認証（biometrics/biometric authentication）は，パスワード・パスコードなどに代えて個人を特定して認定しようとするものですが，その最も一般的なものは「指紋」でしょう。これは「印鑑」や昔の「血判」などの代わりとも言えますが，同様のものに「筆跡」があります。これも一種の生体認証のファクターと言ってもよいかもしれません。西洋では印鑑ではなくて，「サイン」が今でも一般的です。かなり昔の有名な映画『太陽がいっぱい』で，主役のアラン・ドロンが，殺害してしまった親友のサインを真似して同じように書けるように何度も何度も練習し，身分証明書を偽造して本人になりすまそうとするシーンが思い出されます。

　ちなみに，"お宝発掘"のテレビ番組でよく出てくるものに，武士の大名などの領主が差し出す書状がありますね。そこの最後には花押（かおう）と呼ばれる一種のサインがあります。それが真贋の決め手になることもしばしばです。我が国は世界唯一の印鑑文化を残している国ではありますが，その時代には，サイン文化が存在していたのですね。

......................................................................
......................................................................
......................................................................
......................................................................
......................................................................

（1）指紋
（2）顔
（3）声紋
（4）虹彩
（5）網膜
（6）耳介（耳の形）
（7）掌紋
（8）静脈
（9）DNA

# 18 データベースとは

**問題**
problem

以下に示す（1）～（6）の文章は，コンピュータで頻繁に扱うデータベースに関して述べています。それぞれの文章の角括弧の中に適合する言葉を，下の（a）～（f）から選びなさい。

（1）　大量のデータを蓄積して整理し，コンピュータで共同利用するシステムを［　　　］と言う。

（2）　利用者が，そこから必要な情報データを取り出すことを［　　　］と言う。

（3）　それに加えて，データの追加・削除・変更などの機能を備えて，情報データを操作したり安全に保管したりする管理のためのシステムを［　　　］と言う。

（4）　それらの，データを整理して管理するための構造と操作の仕組みを［　　　］と言う。

（5）　そのうちの一つで，すべてのデータを2次元の表形式として関係づけて扱うものを［　　　］と言う。

（6）　一方，それでは扱うことのできないメッセージや画像，音声なども扱うことができ，またインターネット上の膨大なデータ量にも対応できる［　　　］と呼ばれるものがある。

---

（a）検索　　（b）データベース　　（c）データベース管理システム（DBMS）
（d）データモデル　　（e）リレーショナル/関係データベース（RDB）　　（f）NoSQL

---

**データベース**（database）は，文字どおり"データに基づいた"システムで，大量のデータを構造的・組織的に集めたソフトウェアのことです。またそれは，単にデータを集めて管理するだけではなく，求めるデータをその中から容易に取り出すことができるように工夫されたシステムです。したがって，情報（化）社会では欠くことのできない重要なものです。ETCや各種の予約システムなど，いつもお世話になっているデータベースがたくさんあります。

**検索**（search）は，「検索エンジン」のGoogle, Yahoo!などで頻繁に行われている操作ですが，データベースでは，むしろ，**問合せ**あるいは**質問**（query）を行って，情報データの取出し，追加・削除・変更あるいは更新などの制御を行う，と言ったほうが，イメージがわきやすいかもしれませんね。

**データベース管理システム**（DataBase Management System: **DBMS**）にはいろいろなものがあって，有名なものには，オラクル社のOracleDB，マイクロソフト社のMicrosoft SQL，オープンソースのMySQL，IBM社のDb2などがあります。それらは皆，**リレーショナル／関係データベース**（Relational DataBase: **RDB**）の一種で，「リレーショナル型」が長く主流となってきました（なお，**データモデル**（data model）には，この「リレーショナル型」のほかに，「ネットワーク型」，「階層型」などの区分けがあります）。

リレーショナル型のように，データ相互の関係を定型的に表せるものを**構造化データ**（structured data）と言います。しかし，インターネットが多様に活用されるにしたがって，扱われるデータも構造化できないものがいろいろと出てきました。そこで登場してきたのが**NoSQL**（No-Structured Query Language）という**非構造化問合せ言語**です。これは，データベースでのデータの構造を固定せず，またデータ量の増大に対応できる拡張性，柔軟性を備えていて，リレーショナル型の弱点を克服するものとして期待されています。ちなみに，リレーショナルデータベースの標準となっている**構造化問合せ言語**は**SQL**（Structured Query Language）と呼ばれるものです。それに対応して，"リレーショナル型ではない"ということを前面に出して，NoSQLとされているのです。

なお，人工知能(AI)システムのChatGPTを，「データベース」からの見方で説明すると，深層学習（ディープラーニング）技術によって大規模言語モデル(LLM)としての超巨大なデータベースを構築し，それに，入出力装置としてのインタフェースとして自然言語による質問‐応答システムを付加したもの，とすることができるでしょう。

......................................................................................
......................................................................................
......................................................................................
......................................................................................
......................................................................................

**(1)**（b）データベース
**(2)**（a）検索
**(3)**（c）データベース管理システム（DBMS）
**(4)**（d）データモデル
**(5)**（e）リレーショナル／関係データベース（RDB）
**(6)**（f）NoSQL

# 19 データマイニングとは

**問題** problem　以下に示す（1）〜（6）の文章は，知識発見のためのデータマイニングに関して述べています。それぞれの文章の角括弧の中に適合する言葉を，下の（a）〜（f）から選びなさい。

（1）データマイニングは，大量のデータから特定のデータ間の関係性を分析することで，未知の有用な情報を探り出して［　　］する技術である。

（2）データマイニングのルーツは，［　　］の中にあるデータからの知識発見である。

（3）その手法の特徴は［　　］にあり，蓄積された経験的データを試行錯誤することで行われる。

（4）データマイニングの手段の一つに，人工知能の重要な分野である［　　］がある。

（5）それにより，膨大なデータ量の［　　］から有用な情報を，データマイニングの手法を用いて探し出し，分類・予測を行う，ということが盛んに行われている。

（6）文字列データである文章を対象としてデータマイニングを行うことを［　　］と言う。

---

（a）機械学習　　（b）テキストマイニング　　（c）データベース　　（d）ビッグデータ
（e）ヒューリスティック　　（f）発見

データマイニングの "mining" は，『小学館 プログレッシブ英和中辞典』によると，「採鉱」「地雷敷設」となっています。ここではもちろん，「採鉱」の**アナロジー**（analogy, 類推）で，金銀宝石に相当する有用な情報データを採掘，つまり "発見" することです。

　　**データマイニング**（data mining）は，明確な仮説を設けずに，データ相互の関係性を探して発見する技術手法のことです。また，**ヒューリスティック**（heuristic）は "経験的な" とか "勘に頼った"，あるいは "試行錯誤で" といった意味合いを持つ手法のことで，定式化して論理的に解を見つけ出す手法である**アルゴリズム**とは対義となるものです。しばしば，**発見的手法**（heuristic method）という表現で，**ヒューリスティクス**（heuristics）と，複数形で言う場合もあります。

　　ちなみに，このアルゴリズムとヒューリスティックスの関係については，**第3章**の**【問題19　主なアルゴリズムの種類】**の**【注釈】**の中で，さらに詳しく述べていますので，そちらを参照してください。

　　**データベース**（database）はデータマイニングのルーツであり，1989年のIJCAI '89 Workshop on Knowledge Discovery in Database において "data mining" という言葉が提起されました（**IJCAI** は "いちかい" と読み，International Joint Conference on Artificial Intelligence（**国際人工知能会議**）の略）。

　　**機械学習**（machine learning）は，データから何らかの意味を持つパターンを経験的学習によって見つけ出して問題解決の予測を行うという，人工知能（AI）の重要な分野です。ルーツは異なりますが，データマイニングとは，明確な仮説は設定せずにデータ間の関係性を探し出す，という点が共通していて，密接な関係があります。それらの多少厳密に見た相違点としては，データマイニングが有用データを発見するまでの手法であるのに対して，機械学習はその後も予測処理を行うことで問題解決に当たるまでのことを指す，ということになるでしょう。機械学習は，インターネットが世界中で使われることによって爆発的に増大している**ビッグデータ**（big-data）を得て，ますますその存在感を高めています。

　　**テキストマイニング**（text mining）は，大量の文章データを対象としたデータマイニングのことで，文章を単語や文節で区切り，それらの出現頻度，多要素との相関関係などを分析することによって，有用な情報を引き出すというものです。これは，**自然言語処理**（Natural Language Processing: **NLP**）と呼ばれる研究分野の重要な対象でもあります。近年，**機械翻訳**（machine translation）システム DeepL や**対話型生成AIシステム** ChatGPTなどにより，たいへん脚光を浴びています。

............................................................
............................................................
............................................................
............................................................

**(1)**（f）発見
**(2)**（c）データベース
**(3)**（e）ヒューリスティック
**(4)**（a）機械学習
**(5)**（d）ビッグデータ
**(6)**（b）テキストマイニング

# 20 データとは

**問題**
problem

以下に示す（1）～（5）の一連の文章は，分析対象とするデータのいろいろな側面に関して述べています。それぞれの文章の角括弧の中に適合する言葉を，下の（a）～（j）から選びなさい。

（1）　データは，事実や事柄を数字・文字・記号などで表したもので，問題解決のための［　　　　］となる。

（2）　それは，情報の分野では，［　　　　］が可能な形式になった数字・文字・記号を指す。

（3）　その対象を分類したり，区別したものを［①　　　　］と言う。一方，対象を数値で表したものを［②　　　　］と言う。

（4）　それらはさらに，尺度の区別という観点で以下の四つに分けることができる：

（ⅰ）［　　　　］：対象の名前によって意味の違いを識別するもの。

（ⅱ）［　　　　］：対象の量の大小関係を順序として段階的に分けるもの。

（ⅲ）［　　　　］：対象の値の大小関係と，間隔の大きさに意味があるもの。

（ⅳ）［　　　　］：対象の値の大小関係と，その差，比率に意味があるもの。

（5）　またそれは，値がとびとびに分散している［①　　　　］と，値が切れ目なくつながっていてどこでも値を採ることができる［②　　　　］に分けることもできる。

---

（a）コンピュータ処理　　（b）間隔尺度　　（c）質的データ　　（d）順序尺度　　（e）比例尺度
（f）判断材料　　（g）名義尺度　　（h）離散データ　　（i）量的データ　　（j）連続データ

---

**メモ**
memorandum

..................................................................................................

..................................................................................................

..................................................................................................

..................................................................................................

**答**
answer

（1）（f）判断材料
（2）（a）コンピュータ処理
（3）①-（c）質的データ　　②-（i）量的データ
（4）（ⅰ）-（g）名義尺度　　（ⅱ）-（d）順序尺度　　（ⅲ）-（b）間隔尺度　　（ⅳ）-（e）比例尺度
（5）①-（h）離散データ，②-（j）連続データ

コンピュータプログラムは，アルゴリズムと，相応のデータ（data）が揃うことで，意味のある動作をして結果を出力します。そして，データを解釈して処理を行い，意味や価値を持たせたり見出したりしたものが情報（information）です。

質的データ（qualitative data）は，データを定性的に見たものを言います。対義語の量的データ（quantitative data）のほうは定量的に見たものですね。

さらに，いろいろな基準となる尺度（scale）という観点でデータを見て分類すると，まず，データの対象を名前で特定して区別する名義尺度（nominal scale），対象を順位や大小関係による順番で分ける順序尺度（ordinal scale）の二つが挙げられます。前者は，アンケートなどで問われる年齢・性別・電話番号・メールアドレスなどが例として挙げられますが，順序や大小などは関係ありません。一方，後者は順序や大小関係などに着目するもので，満足度や学力成績・営業成績などのランキングが挙げられますが，間隔には着目しません。この両者は共に，質的データに属します。

また，別の尺度からの観点で，対象の値の大小と，間隔の大きさの基準による数値による間隔尺度（interval scale），そして，これまでの三つの特徴の上に，原点や値0に意味を持つ比例尺度（ratio scale）があります。前者は値0に意味がありませんが，体温，気温，偏差値などを扱うことができ，平均値や分散などの統計計算に使うことができます。後者には身長，体重，商品シェアなどへの適用が挙げられますが，比例，パーセンテージ，分数ほか，さまざまな計算に用いることができます。これらは共に，量的データですね。

ここまででお分かりでしょうが，四つの尺度は，これまでに挙げた順番に情報の質と量が多く含まれることに注意してください。

データの成り立ちを，とびとびに散らばった離散データ（discrete data）と，切れ目なくつながっていて，どこでも値を取ることができる連続データ（continuous data）とに分けることもできます。名義尺度と順序尺度は離散データとなります。しかし，間隔尺度と比例尺度は離散データと連続データの両方がありえます。

『小学館 プログレッシブ英中和辞典』では，data（データ）は "証明・判断・結論などを裏づける「基礎事実」「資料」" となっています。すでに本章の【問題3】の【注釈】で見たとおり，データ（data）とは，当該の事象について何らかの調査を行って得た，量的あるいは質的な "資料" のことで，文字や数値，記号などで表されたもの，と言えます。

残念なことに，世の中では，不正なデータの適用，元データの改竄，都合の悪いデータの消去，あるいはデータの誤用などが問題となっています。それらは，事実の捻じ曲げであり，虚偽ですから，犯罪行為です。情報（化）社会では，データは貴重品です。データの作成，収集，管理には大変な努力とコストを必要とします。データを直視して尊ぶ精神を持ち，そのまま正しく活かす努力がデータモラル（data moral）／データ倫理（data ethics）です。

それを支えるのがデータリテラシー（data literacy）：データを読み取る能力，作成する能力，それと分析する能力ですね。すると，"読み取る能力" には，さらに，信頼できるデータかどうかを見分ける能力として，故意に変えられたデータを見つける能力，間違ったデータを見つける能力，の2点が加えられることとなります。そうなると，データリテラシーをきちんと身に着けるためには，いろいろな知識の上に，モラル／倫理を伴った豊富な経験／体験がどうしても必要です。

**問題**
problem

以下に示す（1）～（6）の一連の文章は，データ分析を効果的に行うフローについて述べています。それぞれの文章の角括弧の中に適合する言葉を，下の（a）～（f）から選びなさい。

（1） 当該の学習・研究やビジネスに関する問題に対して必要となるデータの［　　　］を検討して，決定する。

（2） そのデータを，いろいろな方法で［　　　］する。

（3） 集めたデータを，有効に活用できる形に［　　　］する。

（4） それによって得られたデータを，コンピュータ処理をして［　　　］する。

（5） その結果に基づいて，問題解決のための［　　　］を導出する。

（6） それを問題の解決に向けて実施して，適用結果について［　　　］を行い，これまでの各プロセスの点検と改善を行う。

---

（a）結論　　（b）収集　　（c）種類　　（d）整理　　（e）評価と検証　　（f）分析

---

**メモ**
memorandum

..................................................................
..................................................................
..................................................................
..................................................................

**答**
answer

（1）（c）種類
（2）（b）収集
（3）（d）整理
（4）（f）分析
（5）（a）結論
（6）（e）評価と検証

このフローでも確認されたことと思いますが，まずは，さまざまな問題解決のためのデータがどのようなものであるかがポイントです。データが信頼性のある，信憑性の高いものでなくては，どのような分析をもってしても，意味を成しません。

もちろん，データの分析方法についても，いろいろなアプローチがあります。以降のいくつかの問題で，ここでのフローの各プロセスを順に考えることにしましょう。

なお，このデータ分析の一連の流れは，やはりPDCAサイクルの一種となっていることにお気づきのことと思います。

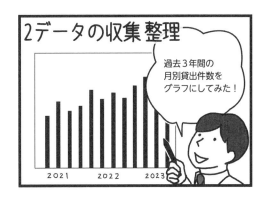

**問題**
problem

以下に示す（**1**）～（**7**）の一連の文章は，貴重なデータをどのように集めるのかについて述べています。それぞれの文章の角括弧の中に適合する言葉を，下の（**a**）～（**g**）から選びなさい。

（**1**）　データをアンケート調査やインタビュー，観察，実験などによって，［　　　　］収集する。

（**2**）　そのような方法で得たデータを［　　　　］と言う。

（**3**）　一方，関連分野の［　　　　］などの文献を調べて収集することができる。

（**4**）　また，インターネットの［　　　　］からデータを収集することもできる。

（**5**）　さらに，公的な機関などから公開されている［　　　　］を利用する方法もある。

（**6**）　データ収集の［　　　　］を利用して収集することも考えられる。

（**7**）　これらの，第三者が作成したものから収集したデータは［　　　　］と呼ばれる。

---

（**a**）一次データ　　（**b**）オープンデータ　　（**c**）資料集　　（**d**）専門システム　　（**e**）直接
（**f**）二次データ　　（**g**）Webサイト

注釈
comment

**アンケート**（questionnaire）は**質問紙調査**とも呼ばれ，最も一般的に行われている調査方法です。また，**インタビュー**（interview）も，お馴染みですね。

　**観察**（observation）は，対象をありのままに客観的に見て考察することによって，意味を見出してデータ化する操作です。**実験**（experiment）は，やはり対象を考察してデータを収集する一連の操作ですが，仮説の検証や事実を確認するために行う科学的な手段のことを言います。また，**コンピュータシミュレーション**（コンピュータによる模擬実験）は，人では直接実験できないような対象を実験する，有力な方法です。

　**データの収集**（collection of data）を直接，自分自身で行う**一次データ**（primary data）では，相当な労力やコストを覚悟しなければなりません。収集上の知識やスキルも必要です。また，対象のすべてに対してデータを収集する**全数調査**（complete survey）は，個人で行うことは現実的でない場合がほとんどでしょう。その一部分に対して行う**標本調査**（**サンプリング**（sampling / sample survey））は限定したものとなって，**偏り**（bias）のあるものとなる恐れがありますので注意が必要です。例としては，国勢調査は全数調査，世論調査は標本調査を行っています。
　**資料集**（collection of data）は，関連文献に付属しているものと，独立した文献の形式になっているものとがありますが，いずれも，そのデータの"鮮度"に注意しなければなりません。直面している問題によっては，古いデータでは意味が薄くなってしまうことがあります。
　**Webサイト**（web site）からの収集では，比較的容易に大量のデータを収集することができる半面，データの信憑性やコンピュータウイルスの混入に注意しなければなりません。
　**オープンデータ**（open data）とは，国や自治体，教育・研究機関，企業などから公開されている，使用・取扱いが基本的に自由にできるデータですが，利用上で何らかの条件が付いている場合もありますので，注意してください。
　**専門システム**（specialized system）を利用する場合には，コストと利用条件を必ず確認してください。

　これらの**二次データ**（secondary data）は，収集は比較的楽ではありますが，データ量が多すぎて取捨選択を必要としたり，データそのものが必要としている目的にはそぐわないものである場合，データが古い場合，データが間違っている場合などといった点に注意が必要です。

**メモ**
memorandum
....................................................................................
....................................................................................
....................................................................................
....................................................................................
....................................................................................
....................................................................................

**答**
answer
**(1)** （e）直接
**(2)** （a）一次データ
**(3)** （c）資料集
**(4)** （g）Webサイト
**(5)** （b）オープンデータ
**(6)** （d）専門システム
**(7)** （f）二次データ

**問題**
problem

以下に示す（1）〜（7）の一連の文章は，データ分析の準備としての，データの整理について述べています。それぞれの文章の角括弧の中に適合する言葉を，下の（a）〜（g）から選びなさい。

（1）　データの中には，測定されていなかったり，記入漏れなどの［　　　］がある可能性がある。

（2）　また，データには，記入ミス，測定ミスなどによる［　　　］がある可能性がある。

（3）　さらに，データには，他のデータの値から大きく離れた［　　　］がある可能性がある。

（4）　以上のような元データの特性から，データの［　　　］をする必要がある。

（5）　その一つに，値の未記入や誤記，重複などのデータの不備を修正して，データの質を高める［　　　］がある。

（6）　もう一つは，不要データの削除，欠けているデータの補完などを行って，データを扱いやすくする［　　　］がある。

（7）　収集して整理したデータは，［　　　］などを用いて一覧表にして，データ分析に備える。

---

（a）異常値　　（b）欠損値　　（c）整理　　（d）データクリーニング
（e）データクレンジング　　（f）外れ値　　（g）表計算ソフトウェア

ビッグデータという言葉に象徴されるとおり，世の中にはデータがあふれています。それらの中には，さまざまなものが混在していて，不完全なデータも少なくありません。また，目的には必要としないようなデータも含まれている可能性があります。データ分析を効率よく進め，有益な情報を得るためには，データの整理（organization of data）が必要です。

欠損値（missing value）では，その後のデータ分析で偏った結果が出てしまう可能性があります。対応するデータをあらためて取得できればよいのですが，難しい場合には，そこに平均値を充てるなどして，対処することがあります。

異常値（anomalous value / outlier）と外れ値（outlier）は同一視されることがありますが，厳密には分けて考えられます：異常値は原因が判っているものですが，外れ値では，一般に原因が判りません。異常値は，その原因に応じて再調査によるデータ採取をしたいものですが，それが難しい場合には，除去することもありえます。しかし，外れ値は，当該の問題解決の糸口になることもありますので，むやみに除去はせずに，良い検討材料として扱ってください。ちなみに，データに外れ値が含まれていることを前提として適正な統計処理を行うという，ロバスト統計学（robust statistics）と呼ばれる研究分野があります。

また，採取されたデータの最大／最高の値と，最小／最低の値を合わせて，極値（extremum / extreme value）と言います。これに関連して，気象などの自然現象やファイナンスなどに応用される極値統計学（extreme value statistics）という研究分野があります。

データクレンジング（data cleansing）とデータクリーニング（data cleaning）は，共に欠損値や異常値への対処を行って，データ全体の整理をするすることです。この両者は同義として扱われることもありますが，"cleansing" は "お化粧" と訳せますし，"cleaning" のほうは "洗濯" とか "お掃除" と置き換えてみると，それらの微妙な違いに気づかれることと思います。

なお，欠損値・異常値・外れ値に対処するために，データに何らかの "加工" をすることがありえますが，そこで注意しなければならないことは，"自分の都合の良いように手を加える" ことは絶対にしてはならない，ということです。それでは「改ざん」になってしまいますのでたいへん深刻な問題となり，データ分析の意味を失ってしまうことになります。

························································································································
························································································································
························································································································
························································································································
························································································································

**(1)**（b）欠損値
**(2)**（a）異常値
**(3)**（f）外れ値
**(4)**（c）整理
**(5)**（e）データクレンジング
**(6)**（d）データクリーニング
**(7)**（g）表計算ソフトウェア

# 24 データの可視化

**問題**
problem

以下に示す（1）～（9）の一連の文章は，データをいろいろなグラフにすることで可視化して，データのさまざまな特徴をとらえることについて述べています。それぞれの文章の角括弧の中に適合する言葉を，下の（a）～（i）から選びなさい。

（1）表計算ソフトウェアを用いた結果からは，容易にグラフなどを作ってデータを［　　　］することができる。

（2）折れ線グラフは，一定の間隔ごとにデータが変化していく［　　　］を見ることができる。

（3）棒グラフは，一定間隔でのデータの変化や項目間の［　　　］を見ることができる。

（4）箱ひげ図は，データ全体の［　　　］状況を見ることができる。

（5）ヒストグラムは，データの［　　　］状況を見ることができる。

（6）帯グラフは，データ項目の［　　　］を見ることができる。

（7）円グラフは，データ項目の構成［　　　］を見ることができる。

（8）散布図は，二つの項目を持つデータの［　　　］を見ることができる。

（9）レーダーチャートは，複数のデータ項目間での［　　　］を見ることができる。

---

（a）可視化　　（b）関係　　（c）推移　　（d）散らばり　　（e）バランス　　（f）比較
（g）比率　　（h）分布　　（i）割合

---

memorandum

................................................................

................................................................

................................................................

................................................................

................................................................

**答**
answer

（1）（a）可視化
（2）（c）推移
（3）（f）比較
（4）（d）散らばり
（5）（h）分布
（6）（i）割合
（7）（g）比率
（8）（b）関係
（9）（e）バランス

データの数値に，さらにそれらを可視化／視覚化（visualization）して“見る”という感覚が加わることで，データの内容の本質を，より精度を高めて見極めることができます。

分析の目的に応じて，いろいろなグラフ類が考案されていて，さかんに用いられています。

折れ線グラフ（line graph）は，横軸と縦軸にデータの要素を設定して，変化の推移（change / transition）を知ることができるものです。これは間隔尺度の一つで，縦軸の値を0にしなくてもかまいません。

棒グラフ（bar graph）は，データの変化状況と大きさを比較（comparison）する，お馴染みのものです。名義尺度のことが多いのですが，比例尺度としても使われるので，縦軸の値は必ず0から始めるようにしてください。

箱ひげ図（box（-and-whisker-）plot）は，その名のとおり，データを大きさ順に並べたときの分布を示す“箱”と，その両端から最大値・最小値へ伸ばす直線の“ひげ”で構成します。最大値・最小値・四分位数（データの個数を小さい順から4等分したもの）・中央値（第2四分位数）・平均値・外れ値などを記すことで，データ全体の散らばり（scattering / dispersion）具合と偏り（bias）を知ることができます。箱は第1四分位数の25%から第3四分位数の75%までの長さ（四分位範囲：データの50%の部分）に設定します。この箱とひげの長さでバラツキの状況を見取るのです。とくに，データ群が複数あるときの比較に優れています。

ヒストグラム（histogram）は，柱状グラフとか度数分布図とも呼ばれますが，データの分布（distribution）状況を，連続した階級を横軸とし，度数（データの数）を縦軸に取って，それらの面積によって，それぞれの度数を表示するものです。連続したデータの分布を見るのは箱ひげ図と同様ですが，データをより細かく把握することができます。また，形状は棒グラフに似ていますが，表示の目的がまったく異なりますので，注意してください。

帯グラフ（band graph）は，横長の帯の中に，データ項目の構成の割合（ratio / proportion / rate）を表示するものです。いくつかのデータを並べて比較するのに優れています

円グラフ（pie chart）は，帯グラフと同様に構成比を見るためのものですが，データ全体を円形にして，それを分割することで，それぞれの比率（ratio / percentage）を示すものです。

散布図（scatter plot）は，相関図とか分布図とも呼ばれますが，データが持つ二つの項目を横軸と縦軸にとって，各データでの項目の値の位置を点で記してゆき，データ全体の関係（relation）を知るものです。そして，一方が増加するとき他方も増加することを正の相関（positive correlation）がある，一方が増加するときに他方は減少する場合は負の相関（negative correlation）がある，と言います。散布図で，データの点の集まり（分布）が直線状になるほど相関が強い，と言えます。このように，データ間の変化に関係性が認められることを相関関係（correlation）があると言います。これは，相関係数（correlation coefficient）という数値で表すことができます：−1～1の間で，中央の0に近いほど相関が弱く，両端に近いほど（負／正の）相関が強い，ということになります。

ただし，とかく混同されやすいので注意していただきたいことがあります。あるデータが原因となって結果のデータが生じることを特に，因果関係（causal relation）があると言います。つまり，相関関係があっても，因果関係があるとまでは必ずしも言えない，ということです。なお，因果関係を統計手法では回帰（regression）と呼び，これに基づいて分析をすることを回帰分析（regression analysis）と言います。

レーダーチャート（rader chart）は，放射状に数値の軸を設定し，データの各項目の数値を線で結んだ多角形状のグラフのことで，その形状からクモの巣グラフ／スパイダーチャート（spider chart）とも呼ばれます。体力の要素とか，いくつかの科目のテスト結果のバランス（balance）を知るときなどによく使われるものです。

# 25 データ分析

**問題** problem

以下に示す一連の文章は，データ分析のプロセスについて述べています。それぞれの（1）～（6）の文章の角括弧の中に適合する言葉を，下の（a）～（f）から選びなさい。

（1）　データ分析では，まずデータを ［　　　］ で表しておくと，各値の状況が分かりやすくなる。

（2）　また，それから ［　　　］ を作成して視覚的に表すと，各データの様子と全体の状況が分かりやすくなる。

（3）　量的データは，いろいろな ［　　　］ を用いて分析することができる。

（4）　そして，Rなどの ［　　　］ を用いることで，明確な分析をすることができる。

（5）　質的データである文字データは，［　　　］ によって，キーワードとなる単語や文節の出現頻度，出現の傾向などを検出し，それらの関係性，分類などを行うことで有益な情報を取り出すことができる。

（6）　さらに，機械学習や自然言語処理などの最先端 ［　　　］ 技術を分析に活用することによって，予想ができないような結果を得ることが期待できる。

---

（a）グラフ／チャート／図　　（b）テキストマイニング　　（c）統計手法
（d）統計処理ソフトウェア　　（e）表の形式　　（f）AI

第4章

データ分析（data analysis）は，データに基づいてコンピュータ処理を行った結果を得て，そこから何らかの価値を見出し，それを高めるための活動です。

その大事なポイントは，データをコンピュータ処理する前にきちんと整理（データクレンジング／データクリーニング）しておく，ということです。そしてさらに，前問題で見たとおり，各種のグラフ・チャート・図などによってデータを視覚化することで，データ全体の概要を把握しておくことです。

統計手法としては，無作為抽出（ランダムサンプリング（random sampling））と，いくつかの代表値（representative value / measure of central tendency）を覚えておいていただきたいと思います：全データをならした値である平均値（mean / average value），度数が最も多いデータの値である最頻値（モード（mode）），全データの中央の位置にあるデータの値である中央値（メディアン（median）），各データから平均値を引いて2乗し，その平均をとるという，平均値からの離れ具合を表す分散（variance），その分散の平均根をとるもので，実データからの散らばり状況を示す標準偏差（Standard Deviation: SD）などです。

統計処理ソフトウェアの代表はR言語（R language）でしょう。その前身は，AT&Tのベル研究所で1984年に開発されたSシステム（S system）です。その後に1988年に拡張されて名称がS言語（S language）となりました。ちなみに，開発者の言によると，この"S"はStatisticsの"S"とSupermanの"S"とをかけているそうです。そして，このSをフリーソフトウェアとして1993年に改良されたものがRで，アルファベット順のSの前にあるRが，その名称となっています。また，Rを支援しているフリーソフトウェア財団（Free Software Foundation: FSF）では，"GNU R"としています。

質的データであるテキストデータは，インターネット上に大量の，そして多様なものが存在しています。したがって，それを，コンピュータ処理のテキストマイニング（text mining）をする前にクレンジングやクリーニングによって，よく整理しておくことが肝要です。

また，Pythonを用いれば，その機械学習モジュールによって，データの分析と共に予測を行うこともできる可能性があります。データ分析を志し，データサイエンティストを目指す人にとっては，RとPythonは必ず習得してほしいソフトウェアです。

..............................................................................................................................
..............................................................................................................................
..............................................................................................................................
..............................................................................................................................
..............................................................................................................................

**（1）**（e）表の形式
**（2）**（a）グラフ／チャート／図
**（3）**（c）統計手法
**（4）**（d）統計処理ソフトウェア
**（5）**（b）テキストマイニング
**（6）**（f）AI

# 26 データサイエンス

以下に示す一連の文章は，データ活用に向けた新しい分野であるデータサイエンスについて述べています。（1）～（7）の文章の角括弧の中に適合する言葉を，下の（a）～（g）から選びなさい。

（1）データサイエンスは，現代の情報（化）社会の課題／問題を解決するための［　　］である。

（2）また，データサイエンスは，インターネットの利用による［　　］の出現によって，重要な分野として注目されている。

（3）近年，AI，とくに［　　］との連携によって，多大な成果を上げてきている。

（4）データサイエンスの核となっているのは［　　］であり，それにより，データから新たな価値を生み出すことができる。

（5）したがって，データサイエンスは，現代における［　　］の中心技術でもある。

（6）つまり，データサイエンスとは，データに関するさまざまな理論と技術，そして，その実践までを［　　］である。

（7）今後，データサイエンスの専門家である［　　］は，あらゆる分野で活躍が期待されている。

---

（a）新しい学問分野　　（b）機械学習　　（c）データサイエンティスト　　（d）データ分析
（e）統計学　　（f）ビッグデータ　　（g）包括する学問分野

---

数学　　　統計学　　情報通信　　AI
　　　　　　　　　技術

データサイエンス（data science）という言葉は，オンライン辞典『ウィキペディア』（2023年，6月）によると，1974年にデンマークのPeter Naur（ぴーたー・なうあー，1928-2016；2005年，ALGOL言語の貢献に対してチューリング賞を受賞）が著書 *Concise Survey of Computer Methods* の中で用いて注目されたのが契機だそうです。それから随分と年月が過ぎました。

　私の認識では，わが国で初めて「データサイエンス」という言葉を使ったのは，当時，慶應義塾大学におられた柴田里程氏です。そして，共立出版から，私が企画・編集を担当した「データサイエンス・シリーズ」を2001年から編集委員の一人かつ著者として出版されています。

　データサイエンスは，数学と統計学，情報通信技術を用いて，さらにはAIと連携することで，これからの時代をリードしていくパラダイム（paradigm）だと言ってよいでしょう。つまり，これからの時代にはデータサイエンスの知識とスキル，そしてセンスがどの分野にも，そして誰にも，求められるのです。

　しかし，それを牽引する専門家たるデータサイエンティスト（data scientist）の不足が深刻で，大変懸念されています。データサイエンスの核は「データ分析」，つまり「統計学」です。しかし，わが国の教育・学術界では，長く統計学を数学の一分野としてしか扱ってこなかった苦い歴史があります。また，我が国の大学には久しく統計学部／統計学科が設置されてきませんでした。いま，いわゆるその "ツケ" が回っています。統計学（statistics）は，数学をはじめとした自然科学の素養に，人文科学と社会科学の視点とセンス＆知識とを合わせた基礎の上に成り立っている，複合的で学際的な学問分野です。したがって，データサイエンスも同様です。

　このところ，いくつかの大学で「データサイエンス学部」「データサイエンス学科」が新設されてきました。さらに，医学・医療，健康・スポーツ系はもちろん，ある音楽大学にもスキルサイエンス（skill science：楽器演奏，各種のスポーツ，ダンス，演劇，さまざまな工芸・技芸などの "プロの技" を解析して，それぞれのスキルの向上に役立たせると共に，知能の本質を探究するという研究分野）としてのデータサイエンス・コースが設置されてきています。

　しかし，あらたな教育には，その整備と実施，そしてその効果が発揮されるのに相当な時間とコストを要します。早くこれまでの遅れを取り戻して，再び世界をリードできる輝ける国となって，世界に貢献してほしいと願うばかりです。

## メモ

memorandum

.................................................................

.................................................................

.................................................................

.................................................................

## 答

answer

**（1）**（a）新しい学問分野
**（2）**（f）ビッグデータ
**（3）**（b）機械学習
**（4）**（e）統計学
**（5）**（d）データ分析
**（6）**（g）包括する学問分野
**（7）**（c）データサイエンティスト

# 情報の関連分野

高校の科目「情報Ⅰ」は2022年度から必修となりました。また，2025年度からは大学入試にも入ります。「情報Ⅰ」の履修には"理系"と"文系"の区別がありません。当然でしょう。情報という学問分野は，従来の理学・工学・生物学・医学・栄養学・哲学・心理学・地学・農学・水産学・文学・経済学・経営学・法学・音楽・美術などなど，これまで人間が築いてきたいろいろな分野が複合されている学際分野だからです。いやむしろ，現在では，それらすべての基盤となる分野であると言ってもよいと思います。

ここでは，「情報Ⅰ」を学習するにあたって，並行して学習する，もしくは身に着けておくとよいと思われる分野について記しておきましょう。

## ◆数学

数学は，情報科学と密接な関係があります。もともと，コンピュータは「"計算"機」と表記されていました。また，情報科学でいう「演算」は数学での「計算」です。

数学は，長く（一部の愛好者や専門家を除いて）嫌われものでした。その理由は大きく三つ：用語の意味が分からない，数式に戸惑う，何に役立つのか分からない，といったところだと思います。これらから，数学に対する一種の"抵抗感"が生まれ，そう感じる人が高い割合でいることから，一種の"開き直り"となり，"分からなくても構わないんだ"という風潮が定着してしまったと考えられます。

最初の，用語の問題は，数学への抵抗感と，数学用語の一部が一般用語のそれと同じ表記でありながら微妙に異なることからの混乱でしょう。それは，慣れの問題だと思いますから心配ありませんので，大丈夫です。数式も，そのシンプルさと断定性，それに美しさにも気づいてもらえれば大丈夫です：たった1行の数式の内容を文章で表そうとすると，かなりの分量を必要としますし，むしろ紛れが入り込んでくる可能性があります。最後の，役立つかどうかは，「情報Ⅰ」の学習に励むことが目的意識を鮮明にして，氷解するはずです。そして，いろいろなところに数学が役に立っていることにも気づいてくるはずです。

あちらこちらから，「困ったなー」という声が聞こえてきそうです。いや，心配はありません。じつは，高校（と大学教養レベル）までの数学は，順を追って思考する学習をすれば誰でも理解可能なものですし，その問題もほとんどがきちんとした唯一の答を出すことができる明快なものです（一般社会では，答えを出すことができない問題やたくさん答があるものなどに溢れていて，私たちを悩ませていますね）。そして，新教科「情報Ⅰ」によって，数学を学習するモチベーションが一気に高まってきているものと確信しています。

ぜひ，数学を好きになって，前向きに取り組んでください!!

## ◆統計学

いまや**バズワード**（buzz-word：興味ぶかくて重要らしくはあるものの，意味するところが曖昧な言葉）ではなく，現代を象徴する**キーワード**（key-word：明確な重要語）となっている感のある「機械学習」または「ディープラーニング／深層学習」は，統計学なくしては語ることができません。「データサイエンス」も同様でしょう。

米国を代表する有名大学の一つにハーバード大学がありますが，そこで使われている統計学の教科書の冒頭に，

> 「1903年，Herbert G. Wellsは将来，**統計学的思考**が読み書きと同じように良き社会人としての必須の能力になる日が来ると予言した」

と書かれているものがあるそうです（太いグリーンの文字は私の処置）。Herbert G. Wells（はーばーと・うぇるず，1866-1946）は，"SFの父"とも呼ばれる英国の作家・思想家であり，タイムマシンや透明人間などを作品に取り上げたそうです。さらには，Wikipediaのような百科辞典の登場すらも予言していたそうです。（西内　啓著，『統計学が最強の学問である』（ダイヤモンド社，2013年）より。）

その先見性と洞察力には大変驚かされますが，さらに調べてみると，原子爆弾をも予言していて，国際連盟（現在の国際連合（国連）の前にあった組織）を樹立すべく尽力した，とのことです。それに，「日本国憲法」の原案作成に大きな影響を与えたとされているそうで，彼の強い平和思想が窺われます。（オンライン辞典『ウィキペディア』（2023年，6月）より。）

ここで，Wellsが指摘した「統計学的思考（statistical thinking）」は，現代の意味で「統計リテラシー」と「デ

ータリテラシー」に置き換えることができて，その獲得が社会人として必須である——とすることができるでしょう。統計学の実社会での有用性を認識した上で，データを読み取り，さらに有効なデータを作成し，それを分析することができる能力ですね。

　統計学は長く，数学の中の一分野とされてきました。統計学の大きな特徴に "応用性・実用性" がありますが，我が国の科学の世界では，これをあまり重視してきませんでした。しかし現在，統計学の基本要素であるデータの重要性が高まり，その貴重性も強く認識されてきており，さらには高度な情報通信技術，そしてAI（人工知能）とも連携することで，統計学を中核とした「データサイエンス」と呼ばれる分野が独立して確立されました。

　統計学は自然科学の枠には収まり切らず，社会科学や人文科学，さらには芸術やスポーツなどとも強い関係を持つ学際分野です。したがって，データサイエンスの "核" である統計学の知識と統計学的センスが，どの分野にも必須なのです。

　ぜひ，統計学に対する認識を新たにして，有効に活用できる実力を身に着けてください!!

## ◆デザイン

デザインという言葉は多岐にわたって広い分野で用いられています。「情報Ⅰ」にも，「コミュニケーションと情報デザイン」と題したテーマが入っています。このことからも，情報とデザインには密接な関係があることがお分かりでしょう。

　デザインにはいろいろなものが対象となりますが，**第2章の【問題16　情報デザインとは】の【注釈】**で指摘したとおり，そのいずれでも，「ストーリー性」（話の筋（流れ）が論理的・構造的で，しっかりしていること）を持つことと，「コミュニケーション」を意識することが重要です。デザイン対象に内在する情報の要素間での関係性を論理的に整理することでデザイン内容を構成し，紛れのないように一義的に理解できるように，あるいは間違いのない扱いができるように構造化することによって，ストーリー性を持たせることができます。そして，デザイナーと利用者との円滑なコミュニケーションも不可欠です。それによってデザインの依頼者と利用者の真のニーズを読み取って，デザインの内容に反映するわけです。

　したがって，デザイン技術の対象は物理的な "モノ" に限られるのではなく，科学技術系の文章執筆技術であるテクニカルライティングや，いろいろなプレゼンテーションにも適用されます。

　ぜひ，デザインの重要性を認識して，つねに意識することによって，有用で，しかも，いつまでも大切にしたくなるような美しいデザインを実現するように努力してください!!

## ◆テクニカルライティング

よく数学は一種の "言語" だと言われます。またプログラミング言語も，その名が示すとおり "言語" ですね。「言語」とは，自分の考えや思いを言葉で表現して他人に伝えるための "ツール" です。

　みなさんがこれまで学んできた「国語」の教育は，ほとんどが文学の観点からの内容だったと思われます。しかしそれは，「日本語」の教育としては，もう一つ大事な要素が欠けてしまっている可能性があります。「文学」は，主に感動・情動といった心の内面をさまざまな事象を通して多彩に表現して伝えることが目的の "芸術" です。

　一方，ある事柄の事実を精確に，一義に（別の意味にとられないように），分かりやすく，読みやすく伝えることができることが，情報（化）社会では不可欠なものとして求められていますので，この観点での教育も大変重要です。「百聞は一見に如かず」はよく聞かれる諺で，人から何度も（受動的に）聞くよりも，自分で一度でも（能動的に）見ることのほうが的確だ，というわけです。しかし私は，「百見は一読に如かず」とも言えると思います。何度見たところで "印象" に終わってしまうことがほとんどで，事の本質の理解には至らないからです。やはり，精確な理解のためには「文章」を読んで，咀嚼することが必要です。

　これを目指して体系化されたものが**テクニカルライティング**（technical writing）——科学技術系文書をまとめるための技術——なのです。**第2章の【問題23　科学技術系文書の作成】**で，その主要点をまとめてありますので，再度，そちらを参照してください。

　ぜひ，テクニカルライティングの主要な技術を身につけましょう!!

## ◆情報処理学会の教育活動

**情報処理学会**（Information Processing Society of Japan: **IPSJ**）は，1960年に設立された，コンピュータとコミュニケーションを中心とした情報処理分野全般を扱っている学術研究団体です。

　専門的な学術研究と並行して，情報に関する教育と人材育成に努めていることも情報処理学会の特徴の一つです。このたびの高校科目「情報Ⅰ」に関しては，試作教科書を2012年に作成し，その内容へのコミット（commitment:

責任を持って積極的にかかわること）を継続しており，また「情報I」に続く「情報II」の実現など，情報教育に尽力してきています。

　また，「ジュニア会員制度」の運用を2015年に開始して実施しています。その対象者は，小中高校生・大学学部3年生以下・高専専攻科1年生以下・短大生・専門学校生となっています。会費が無料で，イベント参加も無料あるいはジュニア価格など，多くの特典が用意されています。詳細は情報処理学会のホームページにアクセスして参照してください。

　情報処理のプロを目指して，まずは情報処理学会の「ジュニア会員制度」に登録して活動してみましょう!!

### ◆参考文献

[1] 秋山　仁・松永清子，『秋山 仁の　こんなところにも数学が!』，（株）産経新聞出版，2009。
[2] 秋山　仁・松永清子，『秋山 仁の　まだまだこんなところにも数学が!』，（株）産経新聞出版，2010。
[3] 秋山　仁・マリジョー・ルイス（著）・秋山　仁（監訳）・松永清子（訳），『数学ワンダーランドへの1日冒険旅行』，（株）近代科学社，2010。
[4] 蟹江幸博，『数学の作法』，（株）近代科学社，2016。
[5] 藤原毅夫，『大学数学のお作法と無作法』，（株）近代科学社，2019。
[6] 阿部圭一，『よくわかるデジタル数学——離散数学のへのアプローチ』，（株）近代科学社，2020。
[7] 西内　啓，『統計学が最強の学問である』，ダイヤモンド社，2013。
[8] オンライン辞典『ウィキペディア』，2023年，6月。
[9] 阿部圭一，『よくわかるデータリテラシー——データサイエンスの基本』，（株）近代科学社，2021。
[10] 柴田里程，『データサイエンスの作法——データを活かし切る科学のツボ』，（株）近代科学社，2020。
[11] 丸山　宏・山田　敦・神谷直樹，『データサイエンティスト・ハンドブック』，（株）近代科学社，2015。
[12] 同ハンドブック編集委員会（編），『ユーザビリティ・ハンドブック』，共立出版（株），2007。
[13] 小山　透，『科学技術系のライティング技法』，慶應義塾大学出版会（株），2011。
[14] 海保博之（編著），『説明と説得のための プレゼンテーション——文章表現，図解，話術，議論のすべて』，共立出版（株），1995。
[15] 同書編集委員会，『情報処理学会60年の歩み』，一般社団法人 情報処理学会，2020。

情報科学・IT

芸術
社会学
スポーツ
人文学
数学
理学
統計学
工学
デザイン学
テクニカルライティング

# 参考文献

## 本書全般

[1] 赤堀侃司・東原義訓・坂本 章（代表），『新編情報 I』，東京書籍(株)，2022。

[2] 黒上晴夫・堀田龍也・村井 純（編），『情報 I』，日本文教出版(株)，2022。

[3] 坂村 健ほか，『高等学校 情報 I』，数研出版(株)，2022。

[4] 萩谷昌己（編）・岡本敏雄（監修），『最新情報 I』，実教出版(株)，2022。

[5] 山口和紀ほか，『高等学校 情報 I』，(株)第一学習社，2022。

[6] bit 臨時増刊『電子計算機の基礎知識』，共立出版(株)，1972年8月号。

[7] 有澤 誠ほか，bit 別冊『コンピュータサイエンスをいかに学ぶか──情報分野への道案内』，共立出版(株)，1993年5月号。

[8] 岡本 茂・松山泰男・大島邦夫，『精説 コンピュータ理工学辞典』，共立出版(株)，1997。

[9] bit 編集部（編），『bit 単語帖』，共立出版(株)，1990。

[10] 島内剛一・有澤 誠・野下浩平・浜田穂積・伏見正則（編），『アルゴリズム辞典』，共立出版(株)，1994。

[11] 日本認知科学会（編），『認知科学辞典』，共立出版(株)，2002。

[12] 人工知能学会（編），『人工知能学事典』，共立出版(株)，2005。

[13] ヴィクター J. カッツ（著），上野健爾・三浦伸夫（監訳），『カッツ 数学の歴史』，共立出版(株)，2005。

[14] 本ハンドブック委員会（編），『ナノシミュレーション技術ハンドブック』，共立出版(株)，2006。

[15] (社)電気学会 進化技術応用調査専門委員会（編），『進化技術ハンドブック 第 I 巻 基礎編』，(株)近代科学社，2010。

[16] (社)電気学会 進化技術応用調査専門委員会（編），『進化技術ハンドブック 第 II 巻 応用編：情報・通信システム』，(株)近代科学社，2011。

[17] 松原 仁ほか（編），『ロボット情報学ハンドブック』，(株)ナノオプトニクス・エナジー／(株)近代科学社，2010。

[18] 土屋 俊・中島秀之・中川裕志・橋田浩一・松原 仁（編），『AI 事典』，(株)ユー・ピー・ユー，1988。

[19] 土屋 俊・中島秀之・中川裕志・橋田浩一・松原 仁・大澤幸生・高間康史（編），『AI 事典 第2版』，共立出版(株)，2003。

[20] 中島秀之・浅田 稔・橋田浩一・松原 仁・山川 宏・松尾 豊（編），『AI 事典 第3版』，(株)近代科学社，2019。

[21] 土居範久（監修）・佐々木良一（編），『情報セキュリティ事典』，共立出版(株)，2003。

[22] 同ハンドブック編集委員会（編），『ユーザビリティ ハンドブック』，共立出版(株)，2007。

[23] 言語処理学会（編），『言語処理学事典』，共立出版(株)，2009。

[24] 赤 攝也（訳者代表），bit 創刊20周年記念出版『ACM チューリング賞 講演集』，共立出版(株)，1989。

[25] 小松勇作（編），『数学 英和・和英辞典』，共立出版(株)，1979。

[26] 伊藤 潔，『情報系＋α ことのは辞典』，(株)近代科学社，2010。

[27] 蟹江幸博，『数学用語 英和辞典 新訂版』，(株)近代科学社，2020。

[28] 小西友七・安井 稔・國廣哲彌（編），『小学館 プログレッシブ英和中辞典 第2版』，(株)小学館，1987。

[29] 小島義郎・竹林 滋（編），『ライトハウス和英辞典』，(株)研究社，1984。

[30] オンライン辞典，『ウィキペディア』，2023年，6月。

[31] オンライン辞典，『コトバンク』，2023年，6月。

[32] オンライン辞典，『英辞郎』，2023年，6月。

[33] オンライン辞典，『語源英和辞典』，2023年，6月。

[34] オンライン辞典，『語源由来辞典』，2023年，6月。

## 第1章

[35] 大野 豊（監修）・神沼靖子・佐藤 章（共著）『情報リテラシ 第3版』，共立出版(株)，2000。

[36] G. ポリア（著），柿内賢信（訳），『いかにして問題をとくか』，丸善出版，1954。

[37] 松下 温，『201X 年の世界』，共立出版(株)，1995。

[38] 武藤佳恭，『エシックス──高度情報化社会のネチケット』，共立出版(株)，1996。

[39] 棟上昭男，情報フロンティアシリーズ第13巻『ウィルス退治』，共立出版(株)，1996。

[40] 切田節子・新 聖子・山岡英孝・乙名 健・長山恵子，『Microsoft Office 2019を使った 情報リテラシーの基礎』，(株)近代科学社，2019。

[41] ドナルド・C・ゴース ＆ G. M. ワインバーグ（著），木村 泉（訳），『ライト，ついてますか──問題発見の人間学』，共立出版(株)，1987。

[42] 中島秀之・平田圭二（編著），『計算論的思考って なに？──コンピュータサイエンティストのように考える』，公立はこだて未来大学出版会・(株)近代科学社，2022。

[43] S. Russell・P. Norvig（著），古川康一（監訳），『エージェントアプローチ 人工知能』，共立出版(株)，1997。

[44] 中島秀之，『知能の物語』，公立はこだて未来大学出版会・(株)近代科学社，2015。

[45] 人工知能学会（監修）・松尾 豊（編著），『人工知能とは』，(株)近代科学社，2016。

[46] 中島秀之・丸山 宏（編），『人工知能〜その到達点と未来』，(株)小学館，2018。

[47] 上野晴樹，『一般教養としての 人工知能入門』，(株)近代科学社，2022。

## 第2章

[48] 松岡由幸・宮田悟志，『最適デザインの概念』，共立出版(株)，2008.

[49] 横井俊夫，情報フロンティアシリーズ第20巻『言語メディアを物語る』，共立出版(株)，1998。

[50] 一松 信，情報フロンティアシリーズ第10巻『数学とコンピュータ』，共立出版(株)，1995。

[51] 野崎昭弘，数学ワンポイント双書 第21巻『二進法』，共立出版(株)，1978。

[52] 安野光雅・野崎昭弘，『石頭コンピューター』，(株)日本評論社，2004。

[53] 安村通晃，情報フロンティアシリーズ第17巻『読み書きコンピュータ』，共立出版(株)，1997。

[54] 持田康典・青木栄一郎，情報フロンティアシリーズ第7巻『楽器とコンピュータ』，共立出版(株)，1994。

[55] 新井紀子，『私にもできちゃった！ NetCommonsで本格ウェブサイト』，(株)近代科学社，2009。

[56] 一般社団法人 教育のための科学研究所（監修）新井紀子・合田敬子・目黒朋子，『edumap公式マニュアル IT超初心者のためのedumap活用スピードガイド』，(株)近代科学社，2020。

[57] 木下是雄，中公新書624『理科系の作文技術』，中央公論社，1981。

[58] 高橋昭男，『ザ・テクニカルライティング――ビジネス・技術文章を書くためのツール』，共立出版(株)，1993。

[59] 高橋昭男，『技術系の文章作法』，共立出版(株)，1995。

[60] 杉原厚吉，『どう書くか――理科系のための論文作法』，共立出版(株)，2001。

[61] 小山 透，『科学技術系のライティング技法』，慶應義塾大学出版会(株)，2011。

[62] 阿部圭一・冨永敦子，『「伝わる日本語」練習帳』，(株)近代科学社，2016。

[63] 海保博之（編著），『説明と説得のための プレゼンテーション――文章表現, 図解, 話術, 議論のすべて』，共立出版(株)，1995。

[64] テクニカルコミュニケーター協会（監修）岸 学（編著），『文書表現技術ガイドブック』，共立出版(株)，2008。

[65] 切田節子・長山恵子，『アクティブ・ラーニングで身につける コミュニケーション力――聞く力・話す力・人間力』，(株)近代科学社，2016。

[66] 鳥脇純一郎，情報フロンティアシリーズ第15巻『みえない「イメージ」を見る』，共立出版(株)，1996。

[67] 山岡俊樹（編著），『ヒット商品を生む 観察工学――これからのSE, 開発・企画者へ』，共立出版(株)，2008。

[68] 松原幸行，『UXデザインのための発想法』，(株)近代科学社，2019。

[69] 黒須正明，『UX原論――ユーザビリティからUXへ』，(株)近代科学社，2020。

[70] 山崎和彦，松原幸行，竹内公啓，HCDライブラリー第0巻『人間中心設計入門』，(株)近代科学社，2016。

[71] 郷 健太郎，『人間中心設計イントロダクション』，(株)近代

科学社，2022。

## 第3章

[72] 浅野哲夫，アルゴリズム・サイエンス シーズ第1巻『アルゴリズム・サイエンス：入口からの超入門』，共立出版(株)，2006。

[73] 岩間一雄，アルゴリズム・サイエンス シーズ第2巻『アルゴリズム・サイエンス：出口からの超入門』，共立出版(株)，2006。

[74] T. コルメンほか（著），浅野哲夫ほか（訳），『世界標準MIT教科書 アルゴリズムイントロダクション第3版 総合版』，(株)近代科学社，2013。

[75] R. セジウィック（著），田口 東・高松瑞代・高澤兼二郎（訳），『セジウィック：アルゴリズムC 第5部 グラフアルゴリズム』，(株)近代科学社，2021。

[76] 大矢雅則・戸川美郎，『高校‐大学 数学公式集 第Ⅱ部 大学の数学』，(株)近代科学社，2015。

[77] 佐藤理史，実践・自然言語処理シリーズ第1巻『言語処理システムをつくる』，(株)近代科学社，2017。

[78] B. W. Kernighan・P. J. Plauger（著），木村 泉（訳），『ソフトウェア作法』，共立出版(株)，1981。

[79] B. W. Kernighan・P. J. Plauger（著），木村 泉（訳），『プログラム書法 第2版』，共立出版(株)，1982。

[80] P. J. Plauger（著），石田晴久（監訳）・安藤 進（訳），『プログラミングの壺I ソフトウェア設計編』，共立出版(株)，1995。

[81] P. J. Plauger（著），石田晴久（監訳）・安藤 進（訳），『プログラミングの壺II 人間編』，共立出版(株)，1996。

[82] P. J. Plauger（著），石田晴久（監訳）・安藤 進（訳），『プログラミングの壺III 技術編』，共立出版(株)，1996。

[83] J. G. Kemeny & T. E. Kurtz（著），森口繁一（監訳），『ベーシック入門』，共立出版(株)，1971。

[84] B. W. カーニハン・D. M. リッチー（著），石田晴久（訳），『プログラム言語C』，共立出版(株)，1981。同書第2版，共立出版(株)，1989。

[85] 久野靖，『Rubyによる 情報科学入門』，(株)近代科学社，2008。

[86] J. V. Guttag（著），久保幹夫（監訳），『世界標準MIT教科書 Python言語による プログラミングイントロダクション 第2版――データサイエンスとアプリケーション』，(株)近代科学社，2017。

[87] 榊原 進，『はやわかりMathematica 第2版』，共立出版(株)，2000。

[88] 芦野隆一・R. Vaillancourt，『はやわかりMATLAB』，共立出版(株)，1997。

[89] 大野義夫（編），『TeX入門』，共立出版(株)，1989。

[90] 野寺隆志，『楽々LaTeX』，共立出版(株)，1990。

[91] 池田克夫（編著），分散協調メディアシリーズ 第12巻『マルチメディアドキュメンテーション』，共立出版(株)，2000。

[92] 松原 仁，情報フロンティアシリーズ 第6巻『将棋とコンピュータ』，共立出版(株)，1994。

[93] 井田喜明，『シミュレーションで探る 災害と人間』，(株)近

代科学社，2018。

[94] 赤池弘次ほか，シリーズ：最適化モデリング第1巻『モデリング──広い視野を求めて』，(株)近代科学社，2015。

## 第4章

[95] 石田晴久・徳田雄洋・徳田英幸（編），bit臨時増刊『コンピュータ・ネットワーク』，共立出版(株)，1986年7月号。

[96] 石田晴久，『はやわかり インターネット』，共立出版(株)，1994。

[97] bit別冊『インターネット参加の手引き』，共立出版(株)，1994～1996。

[98] C. Malamud（著），後藤滋樹・村上健一郎・野島久雄（訳）『インターネット縦横無尽』，共立出版(株)，1994。

[99] J. M. Davidson（著），後藤滋樹・村上健一郎・野島久雄（訳）『はやわかりTCP/IP』，共立出版(株)，1991。

[100] 石田晴久，情報フロンティアシリーズ第1巻『UNIX最前線』，共立出版(株)，1993。

[101] 上林弥彦，情報フロンティアシリーズ 第5巻『巨大データの世界』，共立出版(株)，1994。

[102] M. J. Bach（著），坂本 文・多田好克・村井 純（訳），『UNIX カーネルの設計』（元bit別冊），共立出版(株)，1991。

[103] T. D. V. Swinscow（著），西村昂三（監訳）・大島邦夫（訳），『医学・薬学・生物学のための 統計処理』，共立出版(株)，1982。

[104] 柳川 堯ほか，『新 看護・リハビリ・福祉のための Excel とRを使った統計学』，(株)近代科学社，2019。

[105] 西内 啓，『統計学が最強の学問である』，ダイヤモンド社，2013。

[106] 藤澤洋徳，ISMシリーズ：進化する統計数理 第6巻『ロバスト統計──外れ値への対処の仕方』，(株)近代科学社，2017。

[107] 髙橋倫也・志村隆彰，ISMシリーズ：進化する統計数理 第5巻『極値統計学』，(株)近代科学社，2016。

[108] 阿部圭一，『よくわかる データリテラシー──データサイエンスの基本』，(株)近代科学社，2021。

[109] 柴田里程，データサイエンス・シリーズ第1巻『データリテラシー』，共立出版(株)，2001。

[110] 柴田里程，『データ分析とデータサイエンス』，(株)近代科学社，2016。

[111] 柴田里程，『データサイエンスの作法──データを生かし切る科学のツボ』，(株)近代科学社，2020。

[112] 横内大介・大槻健太郎・青木義充，『はっきりわかる データサイエンスと機械学習』，(株)近代科学社，2020。

[113] 丸山 宏・山田 敦・神谷直樹，『データサイエンティスト・ハンドブック』，(株)近代科学社，2015。

# 索引

〔著者紹介〕

小山　透（こやま　とおる）

1948年生まれ。東京理科大学理工学部数学科卒業。

1971年，共立出版㈱入社。コンピュータ・サイエンス誌『bit』編集長などを経て，近代科学社代表取締役社長を歴任。

慶應義塾大学SFC環境情報学部および東京理科大学理学部で「テクニカルライティング」に関する講義の非常勤講師を長年務めた。

著書に『科学技術系のライティング技法——理系文・実用文・仕事文の書き方・まとめ方』（慶應義塾大学出版会，2011年），訳書に『世界標準MIT教科書　アルゴリズムイントロダクション 第4版 第1巻』（共訳，近代科学社，2023年）。


本文イラスト／あくつじゅんこ

こうこう か もく　　じょうほう　　　　　　　　　もんだいしゅう
高校科目「情報 I」プラス α 問題集

2024年3月　初版発行

著　者　小山 透
発行者　野澤武史
発行所　株式会社 山川出版社
　　　　〒101-0047　東京都千代田区内神田1-13-13
　　　　電話　03(3293)8131(営業)　03(3293)1802(編集)
　　　　https://www.yamakawa.co.jp/
印　刷　明和印刷株式会社
製　本　有限会社 穴口製本所
装　幀　グラフ（新保恵一郎）
本　文　梅沢 博

ISBN978-4-634-05901-6 C7004　　　　　　　　　　NYZM0101